W0410502

EXERCICES ET CORRIGÉS SUR LA PAIE

Gilles MASSON

ERRATUM

Exercice 1 (niveaux 1, 2 et 3)

M. Marcel Dupont, célibataire, comptable dans l'entreprise STEC (profilage à froid par formage ou pliage de l'acier) a un salaire de base de 3 300 €. L'entreprise comporte 120 salariés et calcule les congés payés en jours ouvrés. Elle donne des titres-restaurants (valeur faciale de 8,34 €, participation patronale de 60 %). Ce mois de mars 2016, il a fait grève le jeudi 3 et a pris une semaine de congés payés la semaine du lundi 21 au dimanche 27. Voici le bulletin qu'il a reçu :

BULLETIN DE PAIE
Période du 1 Mars 2016 au 31 Mars 2016

Employeur		Salarié	
Raison Sociale : STEC Provence		**Nom** : DUPONT	**Prénom** : Marcel
Adresse : ZAC Les Rives Bleues, 130015 Marseille		**Adresse** : 12 allée des cerisiers, 13001 Marseille	
N° SIRET : 381 524 629 00020	**Code NAF** : 2423Z	**N° SS** : 1690513356589	
URSSAF : 20 av. Viton, 13009 Marseille	**N° de cotisant** : 130015879123	**Emploi** : Agent administratif	**Classif.** : N2E2
Convention collective : Industries métallurgiques des Bouches du Rhône		**Date d'ancienneté** : 01/07/2002	

Libellé des Rubriques	Base	Taux	Montant	Commentaires
Salaire	151,67		3 300,00	mars 2016
Absence Grève	7,00	23,571	-165,00	
Absence Congés Payés	5,00	110,000	-550,00	Plafond du mois : 3.218 €
Paiement Congés Payés	5,00	158,400	792,00	
Total Brut			**3 377,00**	

Cotisations	Base	Salariales		Patronales	
		Taux	Montant	Taux	Montant
Ass. Mal.Mat.Inv.décès	3 377,00	0,75	-25,33	12,84	433,61
Contribution Solidarité Autonomie	3 377,00			0,30	10,13
Accident du Travail	3 377,00			2,44	82,40
Allocations Familiales	3 377,00			3,45	116,51
Ass. Vieillesse Plafonnée	3 218,00	6,90	-222,04	8,55	275,14
Ass. Vieillesse Déplafonnée	3 377,00	0,35	-11,82	1,85	62,47
F.N.A.L. sur Brut	3 377,00			0,50	16,89
Chômage sur Tr. A + Tr. B	3 377,00	2,40	-81,05	4,00	135,08
A.G.S. sur Tr. A + Tr. B	3 377,00			0,25	8,44
A.R.R.CO sur Tr. 1	3 218,00	3,10	-99,76	4,65	149,64
A.G.F.F. sur Tr. 1	3 218,00	0,80	-25,74	1,20	38,62
A.R.R.CO sur Tr. 2	159,00	8,10	-12,88	12,15	19,32
A.G.F.F. sur Tr. 2	159,00	0,90	-1,43	1,30	2,07
Mutuelle "Frais de Santé"	0,00	0,00	-50,00	0,00	50,00
Forfait Social / Frais de Santé	50,00			20,00	10,00
C.S.G. déductible	3 317,90	5,10	-169,21		
Autres charges patronales	3 377,00			4,996	168,71
Total cotisations			**-699,26**		**1 579,03**

	Base	Taux	Montant
Net fiscal			**2 727,74**
Indemnités de Transport			55,00
Déduction des Titres Restaurants	23,00	5,00	115,00
Saisie-Arrêt			-2 000,00
C.S.G. non déductible	3 317,90	2,40	-79,63
C.R.D.S. non déductible	3 317,90	0,50	-16,59
Net à payer			**751,52**

CUMULS depuis le 1er Janvier 2016		
Heures : 455	Brut S.S. : 9.777,00 €	Net Fiscal : 8.111,22 €

- Niveau 1 : Trouvez cinq erreurs dans ce bulletin.
- Niveau 2 : Trouvez sept erreurs dans ce bulletin.
- Niveau 3 : Trouvez dix erreurs dans ce bulletin.

Exercice 2 (niveau 1)

Un salarié vient d'être embauché à temps plein dans une entreprise de nettoyage.
L'entreprise lui propose :
• de le loger dans un appartement de fonction (un F2), correspondant à un avantage en nature de 72,60 € ;
• un salaire mensuel de 1 300 € ;
• une prime mensuelle fixe de production de 100 € ;
• une indemnité mensuelle de transport de 55 €.
La paie de ce salarié respecte-t-elle le SMIC ? Si votre réponse est négative, quel serait le montant de l'indemnité différentielle qui corrigerait cette anomalie ?

Exercice 3 (niveau 1)

Cet autre salarié vient d'être lui aussi embauché à temps plein dans la même entreprise de nettoyage.
L'entreprise lui propose :
• un salaire mensuel de 1 200 € ;
• une indemnité panier quotidienne de 6,30 € ;
• un treizième mois payé par douzième chaque mois (l'accord collectif qui a instauré cette prime prévoit un paiement fractionné mois par mois) ;
• des heures supplémentaires mensuelles de 17 h 33.
Pour vous, la paie de ce salarié respecte-t-elle le SMIC ? Si votre réponse est négative, quel serait le montant de l'indemnité différentielle qui corrigerait cette anomalie ?

Exercice 34 (niveau 1)

Ce salarié parisien, en CDI, est employé depuis le 1er janvier 2016 à temps plein dans une grande entreprise (effectif supérieur à 300 salariés) pour un salaire de base de 2 000 € brut par mois.
Sa rémunération n'a pas varié depuis son entrée (2 000 € brut chaque mois).
Le taux d'accident du travail pour cette entreprise est de 2,44 %.
Le montant des cotisations pour la mutuelle (prévoyance frais de santé) est de 50 €, aussi bien pour le salarié que pour l'employeur.
L'entreprise devançant l'obligation légale du 1er janvier 2017 a déjà une couverture prévoyance (complément des IJSS). Les taux sont de 1 % pour le salarié et de 2 % pour l'employeur sur la tranche A.

Établir son bulletin de paie d'avril 2016 avec les taux de cotisation minimaux de la feuille précédente.

Libellé des Rubriques	Base	Taux	Montant	Commentaires
Salaire			2 000,00	Avril 2016
				Date d'entrée : 01/01/2016
				Plafond du mois : 3218 €
Total Brut				

Cotisations	Base	Salariales		Patronales	
		Taux	Montant	Taux	Montant
Accident du Travail				2,44	
Mutuelle (Frais de Santé)			-50,00		50,00
Prévoyance sur Tr. A		1,00		2,00	
Forfait Social					
C.S.G. déductible					
Autres charges patronales				4,996	
Total cotisations					
Net fiscal					
C.S.G. non déductible					
C.R.D.S. non déductible					
Net à payer					

2,85% Taxe Transport
0,45% Effort Construction
0,68% Taxe d'apprentissage
1,00% Form° Prof. Continue
0,016% Fin. Org. Syndicales

Nota bene : Le nombre de lignes de cotisations est exactement le nombre de lignes nécessaires et suffisantes, les charges fiscales ayant été regroupées sous le vocable « Autres charges patronales » avec l'explication du taux dans la bulle.

1. Les mentions obligatoires du bulletin de paie

Corrigé de l'exercice 1 (niveaux 1, 2 et 3)

M. Marcel Dupont, célibataire, comptable dans l'entreprise STEC (profilage à froid par formage ou pliage de l'acier) a un salaire de base de 3 300 €. L'entreprise comporte 120 salariés et calcule les congés payés en jours ouvrés. Elle donne des titres-restaurants (valeur faciale de 8,34 €, participation patronale de 60 %). Ce mois de mars 2016, il a fait une journée de grève le jeudi 3 et a pris une semaine de congés payés la semaine du lundi 21 au dimanche 27. Voici le bulletin qu'il a reçu :

Bulletin juste

BULLETIN DE PAIE

Période du 1 Mars 2016 au 31 Mars 2016

Employeur		Salarié	
Raison Sociale : STEC Provence		**Nom** : DUPONT	**Prénom** : Marcel
Adresse : ZAC Les Rives Bleues, 130015 Marseille		**Adresse** : 12 allée des cerisiers, 13001 Marseille	
N° SIRET : 381 524 629 00020	**Code NAF** : 2423Z	**N° SS** : 1690513356589	
URSSAF : 20 av. Viton, 13009 Marseille	**N° de cotisant** : 130015879123	**Emploi** : Comptable	**Classif.** : N2E2
Convention collective : Industries métallurgiques des Bouches du Rhône		**Date d'ancienneté** : 01/07/2002	

Libellé des Rubriques	Base	Taux	Montant	Commentaires	
Salaire	151,67		3 300,00	mars 2016	
Absence Non Payée	7,00	20,497	-143,48		
Absence Congés Payés	5,00	110,000	-550,00	Plafond du mois : 3.218 €	
Paiement Congés Payés	5,00	158,400	792,00		
Total Brut			**3 398,52**		
Cotisations	**Base**	**Salariales**		**Patronales**	
		Taux	**Montant**	**Taux**	**Montant**
Ass. Mal.Mat.Inv.décès	3 398,52	0,75	-25,49	12,84	436,37
Contribution Solidarité Autonomie	3 398,52			0,30	10,20
Accident du Travail	3 398,52			2,44	82,92
Allocations Familiales	3 398,52			3,45	117,25
Allocations Familiales Supplémentaires	3 398,52			1,80	61,17
Ass. Vieillesse Plafonnée	3 218,00	6,90	-222,04	8,55	275,14
Ass. Vieillesse Déplafonnée	3 398,52	0,35	-11,89	1,85	62,87
F.N.A.L. sur Brut	3 398,52			0,50	16,99
Chômage sur Tr. A + Tr. B	3 398,52	2,40	-81,56	4,00	135,94
A.G.S. sur Tr. A + Tr. B	3 398,52			0,25	8,50
A.R.R.CO sur Tr. 1	3 218,00	3,10	-99,76	4,65	149,64
A.G.F.F. sur Tr. 1	3 218,00	0,80	-25,74	1,20	38,62
A.R.R.CO sur Tr. 2	180,52	8,10	-14,62	12,15	21,93
A.G.F.F. sur Tr. 2	180,52	0,90	-1,62	1,30	2,35
Mutuelle "Frais de Santé"			-50,00		50,00
Forfait Social / Frais de Santé	50,00			8,00	4,00
C.S.G. déductible	3 389,05	5,10	-172,84		
Autres charges patronales	3 398,52			4,996	169,79
Total cotisations			**-705,56**		**1 643,68**
Net fiscal			**2 742,96**	**Commentaires**	
Indemnités de Transport			55,00	Congés Payés	
Déduction des Titres Restaurants	16,00	3,34	53,38	du 21 au 25 mars 2016	
Saisie-Arrêt			-1 324,42		
C.S.G. non déductible	3 389,05	2,40	-81,34		
C.R.D.S. non déductible	3 389,05	0,50	-16,95		
Net à payer			**1 378,64**	**Date de paiement** : 31-03-2016	

CUMULS depuis le 1er Janvier 2016		
Heures : 455	Brut S.S. : 9.777,00 €	Net Fiscal : 7.698,16 €

Pour faire valoir vos droits, ce bulletin de paie doit être conservé sans limitation de durée

Erreur n° 1 : Emploi

L'article R. 3243-1 le mentionne dans son quatrième paragraphe : l'emploi du salarié doit être précis. Le terme « agent administratif » est trop vague pour un comptable. Pourquoi ne pas indiquer tout simplement « comptable » à côté de « emploi : » ?

Erreur n° 2 : Absence grève

L'article R. 3243-4 interdit toute mention du mot « grève » sur un bulletin de paie. L'absence due à la grève est souvent remplacée par des termes plus flous tels que « absence non autorisée non payée » ou plus simplement « absence non payée ». C'est cette dernière solution que j'ai choisie sur le bulletin corrigé. De plus, elle doit être calculée selon la méthode des heures réelles (Cour de cassation, voir plus loin le corrigé 37).

Erreur n° 3 : Les dates des congés payés

L'article R. 3243-1 demande (dans le point n° 11) que les dates de congé soient indiquées sur le bulletin de paie. Dans un arrêt de la Cour de cassation (Cass. soc., 23 octobre 2013, n° 11-26.318, n° 1734 FS-D ; *B. c/ Sté Pan Européenne* : RJS 1/14 n° 65), il est rappelé qu'« il appartient à l'employeur de prendre les mesures propres à assurer au salarié la possibilité d'exercer effectivement son droit à congé, et, en cas de contestation, de justifier qu'il a accompli à cette fin les diligences qui lui incombent légalement ». Il faut donc mettre les dates des congés payés sur le bulletin, par exemple en commentaires (certaines entreprises peuvent indiquer ces dates dans le libellé des rubriques d'absence et de paiement selon leur logiciel de paie).

Erreur n° 4 : Les allocations familiales

En mars 2016, doit se déclencher une ligne « Allocations familiales suppl. » à 1,80 % car le brut dépasse 1,6 SMIC.

Erreur n° 5 : Le forfait social/frais de santé

Il est par exception réduit à 8 % concernant notamment la prévoyance santé, et non au taux de droit commun de 20 %.

Erreur n° 6 : La base des CSG et CRDS

Elle n'est calculée que sur le brut à 98,25 % alors qu'on doit rajouter 100 % de la cotisation patronale de prévoyance frais de santé.

Erreur n° 7 : Le nombre et le taux des titres-restaurants ne sont pas corrects

Si le mois de mars 2016 comporte bien 23 jours de travail théoriques, il y a néanmoins un jour férié (le 28 mars qui est le lundi de Pâques), une journée de grève et une semaine (5 jours ouvrés) de congés payés. Le bon nombre de titres-restaurants est donc 23 – 1 – 1 – 5 = 16. Quant au taux, il faut bien sûr retenir la part salariale (3,34 €) et non pas la part patronale (5,00 €).

Erreur n° 8 : Le montant de la saisie-arrêt

Le calcul de la saisie-arrêt est assez complexe. C'est un barème fiscal qui tient compte à la fois de la situation familiale du salarié (nombre de personnes à charge) et de son salaire brut (dont on déduit les cotisations et les CSG et CRDS). On divise le résultat obtenu en tranches (déterminées par le barème) et on applique un pourcentage de retenue sur chacune de ces tranches. Dans notre cas, on ne devrait retenir que 1 342,42 €.

Erreur n° 9 : La mention incitative à conserver le bulletin

L'article R. 3243-5 demande que le bulletin de paie comporte en caractères apparents une mention incitant le salarié à le conserver sans limitation de durée. Or cette mention n'est pas présente sur le bulletin.

Erreur n° 10 : La date de versement

L'article R.3243-1 (10e tiret) demande que le bulletin de paie comporte la date de versement de la somme effectivement perçue par le salarié. Or, cette mention n'est pas présente sur le bulletin.

2. Le salaire de base

Corrigé de l'exercice 2 (niveau 1)

Un salarié vient d'être embauché à temps plein dans une entreprise de nettoyage.
L'entreprise lui propose :
• de le loger dans un appartement de fonction (un F2), correspondant à un avantage en nature de 72,60 € ;
• avec un salaire mensuel de 1 300 € ;
• une prime mensuelle fixe de production de 100 € ;
• une indemnité mensuelle de transport de 55 €.
Pour vous, la paie de ce salarié respecte-t-elle le SMIC ? Si votre réponse est négative, quel serait le montant de l'indemnité différentielle qui corrigerait cette anomalie ?

Sa paie totale est de : 1 300 € (salaire de base) + 72,60 € (avantage en nature) + 100 € (prime de production) = 1 472,60 €.
Même en ne tenant pas compte de la prime de transport, le SMIC est respecté. Il n'y a donc pas d'indemnité différentielle.

Corrigé de l'exercice 3 (niveau 1)

Cet autre salarié vient d'être lui aussi embauché à temps plein dans cette même entreprise de nettoyage.
L'entreprise lui propose :
• un salaire mensuel de 1 200 € ;
• une indemnité panier quotidienne de 6,30 € ;
• un treizième mois payé par douzième chaque mois (l'accord collectif qui a instauré cette prime prévoit un paiement fractionné mois par mois) ;
• des heures supplémentaires mensuelles de 17h33.
Pour vous, la paie de ce salarié respecte-t-elle le SMIC ? Si votre réponse est négative, quel serait le montant de l'indemnité différentielle qui corrigerait cette anomalie ?

L'indemnité panier correspondant au montant maximum non soumis à cotisations ne rentre pas dans le calcul du SMIC.
Une prime de fin d'année ne peut pas, en principe, être fractionnée afin de remédier à l'insuffisance de salaire les autres mois (Cass. Crim. 29 novembre 1988, n° 86-92449), sauf si l'accord collectif qui a instauré cette prime prévoit un paiement fractionné mois par mois, et dans ce cas l'employeur peut inclure cette fraction dans l'assiette de salaire à comparer au SMIC (Cass. Soc. 11 mars 1998, n° 96-40195 D). Donc, il faut tenir compte de 1 200 €/12, soit 100 € chaque mois.
On ne doit pas tenir compte des heures supplémentaires pour l'appréciation du SMIC (Code du trav., art. D3231-6).
Dans ce cas, le SMIC n'est pas respecté.

Salaire de base :	1 200,00 €
+ Treizième mois :	100,00 €
=	1 300,00 €

L'indemnité différentielle sera de 1 466,65 – 1 300 = 166,65 €.
Et les H.S. seront calculées ensuite sur (1 466,65/151,67) x 125 % x 17h33, soit 209,48 €.
Le brut total du salarié sera donc en définitive de :

Salaire de base :	1 200,00 €
+ Treizième mois :	100,00 €
+ Ind. Différentielle :	166,65 €
+ Heures Supplém. :	209,48 €
=	1 676,13 €

Corrigé de l'exercice 34 (niveau 1)

Ce salarié parisien, en CDI, est employé depuis le 1er janvier 2016 à temps plein dans une grande entreprise (effectif supérieur à 300 salariés) pour un salaire de base de 2 000 € brut par mois.
Sa rémunération n'a pas varié depuis son entrée (2 000 € brut chaque mois).
Le taux d'accident du travail pour cette entreprise est de 2,44 %.
Le montant des cotisations pour une mutuelle (prévoyance frais de santé) est de 50 €, aussi bien pour le salarié que pour l'employeur.
L'entreprise devançant l'obligation légale du 1er janvier 2017 a déjà une couverture prévoyance (complément des IJSS). Les taux sont de 1 % pour le salarié et de 2 % pour l'employeur sur la tranche A.

Bulletin de paie d'avril 2016 avec les taux de cotisation minimaux de la feuille précédente

Libellé des Rubriques	Base	Taux	Montant	Commentaires	
Salaire	151,67		2 000,00	Avril 2016	
				Date d'entrée : 01/01/2016	
				Plafond du mois : 3218 €	
Total Brut			2 000,00		
Cotisations	Base	Salariales		Patronales	
		Taux	Montant	Taux	Montant
Ass. Mal.Mat.Inv.décès	2 000,00	0,75	-15,00	12,84	256,80
Contribution Solidarité Autonomie	2 000,00			0,30	6,00
Accident du Travail	2 000,00			2,44	48,80
Allocations Familiales	2 000,00			3,45	69,00
Ass. Vieillesse Plafonnée	2 000,00	6,90	-138,00	8,55	171,00
Ass. Vieillesse Déplafonnée	2 000,00	0,35	-7,00	1,85	37,00
F.N.A.L. sur Brut	2 000,00			0,50	10,00
Chômage sur Tr. A+Tr. B	2 000,00	2,40	-48,00	4,00	80,00
A.G.S. sur Tr. A+Tr. B	2 000,00			0,25	5,00
A.R.R.CO sur Tr. 1	2 000,00	3,10	-62,00	4,65	93,00
A.G.F.F. sur Tr. 1	2 000,00	0,80	-16,00	1,20	24,00
Mutuelle (Frais de Santé)			-50,00		50,00
Prévoyance sur Tr. A	2 000,00	1,00	-20,00	2,00	40,00
Forfait Social	90,00			8,00	7,20
C.S.G. déductible	2 055,00	5,10	-104,81		
Autres charges patronales	2 000,00			4,996	99,92
Total cotisations			-460,81		997,72
Net fiscal			1 589,19		
C.S.G. non déductible	2 055,00	2,40	-49,32		
C.R.D.S. non déductible	2 055,00	0,50	-10,28		
Net à payer			1 479,60		

Corrigé de l'exercice 38 (niveau 2)

L'entreprise a donc embauché notre ancien CDD (non cadre) en CDI (âgé de 25 ans et un mois) ce lundi 2 mai 2016. Elle a estimé généreusement que son CDD faisait office de période d'essai et notre « nouveau » CDI n'en a donc pas pour ce contrat. Son salaire de base reste inchangé à 2 940 € pour 151,67 heures (7 heures quotidiennes). La commande exceptionnelle étant passée, il ne fait plus d'heures supplémentaires. La mutuelle frais de santé, la prévoyance complémentaire et la cotisation accident du travail sont identiques à l'énoncé précédent.

Bulletin de paie de mai 2016 avec les taux de cotisation minimaux de la feuille récapitulative

Libellé des Rubriques	Base	Taux	Montant	Commentaires
Salaire	151,67		**2 940,00**	mai 2016
				Date d'entrée : 04/04/2016
				Plafond du mois : 3.218 €
Total Brut			2 940,00	

Cotisations	Base	Salariales		Patronales	
		Taux	Montant	Taux	Montant
Ass. Mal.Mat.Inv.décès	2 940,00	0,75	-22,05	12,84	377,50
Contribution Solidarité Autonomie	2 940,00			0,30	8,82
Accident du Travail	2 940,00			2,44	71,74
Allocations Familiales	2 940,00			3,45	101,43
Ass. Vieillesse Plafonnée	3 218,00	6,90	-222,04	8,55	275,14
Ass. Vieillesse Déplafonnée	2 940,00	0,35	-10,29	1,85	54,39
F.N.A.L. sur Brut	2 940,00			0,50	14,70
Chômage sur Tr. A+Tr. B	2 940,00	2,40	-70,56	0,00	0,00
Chômage sur Tr. A+Tr. B	-3 105,30	0,00	0,00	3,00	-93,16
A.G.S. sur Tr. A+Tr. B	2 940,00			0,25	7,35
A.R.R.CO sur Tr. 1	3 218,00	3,10	-99,76	4,65	149,64
A.R.R.CO sur Tr. 2	-278,00	8,10	22,52	12,15	-33,78
A.G.F.F. sur Tr. 1	3 218,00	0,80	-25,74	1,20	38,62
A.G.F.F. sur Tr. 2	-278,00	0,90	2,50	1,30	-3,61
Mutuelle (Frais de Santé)			-50,00		50,00
Prévoyance sur Tr. A	3 218,00	1,00	-32,18	2,00	64,36
Forfait Social	114,36			8,00	9,15
C.S.G. déductible	3 002,91	5,10	-153,15		
Autres charges patronales	2 940,00			4,996	146,88
Total cotisations			-660,75		1 239,17
Net fiscal			2 329,25		
C.S.G. non déductible	3 002,91	2,40	-72,07		
C.R.D.S. non déductible	3 002,91	0,50	-15,01		
Net à payer			2 192,17		

19. Le temps partiel thérapeutique

Corrigé de l'exercice 53 (niveau 3)

Notre entreprise a un salarié cadre (10 ans d'ancienneté) qui a été absent pour maladie. Début janvier 2016, il est revenu en temps partiel thérapeutique. Ses horaires aménagés sont relativement simples : il ne vient travailler que les matins 3 heures et demies du lundi au vendredi. Depuis son retour, il est très assidu et n'a eu aucune absence. Mais ce mois de juin 2016, il a pris une semaine de congés payés (du lundi 6 au dimanche 12) et a fait une petite rechute maladie d'une semaine également (du lundi 20 au dimanche 26). Son salaire forfaitaire à temps plein est de 3 520 €. La convention collective lui octroie une prime d'ancienneté de 10 % assise sur sa rémunération. La mutuelle frais de santé est de 40 €, pour le salarié et pour l'employeur. L'entreprise maintient le salaire à 100 % sans carence et pratique la subrogation pendant la maladie (pendant 90 jours). Elle calcule les congés payés en jours ouvrés et applique la règle du maintien au moment de l'absence (le dixième étant éventuellement régularisé en fin de période de prise des congés payés). Pour vous aider, voici son calendrier :

M	J	V	S	D	L	M	M	J	V	S	D	L	M	M	J	V	S	D	L	M	M	J	V	S	D	L	M	M	J
1	2	3	4	5	6	7	8	9	10	11	12	13	14	15	16	17	18	19	20	21	22	23	24	25	26	27	28	29	30
					CP	CP	CP	CP	CP										Mal	Mal	Mal	Mal	Mal	Mal	Mal				

Commençons par le début : y a-t-il réduction du plafond pour temps partiel ? Réponse : non ! Son plafond du mois est et reste 3 218 € (et non pas 1 609 € comme l'aurait été celui pour un « vrai » temps partiel à mi-temps).

La première ligne est donnée : Salaire forfaitaire = 3 520 €. Bien évidemment, le fait qu'il soit en temps partiel thérapeutique ne lui fait pas changer de salaire ! Il faut toujours prendre le même salaire contractuel. Il est également hors de question de lui changer de salaire à chaque changement d'aménagement d'horaire pour suivre son traitement médical.
La deuxième ligne n'est guère plus compliquée : Prime d'ancienneté : 3 520 € x 10 % = 352 €.

Arrive l'absence pour son temps partiel thérapeutique : Nombre de jours = 12. Soit 12 j x 3 h 50 = 42 heures (les jours de C.P. et de maladie suspendent le temps partiel thérapeutique). Pour la valorisation de ces 42 heures, il faut prendre la méthode indiquée par la Cour de cassation (et expressément recommandée par la CPAM) : la méthode des heures réelles. Le mois de juin 2016 comporte 22 jours théoriquement travaillés, donc il faut retenir par heures (3 520 € + 352 €)/154 heures (22 jours x 7 heures théoriquement travaillées) = 25,143 €. Ces 42 heures réduisent donc le brut de 1 056 € (42 h x 25,143 €).

Pour les congés payés, on compte en jours ouvrés moyens (21,67^{e}). Son absence C.P., interrompant le temps partiel thérapeutique (il ne peut pas être « en reprise d'activité » et absent toute une semaine !), est de 5 jours ouvrés, soit une absence valorisée à : 5 jours x ([3 520 €+ 352 €]/21,67) = 893,40 €. Si besoin était de le repréciser, un salarié en TPT a les mêmes droits en matière de congés payés qu'en salarié à temps plein. Pour le paiement, il suffit de repayer la même somme.

Pour la maladie, il faut compter en jours calendaires (comme l'a ordonné le médecin), même s'il ne travaille pas les samedis et dimanches. Son absence est donc de 7 jours. Quant à son taux journalier, c'est la méthode des jours calendaires réels qu'il faut appliquer, soit : (3 520 € + 352 €)/30 (nombre de jours calendaires de juin) = 129,067 €. Son absence et son paiement (puisque l'entreprise applique le maintien de salaire à 100 %) sont donc valorisés à : 7 j x 129,067 € = 903,47 €.

Pour les IJSS, l'entreprise a reconstitué son salaire brut à temps plein, soit 3 872 € (3 520 € + 352 €). Notre salarié dépassant largement 1,8 SMIC mensuel, les IJSS sont donc calculées en prenant le montant maximal (43,40 € par jour) indemnisé par la CPAM. Soit [7 j – 3 j (carence)] x 43,40 € = 173,60 €. À noter que c'est l'entreprise qui indemnise la maladie sans carence, la Sécurité sociale applique toujours les trois jours de carence (sauf en cas de prolongation).

La garantie du net est calculée sur un salaire brut théorique de 3 872 € puisque les IJSS sont calculées ainsi, soit, selon les formules déjà vue dans l'exercice 51 : 29,40 €.

Les cotisations assises sur le brut, la tranche A, la tranche A + B et la tranche A + B + C sont sur son salaire brut du mois, soit 2 613 €.

Notre salarié étant cadre et son plafond de la Sécurité sociale non réduit, se déclenche donc forcément la GMP pour l'AGIRC tranche B, qui a donc une base de 331,24 €.

Ne pas oublier, bien sûr, de lui « rendre » les IJSS nettes, soit : 173,60 € – 6,7 % = 161,97 €.

Le reste du bulletin est devenu classique.

Voici le bulletin que notre salarié reçoit pour juin 2016 :

Libellé des Rubriques	Base	Taux	Montant	Commentaires
Salaire Forfaitaire	151,67		3 520,00	Juin 2016
Prime d'ancienneté	3520,00	10,000	352,00	Plafond : 3.218 €
Absence Temps Partiel Thérap.	42,00	25,143	-1 056,00	
Absence Congés Payés	5,00	178,680	-893,40	
Indemnité Congés Payés	5,00	178,680	893,40	
Absence Maladie	7,00	129,067	-903,47	
Paiement Maladie	7,00	129,067	903,47	
I.J.S.S. "Brutes"	4,00	43,400	-173,60	
Garantie sur le net			-29,40	
Total Brut			**2 613,00**	

Cotisations	Base	Salariales		Patronales	
		Taux	Montant	Taux	Montant
Ass. Mal.Mat.Inv.décès	2 613,00	0,75	-19,60	12,84	335,51
Contribution Solidarité Auton.	2 613,00			0,30	7,84
Accident du Travail	2 613,00			2,44	63,76
Allocations Familiales	2 613,00			3,45	90,15
Ass. Vieillesse Plafonnée	2 613,00	6,90	-180,30	8,55	223,41
Ass. Vieillesse Déplafonnée	2 613,00	0,35	-9,15	1,85	48,34
F.N.A.L. sur Brut	2 613,00			0,50	13,07
Chômage sur Tr. A + B	2 613,00	2,40	-62,71	4,00	104,52
F.N.G.S. sur Tr. A + B	2 613,00			0,25	6,53
A.P.E.C. sur Tr. A + B	2 613,00	0,024	-0,63	0,036	0,94
A.R.R.CO sur Tr. A	2 613,00	3,10	-81,00	4,65	121,50
A.G.F.F. sur Tr. A	2 613,00	0,80	-20,90	1,20	31,36
A.G.I.R.C. sur Tr. B (GMP)	331,24	7,80	-25,84	12,75	42,23
C.E.T. sur Tr. A + B + C	2 613,00	0,13	-3,40	0,22	5,75
Mutuelle Frais de Santé			-40,00		40,00
Prévoyance Décès	2 613,00			1,50	39,20
Forfait Social	79,20			8,00	6,34
C.S.G. déductible	2 646,47	5,10	-134,97		
Autres charges patronales	2 613,00			4,996	130,55
Total cotisations			**-578,50**		**1 311,00**
Net fiscal			**2 074,50**		
I.J.S.S. "Nettes"	4,00	40,49	161,97		
C.S.G. non déductible	2 646,47	2,40	-63,52		
C.R.D.S. non déductible	2 646,47	0,50	-13,23		
Net à payer			**2 119,72**		

Ouvrage dirigé par Thierry Carlier

EXERCICES ET CORRIGÉS SUR LA PAIE

Gilles MASSON

SOMMAIRE

Avant-propos

L'édition précédente de ce livre a été numéro 1 des ventes sur Amazon la majeure partie de l'année 2015 dans la petite « niche » des livres consacrés à la paie. J'en ai ressenti plusieurs sentiments successifs : la surprise, le doute et la responsabilité.

En premier lieu, ce fut réellement une immense surprise ; en effet, la genèse de ce livre est due au hasard. En juin 2013, Thierry Carlier, le directeur de l'ENOES, centre de formation pour lequel j'anime des sessions sur la paie, alors qu'on déjeunait, me demanda : « Et si tu écrivais un livre sur la paie ? » Me jugeant déjà bien occupé entre mes formations et mes audits, je déclinais gentiment l'invitation. Après les vacances d'été, Thierry remit le couvert (si j'ose m'exprimer ainsi) en précisant cette fois qu'il avait été contacté par les Éditions Studyrama qui souhaitaient vraiment publier un livre sur le sujet de la paie, et que lui ne voyait que moi pour l'écrire et que cela le soulagerait si je voulais au moins rencontrer l'éditeur en question. Par amitié, et sentant qu'il y tenait vraiment, je me suis donc rendu à ce rendez-vous avec un exemplaire de mes supports de cours que j'avais rédigés pour mes élèves.

À mon grand étonnement, les réactions de Fanny Bouteiller et de Frédéric Vignaux furent très enthousiastes. Alors qu'on réfléchissait à la disposition des exercices dans le livre, je suggérai de publier deux livres : un premier pour le cours proprement dit sur la paie, et un autre regroupant des exercices avec leurs corrigés. Aussitôt proposé, aussitôt adopté par Fanny et Frédéric ! Moi, qui ne voulais pas écrire de livre, je me retrouvais à en écrire deux ! Pour *La Paie, ça s'apprend*, le plus long a été de regrouper tous mes textes épars et d'en faire un contenu cohérent.

Il était convenu que, selon les ventes, je le réactualiserais tous les cinq ans environ. Résultat : on en est déjà à la troisième édition en trois ans ! Quant à celui que vous tenez dans vos mains, la première année, j'ai simplement regroupé mes différents exercices en suivant plus ou moins l'ordre de mes formations. La deuxième année, je me suis contenté d'actualiser ces exercices, lorsque je me suis aperçu qu'il était le plus vendu dans la « niche » des livres consacrés à la paie. D'où ma surprise initiale.

Mais, rapidement, le doute est venu s'immiscer : le premier commentaire sur le site le pensait en effet « bourré d'erreurs ». Quand j'ai essayé de faire préciser à cette personne où étaient ces erreurs, vexée que je l'ai retrouvée malgré son pseudo (je ne suis pas un ancien informaticien pour rien), elle s'est murée dans le silence. Dans les deux jours qui ont suivi, deux autres messages du même acabit (du copier-coller) ont été postés sur le même site. Avant que je ne comprenne que c'étaient deux amies de la première, j'avais déjà contacté une personne qui avait aimé la première édition pour lui demander s'il voulait bien regarder s'il y avait vraiment des erreurs dans cette deuxième édition. De fait, il y avait effectivement deux coquilles : une sur un taux de cotisation patronale et une sur un plafond qui était resté sur la valeur de l'année précédente. Ce qui ne changeait rien aux valeurs des corrections. Mais pour remercier cette personne, j'ai tenu à la rencontrer autour d'un verre à Paris vers la mi-juin. Cette personne est Marc Uzan et, depuis cette date, nous avons déjà collaboré à un audit et il a déjà relu cette nouvelle édition avant parution, afin d'éviter toute nouvelle coquille ou erreur. Au final, grâce à Carole, Almuneda et Sabrina est née une belle amitié et collaboration !

Puis vint mon troisième sentiment : la responsabilité ; en lisant tous les commentaires (et les e-mails retransmis soit par l'ENOES, soit par Studyrama), je me suis aperçu que certaines personnes comptaient fortement sur ce livre pour, soit une meilleure compréhension d'un sujet particulier, soit l'obtention d'un examen. Pour cette troisième édition, j'ai donc décidé de revoir tous les exercices en essayant d'expliquer au mieux les arcanes souvent complexes de notre système de paie française. Mais entre ceux qui trouvent que les exercices sont trop simples, et ceux qui les trouvent au contraire trop compliqués, il est difficile de trouver le parfait équilibre. C'est pourquoi, sur la suggestion de Marc, j'ai rajouté à chaque exercice des niveaux de complexité : 1 = facile, 2 = moyennement facile, 3 = moins facile. Dans les corrigés, afin de mieux justifier les résultats quand c'était possible, j'ai essayé de m'appuyer encore plus sur les textes des codes du travail, de celui de la Sécurité sociale et de la Jurisprudence. Mais, n'oubliez pas que, si je fais un rappel de textes au début de chaque exercice, les explications détaillées se trouvent dans l'autre livre, *La Paie, ça s'apprend*. Ce livre est donc complètement réactualisé en tenant compte de toutes les modifications de taux, de plafond, de règles concernant les sujets abordés. Et comme il respecte également le calendrier des années citées, vous trouverez dans les deux dernières pages les calendriers 2015 et 2016. En espérant que ce livre vous donne satisfaction, je vous souhaite de bons exercices 2016.

Gilles MASSON

ÉNONCÉS DES EXERCICES

PARTIE I

1. Les mentions obligatoires du bulletin de paie

Rappel, extrait du livre *La paie, ça s'apprend*

Pour connaître les différentes mentions obligatoires du bulletin de paie, rien ne remplacera le code du travail qui les a définies dans les articles suivants :

ARTICLE R. 3243-1 (MODIFIÉ PAR LE DÉCRET N° 2008-1501 DU 30 DÉCEMBRE 2008, ART. 1)

Le bulletin de paie prévu à l'article L. 3243-2 comporte les informations suivantes :

***1.** Le nom et l'adresse de l'employeur ainsi que, le cas échéant, la désignation de l'établissement dont dépend le salarié.*

***2.** La référence de l'organisme auquel l'employeur verse les cotisations de Sécurité sociale, le numéro sous lequel ces cotisations sont versées et, pour les employeurs inscrits au Répertoire national des entreprises et des établissements prévu à l'article premier du décret n° 73-314 du 14 mars 1973, le numéro de la nomenclature des activités économiques (dénommé "code de l'activité principale exercée", code APE avant le 1er janvier 1993 et nommé "code des nomenclatures des activités françaises", code NAF depuis cette date) caractérisant l'activité de l'entreprise ou de l'établissement mentionné au second alinéa de l'article 5 de ce décret.*

***3.** S'il y a lieu, l'intitulé de la convention collective de branche applicable au salarié ou, à défaut, la référence au code du travail pour les dispositions relatives à la durée des congés payés du salarié et à la durée des délais de préavis en cas de cessation de la relation de travail.*

***4.** Le nom et l'emploi du salarié ainsi que sa position dans la classification conventionnelle qui lui est applicable. La position du salarié est notamment définie par le niveau ou le coefficient hiérarchique qui lui est attribué.*

***5.** La période et le nombre d'heures de travail auxquels se rapporte le salaire en distinguant, s'il y a lieu, les heures payées au taux normal et celles qui comportent une majoration pour heures supplémentaires ou pour toute autre cause et en mentionnant le ou les taux appliqués aux heures correspondantes :*

- *la nature et le volume du forfait auquel se rapporte le salaire des salariés dont la rémunération est déterminée sur la base d'un forfait hebdomadaire ou mensuel en heures, d'un forfait annuel en heures ou en jours ;*
- *l'indication de la nature de la base de calcul du salaire lorsque, par exception, cette base de calcul n'est pas la durée du travail.*

***6.** La nature et le montant des accessoires de salaire soumis aux cotisations salariales et patronales mentionnées aux articles R. 3243-2 et R. 3243-3.*

***7.** Le montant de la rémunération brute du salarié.*

***8.** La nature et le montant de tous les ajouts et retenues réalisés sur la rémunération brute.*

***9.** Le montant de la somme effectivement reçue par le salarié.*

***10.** La date de paiement de cette somme.*

***11.** Les dates de congé et le montant de l'indemnité correspondante, lorsqu'une période de congé annuel est comprise dans la période de paie considérée.*

***12.** Le montant de la prise en charge des frais de transport public ou des frais de transports personnels.*

Nota bene : Cet article a été modifié par le décret n° 2016-190 du 25 février 2016 mais son application ne sera effective qu'au 1er janvier 2017 pour les employeurs d'au moins 300 salariés et au 1er janvier 2018 pour les employeurs de moins de 300 salariés ; d'autre part, cette modification ne change pas l'exercice suivant.

ÉVALUATION

L'arrêté du 10 décembre 2002 prévoit en ses articles 1, 2, 3 et 4 un système de forfaits qui est applicable pour les principaux avantages en nature : nourriture, logement, véhicule et outils issus des nouvelles technologies de l'information et de la communication.
Dans les autres cas, les avantages en nature sont déterminés par rapport à la valeur réelle conformément aux dispositions de l'article 6 dudit arrêté. Leur montant est arrondi à la dizaine de centimes d'euros la plus proche.
L'évaluation de l'avantage en nature d'après la valeur réelle est déterminée sur la base de l'économie réalisée par les salariés en bénéficiant.
Désormais, la référence au Minimum garanti et la distinction entre rémunération supérieure ou inférieure au plafond sont supprimées.

ARTICLE R. 3243-2 (CRÉÉ PAR LE DÉCRET N° 2008-244 DU 7 MARS 2008, ART. V)

Pour l'application de l'article R. 3243-1, le regroupement des retenues relatives aux cotisations et aux contributions salariales est autorisé dès lors que ces prélèvements sont appliqués à une même assiette et destinés à un même organisme collecteur. Dans ce cas, le bulletin de paie est présenté avec des titres précisant l'objet de ces prélèvements.

Le taux, le montant ainsi que la composition de chacun de ces prélèvements sont communiqués au salarié au moins une fois par an ou lorsque prend fin le contrat de travail, soit sur le bulletin de paie, soit sur un document pouvant lui être annexé.

ARTICLE R. 3243-3 (CRÉÉ PAR LE DÉCRET N° 2008-244 DU 7 MARS 2008, ART. V)

Le bulletin de paie ou un récapitulatif annuel remis au salarié mentionne la nature, le montant et le taux des cotisations et contributions patronales assises sur la rémunération brute.

Lorsque ces cotisations et contributions sont mentionnées sur le bulletin de paie, elles peuvent être regroupées dans les mêmes conditions et selon les mêmes modalités de communication au salarié que celles prévues pour les cotisations et contributions salariales mentionnées à l'article R. 3243-2.

Les employeurs de main-d'œuvre agricole auxquels le montant de cotisations est notifié trimestriellement peuvent mentionner ces cotisations après le paiement des cotisations patronales, en précisant la période sur laquelle elles portent.

ARTICLE R. 3243-4
(CRÉÉ PAR LE DÉCRET N° 2008-244 DU 7 MARS 2008, ART. V)

Il est interdit de faire mention sur le bulletin de paie de l'exercice du droit de grève ou de l'activité de représentation des salariés.

La nature et le montant de la rémunération de l'activité de représentation figurent sur une fiche annexée au bulletin de paie qui a le même régime juridique que celui-ci et que l'employeur établit et fournit au salarié.

ARTICLE R. 3243-5
(CRÉÉ PAR LE DÉCRET N° 2008-244 DU 7 MARS 2008, ART. V)

Le bulletin de paie comporte en caractères apparents une mention incitant le salarié à le conserver sans limitation de durée.

Exercice 1 (niveaux 1, 2 et 3)

M. Marcel Dupont, célibataire, comptable dans l'entreprise STEC (profilage à froid par formage ou pliage de l'acier) a un salaire de base de 3 300 €. L'entreprise comporte 120 salariés et calcule les congés payés en jours ouvrés. Elle donne des titres-restaurants (valeur faciale de 8,34 €, participation patronale de 60 %). Ce mois de mars 2016, il a fait grève le jeudi 3 et a pris une semaine de congés payés la semaine du lundi 21 au dimanche 27. Voici le bulletin qu'il a reçu :

BULLETIN DE PAIE

Période du 1 Mars 2016 au 31 Mars 2016

Employeur	Salarié
Raison Sociale : STEC Provence	**Nom** : DUPONT **Prénom** : Marcel
Adresse : ZAC Les Rives Bleues, 130015 Marseille	**Adresse** : 12 allée des cerisiers, 13001 Marseille
N° SIRET : 381 524 629 00020 **Code NAF** : 2423Z	**N° SS** : 1690513356589
URSSAF : 20 av. Viton, 13009 Marseille **N° de cotisant** : 130015879123	**Emploi** : Agent administratif **Classif.** : N2E2
Convention collective : Industries métallurgiques des Bouches du Rhône	**Date d'ancienneté** : 01/07/2002

Libellé des Rubriques	Base	Taux	Montant	Commentaires
Salaire	151,67		3 300,00	mars 2016
Absence Grève	7,00	23,571	-165,00	
Absence Congés Payés	5,00	110,000	-550,00	Plafond du mois : 3.218 €
Paiement Congés Payés	5,00	158,400	792,00	
Total Brut			**3 377,00**	

Cotisations	Base	Salariales Taux	Salariales Montant	Patronales Taux	Patronales Montant
Ass. Mal.Mat.Inv.décès	3 377,00	0,75	-25,33	12,84	433,61
Contribution Solidarité Autonomie	3 377,00			0,30	10,13
Accident du Travail	3 377,00			2,44	82,40
Allocations Familiales	3 377,00			3,45	116,51
Ass. Vieillesse Plafonnée	3 218,00	6,90	-222,04	8,55	275,14
Ass. Vieillesse Déplafonnée	3 377,00	0,35	-11,82	1,85	62,47
F.N.A.L. sur Brut	3 377,00			0,50	16,89
Chômage sur Tr. A + Tr. B	3 377,00	2,40	-81,05	4,00	135,08
A.G.S. sur Tr. A + Tr. B	3 377,00			0,25	8,44
A.R.R.CO sur Tr. 1	3 218,00	3,10	-99,76	4,65	149,64
A.G.F.F. sur Tr. 1	3 218,00	0,80	-25,74	1,20	38,62
A.R.R.CO sur Tr. 2	159,00	8,10	-12,88	12,15	19,32
A.G.F.F. sur Tr. 2	159,00	0,90	-1,43	1,30	2,07
Mutuelle "Frais de Santé"	0,00	0,00	-50,00	0,00	50,00
Forfait Social / Frais de Santé	50,00			20,00	10,00
C.S.G. déductible	3 317,90	5,10	-169,21		
Autres charges patronales	3 377,00			4,996	168,71
Total cotisations			**-699,26**		**1 579,03**

Libellé	Base	Taux	Montant
Net fiscal			**2 727,74**
Indemnités de Transport			55,00
Déduction des Titres Restaurants	23,00	5,00	115,00
Saisie-Arrêt			-2 000,00
C.S.G. non déductible	3 317,90	2,40	-79,63
C.R.D.S. non déductible	3 317,90	0,50	-16,59
Net à payer			**751,52**

CUMULS depuis le 1er Janvier 2016

Heures : 455 Brut S.S. : 9.777,00 € Net Fiscal : 8.111,22 €

- Niveau 1 : Trouvez cinq erreurs dans ce bulletin.
- Niveau 2 : Trouvez sept erreurs dans ce bulletin.
- Niveau 3 : Trouvez neuf erreurs dans ce bulletin.

2. Le salaire de base

Rappel, extrait du livre *La paie, ça s'apprend*

Par salaire de base, il faut entendre les éléments de rémunération pris en compte lors de chaque paiement du salaire et dont les modalités de calcul auront été fixées par le contrat de travail. C'est la rémunération prévue à l'embauche en contrepartie du travail fourni. Sous réserve de révision, le salaire de base est donc nettement défini par le contrat de travail et présente un caractère de fixité à chaque paie. Il se situe sur la première ligne du bulletin de paie, ce qui est évidemment déterminant pour toute la suite du bulletin. Il est décidé librement par l'employeur et le salarié, sous réserve de respecter :
1) le principe de la liberté contractuelle ;
2) le salaire minimum de croissance avec la garantie minimale de rémunération ;
3) le minimum conventionnel ou les recommandations patronales s'ils existent dans l'entreprise ;
4) les usages ou les engagements unilatéraux de l'employeur s'ils existent dans l'entreprise ;
5) les principes d'ordre public, tels que l'égalité de rémunération entre les hommes et les femmes et l'absence de discrimination (Cass. soc., 20 octobre 1998, n° 95-44.290).

Valeur du SMIC aujourd'hui

Montant du SMIC : **9,67 € au 1er janvier 2016**.
Le SMIC mensuel brut est ainsi porté à 1 466,62 € (calculé sur la base de 35 heures x 52/12 et correspondant à la mensualisation de la durée légale hebdomadaire du travail de 35 heures), mais à 1 457,65 € pour 151,67 heures mensuelles.

Éléments pris en compte pour la détermination du SMIC

D'une façon générale, pour la détermination du SMIC, il faut tenir compte du salaire horaire qui correspond à une heure de travail effectif auquel on rajoutera les avantages en nature (logement, nourriture, etc.), les pourboires et les majorations qui complètent le salaire habituellement (primes ou gratifications contractuelles) à l'exception notable des heures supplémentaires, des remboursements de frais et des sommes attribuées au titre de la participation ou de l'intéressement.

Ne sont pas prises en compte pour la détermination du SMIC les primes et gratifications :
- constituant des libéralités (prime exceptionnelle) ;
- à caractère aléatoire ou imprévisible (prime d'objectif) ;
- sans rapport avec le travail fourni (prime d'ancienneté, prime de production globale) ;
- qui rémunèrent le temps de pause (Cass. soc., n° 09-42.890 à 892 du 13 juillet 2010).

L'indemnité différentielle

Institué initialement pour les salariés du secteur public (décret n° 91-769 du 2 août 1991), le principe de l'indemnité différentielle s'applique également aux salariés du secteur privé.
Si l'addition du salaire de base et des différentes primes ou avantages n'atteint pas le montant du SMIC mensuel, il convient de générer une somme appelée « indemnité différentielle » qui amène le salaire brut total à la valeur du SMIC mensuel en vigueur.

Exercice 2 (niveau 1)

Un salarié vient d'être embauché à temps plein dans une entreprise de nettoyage.
L'entreprise lui propose :
- de le loger dans un appartement de fonction (un F2), correspondant à un avantage en nature de 72,60 € ;
- un salaire mensuel de 1 300 € ;
- une prime mensuelle fixe de production de 100 € ;
- une indemnité mensuelle de transport de 55 €.

La paie de ce salarié respecte-t-elle le SMIC ? Si votre réponse est négative, quel serait le montant de l'indemnité différentielle qui corrigerait cette anomalie ?

Exercice 3 (niveau 1)

Cet autre salarié vient d'être lui aussi embauché à temps plein dans la même entreprise de nettoyage.
L'entreprise lui propose :
- un salaire mensuel de 1 200 € ;
- une indemnité panier quotidienne de 6,30 € ;
- un treizième mois payé par douzième chaque mois ;
- des heures supplémentaires mensuelles de 17 h 33.

La paie de ce salarié respecte-t-elle le SMIC ? Si votre réponse est négative, quel serait le montant de l'indemnité différentielle qui corrigerait cette anomalie ?

3. Les avantages en nature

Rappel, extrait du livre *La paie, ça s'apprend*

Les avantages en nature

Les avantages en nature constituent un élément de la rémunération qui, au même titre que le salaire proprement dit, doit donner lieu à cotisation.
Conformément à l'article L. 3241-1 du code du travail, le salaire doit en principe être payé en argent, mais il est admis que le salarié puisse également être rémunéré en nature. Cette rémunération peut couvrir l'intégralité de l'activité du salarié, mais en général elle a le caractère d'accessoire du salaire et constitue un avantage en nature.
L'avantage en nature consiste donc dans la fourniture ou la mise à disposition d'un bien ou service permettant au salarié de faire l'économie de frais qu'il aurait dû normalement supporter.
Les avantages en nature concernent le plus souvent la nourriture, un logement ou un véhicule. Mais ils peuvent aussi être constitués, en vertu d'usages maison, par la fourniture gratuite de produits fabriqués par l'entreprise, ou encore par la vente de produits fabriqués par l'entreprise avec un rabais supérieur à 30 %. Parfois, ils sont constitués de façon ponctuelle en liaison à un événement particulier, comme un cadeau ou un voyage. Leur montant est en général fixé soit par le contrat de travail, soit par la convention collective applicable.

ÉVALUATION

L'arrêté du 10 décembre 2002 prévoit en ses articles 1, 2, 3 et 4 un système de forfaits qui est applicable pour les principaux avantages en nature : nourriture, logement, véhicule et outils issus des nouvelles technologies de l'information et de la communication.
Dans les autres cas, les avantages en nature sont déterminés par rapport à la valeur réelle conformément aux dispositions de l'article 6 dudit arrêté. Leur montant est arrondi à la dizaine de centimes d'euros la plus proche.
L'évaluation de l'avantage en nature d'après la valeur réelle est déterminée sur la base de l'économie réalisée par les salariés en bénéficiant.
Désormais, la référence au minimum garanti et la distinction entre rémunération supérieure ou inférieure au plafond sont supprimées.

L'avantage en nature « Nourriture »

Lorsque l'employeur fournit la nourriture, cet avantage est évalué suivant un forfait par jour et la moitié de ce montant pour un repas. Toutefois, lorsque le salarié est en déplacement professionnel et empêché de regagner sa résidence ou son lieu habituel de travail et qu'il est remboursé intégralement de ses frais professionnels ou que l'employeur paie le repas directement au restaurateur, le forfait avantage en nature n'est pas réintégré dans l'assiette de cotisations.

En résumé, cela donne le tableau de synthèse suivant (C. trav., art. D. 3231-9 à D. 3231-14).

Avantages en nature Nourriture	Pour le calcul du SMIC	Pour l'assiette des cotisations sociales	
En 2016		Hôtel, Cafés, Restaurant	Cas général
1 repas par jour	1 M.G. (3,52 €)	1 M.G. (3,52 €)	4,70 €
à la journée	2 M.G. (7,04 €)	2 M.G. (7,04 €)	9,40 €

Le titre-restaurant

Le titre-restaurant a été institué pour permettre aux salariés des entreprises ne disposant pas sur place d'un local de restauration de consommer un repas au restaurant à des conditions financières avantageuses, leur employeur prenant en charge une partie du prix de ces repas.
La part contributive de l'employeur est exonérée :
• des charges fiscales : taxe sur les salaires, participation à la construction, formation continue ;
• des charges sociales : cotisations de Sécurité sociale, cotisations d'assurance chômage et de retraite complémentaire, CSG et CRDS (C. Séc. soc., art. L. 131-4).
Pour bénéficier de cette exonération, la participation de l'employeur au coût des titres-restaurants doit remplir deux conditions cumulatives :
• la participation patronale doit être comprise entre 50 et 60 % de la valeur libératoire du titre ;
• la valeur du titre ne doit pas dépasser un prix déterminé, fixé par arrêté.

Au 1er janvier 2016, la limite d'exonération de cette participation est fixée à 5,37 € par titre.
Cette limite d'exonération de 5,37 € porte la valeur du titre-restaurant :
• à 8,95 €, si la participation patronale est de 60 % ;
• à 10,74 €, si la participation patronale est de 50 %.
Si la participation n'excède pas le pourcentage compris entre 50 et 60 % de la valeur du titre, mais dépasse la limite d'exonération (5,37 €), la participation donne lieu à réintégration dans l'assiette des cotisations pour la fraction qui excède la limite d'exonération. Mais lorsque la participation excède 60 % de la valeur du titre-restaurant, c'est la totalité de cette contribution qui doit être réintégrée (Cass. soc., 23 octobre 1997).

L'avantage en nature « Logement »

Lorsque l'employeur fournit un logement, l'estimation de cet avantage est faite forfaitairement ou peut être calculée, sur option de l'employeur, d'après la valeur locative servant à l'établissement de la taxe d'habitation dans les conditions prévues aux articles 1496 et 1516 du code général des impôts et d'après la valeur réelle pour les avantages accessoires.
La valorisation du forfait de cet avantage est présentée sous la forme d'un barème de huit tranches. Les avantages accessoires (eau, gaz, électricité, chauffage ou encore garage) sont intégrés dans le forfait. Les tranches de barème évoluent sur 5 ans (de 2003 à 2007) pour atteindre un lissage du dispositif à cette date. Ces montants ont été revalorisés à compter du 1er janvier 2010.

En résumé, cela donne le tableau de synthèse suivant.

Pour le calcul du SMIC	Pour l'assiette des cotisations sociales en 2016				
Cas général et HCR	Rémunération mensuelle (R)	Le logement comporte une seule pièce principale		Le logement comporte plusieurs pièces principales	
Mois		Mois	Semaine	Mois	Semaine
	R < 1 609,00 € (R < 0,5 Plafond SS)	68,00 €	17,00 €	36,30 € (par pièce principale)	
	1 609,00 € ≤ R < 1 930,80 € (0,5 PSS ≤ R < 0,6 PSS)	79,40 €	19,90 €	51,00 € (par pièce principale)	
	1 930,80 € ≤ R < 2 252,60 € (0,6 PSS ≤ R < 0,7 PSS)	90,60 €	22,70 €	68,00 € (par pièce principale)	
	2 252,60 € ≤ R < 2 896,20 € (0,7 PSS ≤ R < 0,9 PSS)	101,80 €	25,50 €	84,80 € (par pièce principale)	1/4 de l'avantage mensuel (arrondi à la dizaine d'euro la plus proche)
0,02 x 30 = 0,60	2 896,20 € ≤ R < 3 539,80 € (0,9 PSS ≤ R < 1,1 PSS)	124,60 €	31,20 €	107,50 € (par pièce principale)	
	3 539,80 € ≤ R < 4 183,40 € (1,1 PSS ≤ R < 1,3 PSS)	147,20 €	36,80 €	130,10 € (par pièce principale)	
	4 183,40 € ≤ R < 4 827,00 € (1,3 PSS ≤ R < 1,5 PSS)	169,80 €	42,50 €	158,40 € (par pièce principale)	
	4 827,00 € ≤ R (1,5 PSS ≤ R)	192,50 €	48,10 €	181,20 € (par pièce principale)	

L'avantage en nature « Véhicule »

Il faut distinguer deux types de véhicules : la voiture de service mise temporairement par l'entreprise à la disposition du salarié comme outil de travail, qui n'est pas un avantage en nature, et la voiture de fonction affectée au salarié, qui peut l'utiliser pour ses besoins personnels, les fins de semaine, voire pendant les vacances. L'utilisation par le salarié, à la fois pour ses besoins personnels et pour ses fonctions professionnelles, d'un véhicule d'entreprise dont celle-ci assure l'entretien constitue un avantage en nature qui s'apprécie en fonction de la valeur réelle qu'il représente pour son bénéficiaire.

L'arrêté du 10 décembre 2002 a fixé de nouvelles règles d'évaluation de l'avantage en nature que constitue la mise à disposition permanente d'un véhicule pour un usage privé ou en partie privé pour le salarié. L'Administration considère qu'il y a mise à disposition permanente lorsque le salarié n'est pas tenu de restituer le véhicule en dehors de ses périodes de travail, notamment en fin de semaine (samedi et dimanche) ou pendant ses périodes de congé.

L'employeur a le choix entre une évaluation sur la base des dépenses réelles, évaluation dont les modalités sont précisées, et une évaluation sur la base d'un forfait annuel. Par ailleurs, l'évaluation des dépenses engagées par l'employeur diffère selon que celui-ci est propriétaire ou locataire du véhicule. L'évaluation s'entend toutes taxes comprises. Il n'est désormais plus possible de se référer au barème kilométrique établi par l'administration fiscale.

L'option entre l'évaluation réelle et l'évaluation forfaitaire est laissée à la seule diligence de l'employeur. Celui-ci a la faculté de réviser en fin d'exercice l'option prise en fonction de son choix, pour l'année entière écoulée. Ainsi, l'entreprise qui, au cours de l'année écoulée, a utilisé l'évaluation forfaitaire peut en fin d'année revoir cette option en fonction de la valeur réelle, salarié par salarié ; l'inverse est également possible. L'entreprise prend alors sa décision en fin d'année, lors de l'établissement de la déclaration annuelle des données sociales (DADS).

Tableau de synthèse pour l'évaluation des avantages en nature « Véhicule »

Avantage en nature	Evaluation des dépenses sur une base forfaitaire			Evaluation des dépenses réellement engagées
Si le véhicule a été acheté par l'employeur	Le forfait est un pourcentage du coût d'achat du véhicule. Ce pourcentage varie selon différentes situations.			L'évaluation des dépenses réelles comprend : - l'amortissement de l'achat du véhicule sur 5 ans (soit 20% par an par rapport au coût d'achat) ; si le véhicule a plus de 5 ans, l'amortissement de l'achat du véhicule est de 10% - l'assurance ; - les frais d'entretien (révision, changements de pneus, vidanges, lavages...) ; - le cas échéant, les frais de carburant utilisé pour l'usage privé et payé par l'employeur.
		Carburant NON payé par l'employeur	Carburant payé par l'employeur	
	Véhicule < 5 ans	9% du coût d'achat	9% du coût d'achat + dépenses réelles de carburant utilisé pour l'usage privé OU 12% du coût d'achat	
	Véhicule > 5 ans	6% du coût d'achat	6% du coût d'achat + dépenses réelles de carburant utilisé pour l'usage privé OU 9% du coût d'achat	
Si le véhicule est loué par l'employeur ou loué avec option d'achat	Le forfait est un pourcentage du coût global annuel.			L'évaluation des dépenses réelles comprend : - le coût annuel de la location ; - l'assurance ; - les frais d'entretien (révision, changements de pneus, vidanges, lavages...) ; - le cas échéant, les frais de carburant utilisé pour l'usage privé et payé par l'employeur.
	Carburant NON payé par l'employeur	Carburant payé par l'employeur		
	30% du coût global (comprenant la location, l'assurance et l'entretien du véhicule)	30% du coût global (comprenant la location, l'assurance et l'entretien du véhicule) + dépenses réelles de carburant utilisé pour l'usage privé OU 40% du coût global (comprenant la location, l'assurance, l'entretien du véhicule ET le carburant utilisé à titre privé et professionnel)		

Les avantages issus des nouvelles technologies de l'information et de la communication

Il s'agit de la téléphonie mobile, du micro-ordinateur, portable ou non, de progiciels, de modem d'accès à un télécopieur, à l'ordinateur de l'entreprise, à Internet, etc.
L'avantage résultant de l'usage privé est évalué sur option de l'employeur, sur la base de dépenses réellement engagées ou sur la base d'un forfait en pourcentage du coût d'achat de ces outils ou, le cas échéant, de l'abonnement, toutes taxes comprises.

Lorsque l'employeur opte pour les dépenses réellement engagées, la présentation des justificatifs de facture justifiant le temps passé pour l'utilisation privée suffit (numéros de téléphone, accès Internet, etc.).

Lorsque l'employeur ne peut apporter la preuve des dépenses réellement engagées, l'avantage résultant de l'usage privé doit être effectué d'après les forfaits suivants :
• lorsque l'employeur achète ces outils pour les mettre à la disposition permanente du salarié, l'avantage en nature déterminé par l'usage privé de ces outils est calculé annuellement sur la **base forfaitaire de 10 % de son coût d'achat public**, toutes taxes comprises ;
• lorsque, dans le cadre de l'activité professionnelle du salarié, l'employeur met à la disposition permanente de ce dernier des outils issus des NTIC dont l'usage est en partie privé, et que l'évaluation de l'avantage est effectuée sur la base du forfait, la valeur de l'avantage en nature est déterminée en prenant en compte le rabais dont aurait bénéficié le salarié si l'entreprise lui avait vendu un de ces outils. Le montant de l'avantage en nature est alors calculé en déduisant

le niveau du rabais consenti à ses salariés lorsqu'elle leur vend ces outils, dans la limite de 30 % du prix public TTC pratiqué par l'employeur, pour le même produit ou le même service, à un consommateur non salarié de l'entreprise ;
• en cas de mise à disposition en cours d'année, l'évaluation devra être proratisée en fonction du nombre de mois de mise à disposition. Dans le cas de mois incomplets, c'est le mois intégral qui est pris en compte.

Autres avantages en nature

Les fournitures de produits et services réalisés par l'entreprise à des conditions préférentielles ne constituent pas des avantages en nature dès lors que leurs réductions tarifaires n'excèdent pas 30 % du prix de vente public normal, toutes taxes comprises.
Lorsque la fourniture est gratuite ou lorsque la remise dépasse 30 % du prix de vente normal, il convient de réintégrer la totalité de l'avantage en nature dans l'assiette.
S'agissant des vêtements, lorsque les dépenses d'habillement des salariés se traduisent par un remboursement, elles sont considérées comme des avantages en espèces qui doivent donc être réintégrés dans l'assiette de cotisations. Cependant, la fourniture gratuite aux salariés des vêtements qui répondent aux critères obligatoires de protection individuelle, ainsi que leurs frais d'entretien relèvent des frais d'entreprise. Ces vêtements doivent demeurer la propriété de l'employeur.

Les avantages en nature doivent figurer sur le bulletin de salaire. Le code de la Sécurité sociale précise que les avantages en nature s'ajoutent à la rémunération en espèces des salariés et doivent être soumis à cotisations. Non seulement, ils sont sur le bulletin de paie, mais ils y figurent **deux fois** :
• une première fois dans le haut du bulletin pour entrer dans la base soumise à cotisations (donc en plus) ;
• une seconde fois, après le calcul des cotisations salariales (et patronales) pour les déduire (donc en moins). En effet, si l'employeur donne déjà un avantage en nature quelconque, il ne faut pas rajouter à la rémunération du salarié sa valeur en euros !

Les frais professionnels

Dans de nombreuses professions, le salarié bénéficie de sommes allouées à titre de remboursement de frais professionnels. Ces sommes compensent les frais inhérents au travail lui-même ou aux conditions dans lesquelles il s'effectue (dépenses engagées par le salarié pour le compte de l'entreprise et qui lui sont remboursées par celle-ci au titre de ses charges normales d'exploitation). Elles n'ont pas le caractère de salaire dès lors qu'il s'agit réellement du remboursement de frais dont le salarié a fait l'avance ; le remboursement ne sera donc pris en compte ni pour l'application du SMIC, ni dans le salaire de base, ni dans l'assiette des cotisations.
En revanche, lorsque les remboursements sont effectués forfaitairement et qu'ils ne correspondent pas à des dépenses réellement faites par le salarié, ils constituent un complément de rémunération (Cass. soc., 15 octobre 1987, n° 85-41.535).

Remboursement de repas

L'employeur a deux possibilités pour prendre en charge les frais de restauration de ses salariés en déplacement :

• remboursement des frais réels sur justificatifs. Ils sont exclus de l'assiette des cotisations dans la mesure où ils ne constituent pas un avantage en nature déguisé ;
• participation forfaitaire de l'employeur. Dans ce cas, l'exclusion de l'assiette de cotisations sociales et fiscales se fait à condition de ne pas dépasser les limites d'exonération sociales et fiscales.

Lorsque le salarié est en déplacement professionnel et empêché de regagner sa résidence, il peut percevoir une **indemnité de repas non soumise à cotisations dans la limite de 18,30 € (montant 2016) par repas.**

Lorsque le salarié est contraint de se restaurer sur son lieu de travail en raison de conditions particulières d'organisation de travail, l'employeur est autorisé à compenser les dépenses supplémentaires de restauration dans une **limite de 6,30 € (montant 2016)** exonérés de cotisations. C'est le cas des primes de panier.

Lorsque le salarié est en déplacement hors des locaux de l'entreprise et lorsque les conditions de travail lui interdisent de regagner sa résidence ou son lieu de travail pour prendre ses repas, l'employeur peut compenser les dépenses supplémentaires de repas dans la limite de **8,90 € (montant 2016)** exonérés de cotisations. C'est le cas des primes de casse-croûte, ou des **primes de panier déplacement**.

Grand déplacement

Un salarié empêché de regagner chaque jour sa résidence du fait de ses conditions de travail peut percevoir des allocations forfaitaires destinées à compenser ses dépenses supplémentaires de logement et de nourriture. On considérera que le salarié est empêché de regagner sa résidence lorsqu'il n'a pas la possibilité de regagner chaque jour son domicile et que, d'une part, la distance domicile-travail est au moins égale à 50 km, et d'autre part, les transports en commun ne lui permettent pas de regagner son domicile en moins de 1 h 30.
Ces allocations sont réputées être utilisées conformément à leur objet si :
• elles ne dépassent pas les limites fixées par arrêté ;
• l'employeur justifie que le salarié ne peut regagner chaque jour sa résidence et que, de ce fait, il engage des frais de double résidence.

Concernant les indemnités destinées à compenser les dépenses supplémentaires de logement et de petit-déjeuner, l'employeur est autorisé à déduire ces **indemnités dans la limite de 65,30 € (montant 2016) par jour pour le salarié en déplacement à Paris**, dans les Hauts-de-Seine, la Seine-Saint-Denis et le Val-de-Marne, et de **48,50 € (montant 2016) par jour dans les autres départements** métropolitains.

Précision essentielle : Tant que nous n'aurons pas étudié les cotisations en détail, nous nous concentrerons sur la partie du bulletin de paie expliquée précédemment. Afin d'avoir un net à payer, nous utiliserons un bulletin de paie « simplifié » avec un taux des cotisations salariales de 20 % (taux inférieur au réel, mais qui a le mérite de ne pas trop compliquer les calculs).

Exercice 4 (niveau 1)

Ce salarié ouvrier spécialisé travaille dans une petite entreprise familiale pour un salaire de base de 1 800 € brut par mois. Chaque jour, à midi, la femme du patron prépare un repas que tous les salariés partagent. Ce mois d'octobre 2016, il est présent tous les jours du mois.
Calculer sa paie pour le mois d'octobre 2016 (21 jours ouvrés).

Libellés	Calculs intermédiaires	Sommes en -	Sommes en +
Salaire de base			
Av. en Nature "Nourriture"			
Total du Brut			
Montant des cotisations (20%)			
Net fiscal			
Reprise Av. Nat. "Nourriture"			
Net à payer			

Exercice 5 (niveau 1)

Ce salarié, bûcheron, travaille dans une petite scierie familiale perdue en pleine forêt pour un salaire de base de 1 800 € brut par mois. Chaque lundi matin, il rejoint la scierie. Il retourne à la ville tous les vendredis à 16 heures, le travail de la semaine terminé. La femme du patron prépare un repas midi et soir. Durant la semaine, il est logé dans un petit F2. Ce mois d'octobre 2016 qui comporte quatre week-ends, il est présent tous les jours du mois.
Calculer sa paie pour le mois d'octobre 2016 (21 jours ouvrés).

Libellés	Calculs intermédiaires	Sommes en -	Sommes en +
Salaire de base			
Av. en Nature "Nourriture"			
Av. en Nature "Logement"			
Total du Brut			
Montant des cotisations (20%)			
Net fiscal			
Reprise Av. Nat. "Nourriture"			
Reprise Av. Nat. "Logement"			
Net à payer			

Exercice 6 (niveau 1)

Ce salarié de la région des Pays de la Loire travaille à temps plein en équipe 2 x 8 (l'équipe du matin faisant 5 h 00-midi, l'équipe de l'après-midi ayant un horaire de midi à 17 heures), dans une grande entreprise du bâtiment pour un salaire de base de 2 000 € brut par mois.
Il fait partie de l'équipe du matin. La convention collective du bâtiment octroie un panier de 10 € par jour travaillé au personnel en équipe, qu'il soit ou pas en déplacement.
Ce mois de juin 2016, il est affecté une semaine en déplacement dans le sud de la France.
Calculer sa paie pour le mois de juin 2016 (22 jours ouvrés).

Libellés	Calculs intermédiaires	Sommes en -	Sommes en +
Salaire de base			
Paniers Soumis (Jour & Nuit)			
Paniers Soumis (Déplacement)			
Total du Brut			
Montant des cotisations (20%)			
Net fiscal			
Paniers Non Soumis (J & N)			
Paniers Non Soumis (Dépl,)			
Net à payer			

Exercice 7 (niveau 2)

Ce salarié provincial travaille à temps plein dans une grande entreprise pour un salaire de base de 2 900 € brut par mois. L'entreprise lui donne des titres-restaurants (valeur faciale : 8,95 €, participation patronale : 5,37 €) pour tous les jours travaillés au sein de son entreprise. Il est logé dans un grand F4. Ce mois de février 2016, il a suivi trois jours de formation à Paris les lundi 22, mardi 23 et mercredi 24. Ses billets de train (172 €) lui ont été remboursés au centime près ainsi que ses tickets de métro (1,80 € x 6 = 10,80 €) après sa remise des justificatifs correspondants. En revanche, pour ses deux nuits d'hôtel, l'entreprise lui rembourse un forfait de 80 € par nuitée et pour ses repas au restaurant (trois à midi et deux le soir) un forfait de 25 € par repas.
Calculer sa paie pour le mois de février 2016 (21 jours ouvrés).

Libellés	Calculs intermédiaires	Sommes en -	Sommes en +
Salaire de base			
Remboursement Repas			
Remboursement Déplacement			
Av. en Nature "Logement"			
Total du Brut			
Montant des cotisations (20%)			
Net fiscal			
Remboursement Repas			
Remboursement Déplacement			
Reprise Av. Nat. "Logement"			
Retenue Titres Restaurant			
Net à payer			

Exercice 8 (niveau 2)

Ce salarié cadre travaille à temps plein dans une grande entreprise pour un salaire de base de 4 000 € brut par mois.
L'entreprise a mis à sa disposition le 4 janvier 2016, et pour une durée indéterminée, une voiture (Renault Mégane DCI 110 Energy Air Nav, 5 portes) d'une valeur de 24 120 € (prix de la voiture neuve au 1er janvier 2016). L'entreprise a pris également en charge l'assurance (1 650 €), tous les entretiens (1 200 €) et le carburant (2 000 €). Au 31 décembre 2016, le salarié a parcouru 40 000 km, dont 15 000 à titre privé.
Calculer le montant de cet avantage en nature selon les deux possibilités (au forfait et au réel). Quel sera le montant à passer dans la rubrique « Avantage en nature "Véhicule" » en décembre 2016 ?

Exercice 9 (niveau 3)

Ce salarié parisien travaille à temps plein dans une grande entreprise pour un salaire de base de 3 400 € brut par mois.
L'entreprise lui donne des titres-restaurants (valeur faciale : 10,74 €, participation patronale : 6,37 €) pour tous les jours travaillés au sein de son entreprise.
Il est logé dans un grand F3.
Son entreprise lui fournit un téléphone portable (un S7 dont le prix public est de 299,90 € assorti d'un forfait 24/24 5 Go pour 33,99 € par mois) et un ordinateur portable (d'une valeur de 899,90 €).
La durée d'amortissement du téléphone est d'un an. Si l'entreprise lui vendait cet ordinateur, le salarié bénéficierait d'un rabais de 30 %.
Ce mois de juin 2016, il est allé par trois fois rencontrer ses clients en province, nécessitant à chaque fois une nuit d'hôtel et un repas à midi et un autre le soir. Pour se déplacer, il a utilisé un des véhicules de service appartenant à l'entreprise.
Pour ses nuits d'hôtel, l'entreprise lui rembourse un forfait de 100 € par nuitée et pour ses repas au restaurant un forfait de 20 € par repas.
Calculer sa paie pour le mois de juin 2016 (22 jours ouvrés).

Libellés	Calculs intermédiaires	Sommes en -	Sommes en +
Salaire de base			
Remboursement Repas			
Remboursement Déplacement			
Av. en Nature "Téléphone"			
Av. en Nature "Ordinateur"			
Av. en Nature "Titres Resto"			
Av. en Nature "Logement"			
Total du Brut			
Montant des cotisations (20%)			
Net fiscal			
Remboursement Repas			
Remboursement Déplacement			
Reprise Av. Nat. "Téléphone"			
Reprise Av. Nat. "Ordinateur"			
Reprise Av. Nat. "Titres Resto"			
Reprise Av. Nat. "Logement"			
Retenue Titres Restaurant			
Net à payer			

Exercice 10 (niveau 3)

Imaginons que le salarié de l'exercice 9 ne soit plus parisien, mais provincial et qu'il se rende à Paris pour rencontrer ses clients.
Imaginons aussi que son entreprise lui donne des titres-restaurants (valeur faciale : 10,74 €, participation patronale : 8 €) pour tous les jours travaillés au sein de son entreprise.
Tout le reste de l'exercice est identique à l'exercice 9.
Calculer sa paie pour le mois de juin 2016 (22 jours ouvrés).

Libellés	Calculs intermédiaires	Sommes en -	Sommes en +
Salaire de base			
Remboursement Repas			
Remboursement Déplacement			
Av. en Nature "Téléphone"			
Av. en Nature "Ordinateur"			
Av. en Nature "Titres Resto"			
Av. en Nature "Logement"			
Total du Brut			
Montant des cotisations (20%)			
Net fiscal			
Remboursement Repas			
Remboursement Déplacement			
Reprise Av. Nat. "Téléphone"			
Reprise Av. Nat. "Ordinateur"			
Reprise Av. Nat. "Titres Resto"			
Reprise Av. Nat. "Logement"			
Retenue Titres Restaurant			
Net à payer			

4. Les heures supplémentaires

Rappel, extrait du livre *La paie, ça s'apprend*

Définition des heures supplémentaires

Constituent des heures supplémentaires les heures effectuées par le salarié à la demande de l'entreprise au-delà de la durée légale hebdomadaire du travail (C. trav., art. L. 3121-11 et s.), à l'exception des heures d'équivalence (C. trav., art. L. 3121-9) et des heures de récupération (C. trav., art. L. 3121-25).
Elles se décomptent toujours dans le cadre de la semaine civile, sauf dans le cas d'horaires cycliques, modulés ou individualisés. Le cadre commun d'appréciation des heures supplémentaires est la semaine civile, qui débute le lundi à 0 heure et se termine le dimanche à minuit.
La durée légale est de 35 heures de travail effectif par semaine. Le temps de travail effectif est défini de la façon suivante (C. trav., art. L. 3121-1) : « La durée du travail effectif est le temps pendant lequel le salarié est à la disposition de l'employeur et doit se conformer à ses directives sans pouvoir vaquer librement à des occupations personnelles. »

Exercice 11 (niveau 1)

Un salarié a effectué les heures suivantes au cours d'une semaine dans l'année 2016.
C'est un ouvrier à temps complet mensualisé (151,67 h) effectuant normalement 7 heures par jour et travaillant dans une entreprise qui paie les heures supplémentaires une première fois au taux horaire normal du salarié et qui applique les majorations à 25 % et 50 % sur deux lignes différentes.

Jour	*Heures Théoriques*	*Heures Travaillées*
Lundi	7,00	7,00
Mardi	7,00	8,00
Mercredi	7,00	10,00
Jeudi	7,00	10,00
Vendredi	7,00	7,00
Samedi		4,00
Dimanche		
Total	35,00	

➲ Vous devez trouver :

❶ Nb d'H.S. au taux normal	
❷ Nb d'H.S. majorées à 25%	
❸ Nb d'H.S. majorées à 50%	

Exercice 12 (niveau 1)

Un salarié a effectué les heures suivantes au cours d'une semaine dans l'année 2016.
C'est un ouvrier à temps complet mensualisé (151,67 h) effectuant normalement 7 heures par jour et travaillant dans une entreprise qui paie les heures supplémentaires une première fois au taux horaire normal du salarié et qui applique les majorations à 25 % et 50 % sur deux lignes différentes.
Ce jeudi-là, il s'est rendu aux obsèques de sa belle-mère. Quel est l'impact de cette journée « Évènement familial » sur ses heures supplémentaires ?

Jour	***Heures Théoriques***	***Heures Travaillées***	***Raison***
Lundi	7,00	9,00	
Mardi	7,00	8,00	
Mercredi	7,00	9,00	
Jeudi	7,00	0,00	Evenement Fam.
Vendredi	7,00	9,00	
Samedi			
Dimanche			
Total	35,00		

➲ Vous devez trouver :

❶ Nb d'H.S. au taux normal	
❷ Nb d'H.S. majorées à 25%	
❸ Nb d'H.S. majorées à 50%	

Exercice 13 (niveau 2)

Un salarié a effectué les heures suivantes au cours d'une semaine dans l'année 2016.
C'est un ouvrier à temps complet mensualisé (151,67 h) effectuant normalement 7 heures par jour et travaillant dans une entreprise qui paie les heures supplémentaires une première fois au taux horaire normal du salarié et qui applique les majorations à 25 % et 50 % sur deux lignes différentes.
Le lundi et le mardi, il était malade. Dès qu'il s'est senti mieux, il a presque rattrapé le retard qui s'était accumulé lors de son absence de l'entreprise. Quel est l'impact de ces deux jours de maladie sur ses heures supplémentaires ?

Jour	***Heures Théoriques***	***Heures Travaillées***	***Raison***
Lundi	7,00	0,00	Maladie
Mardi	7,00	0,00	Maladie
Mercredi	7,00	8,00	
Jeudi	7,00	10,00	
Vendredi	7,00	10,00	
Samedi		4,00	
Dimanche			
Total	35,00		

➲ Vous devez trouver :

❶ Nb d'H.S. au taux normal	
❷ Nb d'H.S. majorées à 25%	
❸ Nb d'H.S. majorées à 50%	

Exercice 14 (niveau 2)

Un salarié a effectué les heures suivantes au cours d'une semaine dans l'année 2016.
C'est un ouvrier à temps complet mensualisé (151,67 h) effectuant normalement 7 heures par jour et travaillant dans une entreprise qui paie les heures supplémentaires une première fois au taux horaire normal du salarié et qui applique les majorations à 25 % et 50 % sur deux lignes différentes. C'était la semaine du jeudi de l'Ascension. Quel est l'impact de ce « jour férié » sur ses heures supplémentaires ?

Jour	***Heures Théoriques***	***Heures Travaillées***	***Raison***
Lundi	7,00	10,00	
Mardi	7,00	10,00	
Mercredi	7,00	9,00	
Jeudi	7,00	0,00	Jour Férié
Vendredi	7,00	8,00	
Samedi			
Dimanche			
Total	35,00		

➲ Vous devez trouver :

❶ Nb d'H.S. au taux normal	
❷ Nb d'H.S. majorées à 25%	
❸ Nb d'H.S. majorées à 50%	

5. Les horaires individualisés

Rappel, extrait du livre *La paie, ça s'apprend*

L'horaire de travail est, en principe, collectif (C. trav., art. L. 3121-10). L'entreprise peut déroger à la règle générale de l'horaire collectif en mettant en place des horaires individualisés, appelés généralement « horaires à la carte », « horaires flexibles », « horaires libres » ou encore « horaires variables » (C. trav., art. L. 3122-23). Pour instituer des horaires individualisés, il faut que le personnel en ait fait la demande, que le CE ou à défaut les DP ne s'y soient pas opposés et que l'inspecteur du travail ait été préalablement informé (C. trav., art. L. 3122-24 et R. 3122-3).

L'entreprise qui pratique un système d'horaire variable met en place un temps de présence obligatoire dans le cadre de « plages fixes » et de « plages mobiles » durant lesquelles les salariés choisissent leurs horaires. Les horaires individualisés peuvent entraîner, dans la limite d'un nombre fixé par décret (C. trav., art. R. 3122-2), des reports d'heures d'une semaine à une autre, sans que ces heures ainsi reportées aient d'effet sur le nombre et le paiement des heures supplémentaires, pourvu qu'elles résultent d'un libre choix du salarié concerné. Le report ainsi prévu ne peut excéder trois heures d'une semaine à une autre et le cumul des heures ainsi reportées ne peut être supérieur à 10 heures.

Pour établir la paie en fonction de la durée du travail, il est souvent indispensable de calculer la durée de travail non pas en minutes mais en centièmes car c'est le seul mode de calcul reconnu par les logiciels.

Pour convertir des minutes en centièmes d'heure, il faut multiplier les minutes par 1,666.
Exemple : 45 minutes x 1,666 = 74,999 = 75 centièmes d'heure.

Pour convertir des centièmes d'heure en minutes, il faut multiplier les centièmes d'heure par 0,6.
Exemple : 80 centièmes d'heure x 0,6 = 48 minutes (les 7,80 heures du temps des 39 heures font 7 heures et 48 minutes).

Exercice 15 (niveau 2)

Calculer le nombre d'heures travaillées par ce salarié et le report d'heures sur le mois suivant à partir de sa feuille de présence, sachant que dans l'entreprise où travaille ce salarié :
- l'horaire mobile a été institué avec deux plages mobiles : le matin de 7 heures à 9 heures, l'après-midi de 16 h 30 à 18 h 30 ;
- le déjeuner est fixe de 12 heures à 14 heures ;
- la durée hebdomadaire est de 35 heures sur 5 jours ;
- ce salarié a un crédit de 7 heures au titre du mois précédent.

Jour	Arrivée	(Déjeuner)		Départ	
1	8 h 30	(12 h 00)	(14 h 00)	17 h 00	
2	8 h 30	(12 h 00)	(14 h 00)	16 h 30	
3	8 h 45	(12 h 00)	(14 h 00)	18 h 00	
4	8 h 15	(12 h 00)	(14 h 00)	17 h 45	
5	9 h 00	(12 h 00)	(14 h 00)	17 h 30	
6	8 h 45	(12 h 00)	(14 h 00)	17 h 15	
7	8 h 15	(12 h 00)	(14 h 00)	17 h 00	
8	7 h 45	(12 h 00)	(14 h 00)	17 h 30	
9	Absence pour cause de congés payés				
10	Absence pour cause de congés payés				
11	Absence pour cause de congés payés				
12	Absence pour cause de congés payés				
13	7 h 45	(12 h 00)	(14 h 00)	17 h 00	
14	8 h 45	(12 h 00)	(14 h 00)	17 h 15	
15	7 h 45	(12 h 00)	(14 h 00)	17 h 30	
16	9 h 00	(12 h 00)	(14 h 00)	17 h 30	
17	8 h 00	(12 h 00)	(14 h 00)	18 h 00	
18	8 h 00	(12 h 00)	(14 h 00)	18 h 30	
19	8 h 45	(12 h 00)	(14 h 00)	17 h 45	
20	8 h 00	(12 h 00)	(14 h 00)	17 h 00	
21	8 h 00	(12 h 00)	(14 h 00)	16 h 30	
22	8 h 00	(12 h 00)	(14 h 00)	17 h 15	
23	Absence pour cause de congés payés				

Exercice 16 (niveau 2)

Dans cette entreprise, la durée du temps de travail hebdomadaire est de 35 heures sur 5 jours (7 heures théoriques par jour).
Il y a trois plages mobiles :
• matin : 8 heures à 9 heures ;
• midi : 12 heures à 14 heures (temps de repas minimal : 1 heure) ;
• soir : 17 heures à 18 heures.

Quel sera son nouveau report pour le mois suivant, sachant que :
• dans le mois considéré, il y a 20 jours ouvrés ;
• tout retard entraîne la perte d'1 heure ;
• l'arrivée ou le départ en dehors des plages est écrêté ;
• ce salarié a un crédit de 3 heures au titre du mois précédent ;
• dès qu'un crédit de 7 heures est ouvert, le salarié a droit de prendre une journée de récupération (sous réserve d'acceptation de son supérieur hiérarchique).

Jour	Arrivée	Déjeuner		Départ	*Calculs*	
1	9h00	12h30	13h40	17h40		
2	7h50	12h20	13h10	17h30		
3	8h15	12h10	13h50	17h25		
4	8h30	13h15	14h00	18h15		
5	9h15	12h15	13h00	17h30		
6	7h45	12h15	13h30	17h45		
7	absence	pour	cause	de récup.		
8	8h15	12h45	13h35	17h30		
9	7h55	12h15	13h45	17h00		
10	8h15	12h00	13h15	17h30		
11	8h15	12h15	13h00	17h30		
12	8h55	12h10	13h20	17h20		
13	8h00	12h10	13h50	17h40		
14	7h45	12h15	13h05	17h15		
15	9h00	12h00	13h45	18h15		
16	8h30	12h30	13h45	17h00		
17	8h15	12h00	13h15	17h15		
18	absence	pour	cause	de récup.		
19	7h50	12h20	13h20	16h05		
20	8h20	12h10	13h30	17h55		

6. L'acquisition des congés payés

Rappel, extrait du livre *La paie, ça s'apprend*

Tout salarié a droit chaque année à un congé payé à la charge de son employeur (C. trav., art. L. 3141-1).
La loi du 22 mars 2012 a modifié l'article L. 3141-3 du code du travail en supprimant l'exigence d'une période minimale de travail effectif. Cet article est donc à présent libellé ainsi : « Le salarié a droit à un congé de 2,5 jours ouvrables par mois de travail effectif chez le même employeur. La durée totale du congé exigible ne peut excéder 30 jours ouvrables. »
Cette disposition s'applique pour chaque salarié présent à l'effectif de l'entreprise à compter du premier jour du troisième mois suivant la publication de la loi, soit à compter du 1er juin 2012.

Selon l'article R. 3141-3, le point de départ de la période prise en compte pour le calcul du droit à congé est fixé au 1er juin de chaque année. On l'appelle aussi période d'acquisition des droits. Donc, pour des congés payés pris en août 2016, l'année de référence va du 1er juin 2015 au 31 mai 2016. Cette notion d'année de référence joue un double rôle : pendant la première année de référence, le salarié acquiert des droits à congés et c'est pendant la seconde année de référence qu'il peut prendre ses droits à congés. Dans le cas d'embauche en cours d'année, il va de soi que le point de départ de l'année de référence est la date d'embauche et que le terme sera en principe le 31 mai. Dans le cas de rupture du contrat de travail, le terme est, non pas le 31 mai, mais la date de rupture du contrat de travail.

Selon l'article L. 3141-4 du code du travail : « Sont assimilés à un mois de travail effectif pour la détermination de la durée du congé les périodes équivalentes à quatre semaines ou vingt-quatre jours de travail. » L'article L. 3141-4 assimile à un mois de travail les périodes équivalentes à quatre semaines ou 24 jours si le travail hebdomadaire est réparti sur 6 jours. Ce nombre est ramené à 22 jours pour une semaine répartie sur 5,5 jours, et à 20 jours pour une répartition sur cinq jours. Ces équivalences sont à appliquer lorsqu'un salarié n'a pas été occupé sur la totalité de l'année de référence, pour quelque raison que ce soit.

SELON L'ARTICLE L. 3141-5 DU CODE DU TRAVAIL

Sont considérées comme périodes de travail effectif pour la détermination de la durée du congé :

1. *les périodes de congé payé ;*
2. *les périodes de congé maternité, paternité et d'adoption ;*
3. *les repos compensateurs obligatoires prévus par l'article L. 3121-26 du présent code ;*
4. *les jours de repos acquis au titre de la réduction du temps de travail ;*
5. *les périodes, dans la limite d'une durée ininterrompue d'un an, pendant lesquelles l'exécution du contrat de travail est suspendue pour cause d'accident du travail ou de maladie professionnelle ;*
6. *les périodes pendant lesquelles un salarié se trouve maintenu ou rappelé au service national à un titre quelconque.*

On ne peut pas compter comme période de travail effectif celle où le contrat de travail est suspendu, sans pour autant être rompu. C'est le cas pour les absences pour convenance personnelle, maladie, grève, et de chômage total (mais non d'activité partielle, car dans ce cas il n'y a que réduction d'horaire).

La durée des congés payés est déterminée à raison de 2,5 jours ouvrables par mois de travail, sans que la durée totale du congé puisse excéder 30 jours ouvrables (c'est-à-dire 5 semaines).
Lorsque le nombre de jours ouvrables obtenu n'est pas un nombre entier, la durée du congé est portée au nombre entier immédiatement supérieur (C. trav., art. L. 3141-7). Cette règle de l'arrondi se pratique donc sur le nombre de jours de congé obtenu après la déduction proportionnelle aux absences (non assimilées à du travail effectif). On peut bien sûr raisonner en jour ouvré et de nombreuses entreprises le font en appliquant la règle suivante : 5 jours ouvrés correspondent à 6 jours ouvrables. Le congé de 30 jours ouvrables devient dans ce cas de 25 jours ouvrés (chaque période de 4 semaines donnant droit à 2,08 jours).

Cas d'un salarié à temps partiel

L'horaire de travail pratiqué chaque mois et sa répartition sur les différents jours de la semaine est sans incidence sur les droits du salarié en matière de congé annuel. En effet, comme les autres salariés, ceux à temps partiel ont droit à 2,5 jours ouvrables de congés payés par mois de travail effectif, et l'étendue de leurs droits ne doit pas être appréciée en équivalence d'heures de travail (Cass. soc., 10 mai 2001, n° 99-42.566 ; Cass. soc., 13 novembre 2008, n° 07-43.126).

Exercice 17 (niveau 1)

Pour répondre aux questions suivantes, aidez-vous du calendrier 2015/2016 représentant la période légale d'acquisition des congés.

Calendrier des congés payés 2015-2016

2015							2016				
Juin	Juillet	Août	Septembre	Octobre	Novembre	Décembre	Janvier	Février	Mars	Avril	Mai
1 L	1 M	1 S	1 M	1 J	1 D	1 M	1 V	1 L	1 M	1 V	1 D
2 M	2 J	2 D	2 M	2 V	2 L	2 M	2 S	2 M	2 M	2 S	2 L
3 M	3 V	3 L	3 J	3 S	3 M	3 J	3 D	3 M	3 J	3 D	3 M
4 J	4 S	4 M	4 V	4 D	4 M	4 V	4 L	4 J	4 V	4 L	4 M
5 V	5 D	5 M	5 S	5 L	5 J	5 S	5 M	5 V	5 S	5 M	5 J
6 S	6 L	6 J	6 D	6 M	6 V	6 D	6 M	6 S	6 D	6 M	6 V
7 D	7 M	7 V	7 L	7 M	7 S	7 L	7 J	7 D	7 L	7 J	7 S
8 L	8 M	8 S	8 M	8 J	8 D	8 M	8 V	8 L	8 M	8 V	8 D
9 M	9 J	9 D	9 M	9 V	9 L	9 M	9 S	9 M	9 M	9 S	9 L
10 M	10 V	10 L	10 J	10 S	10 M	10 J	10 D	10 M	10 J	10 D	10 M
11 J	11 S	11 M	11 V	11 D	11 M	11 V	11 L	11 J	11 V	11 L	11 M
12 V	12 D	12 M	12 S	12 L	12 J	12 S	12 M	12 V	12 S	12 M	12 J
13 S	13 L	13 J	13 D	13 M	13 V	13 D	13 M	13 S	13 D	13 M	13 V
14 D	14 M	14 V	14 L	14 M	14 S	14 L	14 J	14 D	14 L	14 J	14 S
15 L	15 M	15 S	15 M	15 J	15 D	15 M	15 V	15 L	15 M	15 V	15 D
16 M	16 J	16 D	16 M	16 V	16 L	16 M	16 S	16 M	16 M	16 S	16 L
17 M	17 V	17 L	17 J	17 S	17 M	17 J	17 D	17 M	17 J	17 D	17 M
18 J	18 S	18 M	18 V	18 D	18 M	18 V	18 L	18 J	18 V	18 L	18 M
19 V	19 D	19 M	19 S	19 L	19 J	19 S	19 M	19 V	19 S	19 M	19 J
20 S	20 L	20 J	20 D	20 M	20 V	20 D	20 M	20 S	20 D	20 M	20 V
21 D	21 M	21 V	21 L	21 M	21 S	21 L	21 J	21 D	21 L	21 J	21 S
22 L	22 M	22 S	22 M	22 J	22 D	22 M	22 V	22 L	22 M	22 V	22 D
23 M	23 J	23 D	23 M	23 V	23 L	23 M	23 S	23 M	23 M	23 S	23 L
24 M	24 V	24 L	24 J	24 S	24 M	24 J	24 D	24 M	24 J	24 D	24 M
25 J	25 S	25 M	25 V	25 D	25 M	25 V	25 L	25 J	25 V	25 L	25 M
26 V	26 D	26 M	26 S	26 L	26 J	26 S	26 M	26 V	26 S	26 M	26 J
27 S	27 L	27 J	27 D	27 M	27 V	27 D	27 M	27 S	27 D	27 M	27 V
28 D	28 M	28 V	28 L	28 M	28 S	28 L	28 J	28 D	28 L	28 J	28 S
29 L	29 M	29 S	29 M	29 J	29 D	29 M	29 V	29 L	29 M	29 V	29 D
30 M	30 J	30 D	30 M	30 V	30 L	30 M	30 S		30 M	30 S	30 L
	31 V	31 L		31 S		31 J	31 D		31 J		31 M

Énoncés des exercices

1) Trouver combien de jours ouvrables a acquis un salarié au 31 mai 2016, s'il est entré dans l'entreprise le mercredi 1er juillet 2015.

2) Trouver combien de jours ouvrables a acquis un salarié présent depuis 10 ans dans l'entreprise, s'il la quitte le vendredi 1er avril 2016.

3) Trouver combien de jours ouvrés a acquis au 31 mai 2016 un salarié embauché le 1er décembre 2015 dans l'entreprise.

4) Trouver combien de jours ouvrés a acquis au 31 mai 2016 un salarié présent depuis 10 ans s'il a été malade du 12 octobre 2015 au 13 mars 2016 inclus.

5) Trouver combien de jours ouvrés a acquis un salarié qui n'a travaillé que du lundi 21 mars au vendredi 25 mars 2016 (rupture du contrat de travail pendant la période d'essai).

6) Trouver combien de jours ouvrés a acquis au 31 mai 2016 un salarié qui ne travaille que les lundis et embauché le 23 novembre 2015.

7. Le décompte des congés payés pris

Rappel, extrait du livre : *La paie, ça s'apprend*

Décompte des congés payés pris

En jours ouvrables

Lorsque la durée des congés à laquelle a droit le salarié est fixée en jours ouvrables, le décompte du nombre de jours pris s'effectue également en jours ouvrables.
Lorsque, dans une entreprise, l'horaire hebdomadaire est réparti sur cinq jours seulement, le lundi ou le samedi étant chômé, ce lundi ou ce samedi demeure un jour ouvrable, pris en compte pour le calcul de la durée des congés. Le premier jour de congé décompté est le premier jour où le salarié aurait dû normalement travailler. *A contrario*, le dernier jour ouvrable de la période de congés doit être pris en compte pour le calcul des jours ouvrables de congé même s'il correspond à une journée non travaillée dans l'entreprise.

Quelle est l'incidence d'un jour férié pendant le congé ?
Si ce jour férié habituellement chômé dans l'entreprise coïncide avec un jour ouvrable normalement travaillé dans l'entreprise, il ne sera pas décompté en jour de congé.

En jours ouvrés

Lorsque la durée des congés de chaque salarié est fixée en jours ouvrés, le décompte du nombre de jours pris s'effectue également en jours ouvrés. La notion de jours ouvrés doit être définie de la même manière pour la détermination de la durée des congés que pour le décompte des jours de congés pris. Le nombre de jours de congés pris par le salarié est égal au nombre de jours d'ouverture de l'entreprise couvrant sa période de congés. Lorsque l'horaire de travail est réparti sur 5 jours, une semaine de congés du lundi au dimanche comporte 5 jours ouvrés.

Quelle est l'incidence d'un jour férié pendant le congé ?
Nous distinguons trois cas :
1. Le jour férié tombe un dimanche : aucune incidence ;
2. Le jour férié tombe un jour ouvrable ouvré (lundi, mardi, mercredi, jeudi, vendredi) :
   - si l'entreprise travaille le jour férié, celui-ci reste donc ouvrable ouvré et n'a pas d'incidence sur la durée du congé,
   - si l'entreprise ne travaille pas ce jour férié, celui-ci n'est donc pas ouvrable ni ouvré et n'est pas décompté dans la durée du congé ;
3. Le jour férié tombe un jour ouvrable non ouvré (samedi) :
   - si l'entreprise n'accorde pas à ses salariés des congés plus longs que ceux prévus par la loi, l'employeur doit prolonger le congé d'un jour, car le fait de décompter le congé en jours ouvrés ne doit pas être défavorable par rapport à un décompte en jours ouvrables (Cass. soc., 13 février 1991, n° 89-75423),
   - si l'entreprise accorde des congés plus longs que ceux prévus par la loi, le congé annuel n'a pas à être prolongé (Cass. soc., 27 octobre 2004, n° 02-44149).

En jours ouvrables ou en jours ouvrés

Quelle est l'incidence d'un pont pendant le congé (en jours ouvrables ou en jours ouvrés) ?
Si pendant les congés d'un salarié, l'employeur accorde un jour de pont chômé dans l'entreprise, ce jour reste un jour ouvré pour le salarié en congé et il n'a droit à aucun jour supplémentaire.

Cas particulier du salarié à temps partiel

Quand un salarié à temps partiel prend ses congés, il faut raisonner différemment selon le nombre de jours travaillés. S'il ne travaille qu'un jour par semaine, ce jour représente pour lui toute sa semaine de travail et donc dans ce cas il faut lui décompter soit 5 jours ouvrés soit 6 jours ouvrables.
Si un salarié travaille habituellement 2 jours par semaine et qu'il part une semaine en congés payés, lui seront décomptés soit 6 jours ouvrables (chaque jour valant 6/2, soit 3 jours ouvrables), soit 5 jours ouvrés (chaque jour valant 5/2, soit 2,5 jours ouvrés).

Exercice 18 (niveaux 1, 2 et 3)

Période de prise de congés payés de 2012

2012

Mai		Juin		Juillet		Août		Septembre		Octobre	
1	M	1	V	1	D	1	M	1	S	1	L
2	M	2	S	2	L	2	J	2	D	2	M
3	J	3	D	3	M	3	V	3	L	3	M
4	V	4	L	4	M	4	S	4	M	4	J
5	S	5	M	5	J	5	D	5	M	5	V
6	D	6	M	6	V	6	L	6	J	6	S
7	L	7	J	7	S	7	M	7	V	7	D
8	M	8	V	8	D	8	M	8	S	8	L
9	M	9	S	9	L	9	J	9	D	9	M
10	J	10	D	10	M	10	V	10	L	10	M
11	V	11	L	11	M	11	S	11	M	11	J
12	S	12	M	12	J	12	D	12	M	12	V
13	D	13	M	13	V	13	L	13	J	13	S
14	L	14	J	14	S	14	M	14	V	14	D
15	M	15	V	15	D	15	M	15	S	15	L
16	M	16	S	16	L	16	J	16	D	16	M
17	J	17	D	17	M	17	V	17	L	17	M
18	V	18	L	18	M	18	S	18	M	18	J
19	S	19	M	19	J	19	D	19	M	19	V
20	D	20	M	20	V	20	L	20	J	20	S
21	L	21	J	21	S	21	M	21	V	21	D
22	M	22	V	22	D	22	M	22	S	22	L
23	M	23	S	23	L	23	J	23	D	23	M
24	J	24	D	24	M	24	V	24	L	24	M
25	V	25	L	25	M	25	S	25	M	25	J
26	S	26	M	26	J	26	D	26	M	26	V
27	D	27	M	27	V	27	L	27	J	27	S
28	L	28	J	28	S	28	M	28	V	28	D
29	M	29	V	29	D	29	M	29	S	29	L
30	M	30	S	30	L	30	J	30	D	30	M
31	J			31	M	31	V			31	M

Niveau 1

1) Ayant un congé principal de 25 jours ouvrés, ce salarié part en congés payés du lundi 6 au dimanche 26 août 2012 inclus. Combien de jours lui décomptez-vous ?

2) Ayant un congé principal de 30 jours ouvrables, ce salarié part en congés payés du lundi 2 juillet au lundi 30 juillet 2012 inclus. Combien de jours lui décomptez-vous ?

3) Ayant un congé principal de 30 jours ouvrables, ce salarié part en congés payés du mercredi 2 au mardi 29 mai 2012 inclus. Combien de jours lui décomptez-vous ?

Niveau 2

4) Ayant un congé principal de 25 jours ouvrés, ce salarié part en congés payés du lundi 2 au dimanche 29 juillet 2012 inclus. Combien de jours lui décomptez-vous ?

5) Ayant un congé principal de 25 jours ouvrés, ce salarié part en congés payés du lundi 7 au jeudi 31 mai 2012 inclus. Sachant que l'entreprise donne le vendredi 18 mai en jour de pont, combien de jours lui décomptez-vous ?

6) Ayant un congé principal de 27 jours ouvrés, ce salarié part en congés payés du lundi 2 au dimanche 29 juillet 2012 inclus. Combien de jours lui décomptez-vous ?

Niveau 3

7) Ayant un congé principal de 10 jours ouvrés, l'entreprise de ce salarié ferme du lundi 23 juillet au dimanche 19 août 2012 inclus. Comment passez-vous les jours non acquis sur la paie ?

8) Ayant un congé principal de 25 jours ouvrés, ne travaillant que les lundis, mardis et vendredis, ce salarié part en congés payés du lundi 6 août au lundi 27 août 2012 inclus. Combien de jours lui décomptez-vous ?

9) Question identique à la question 8), mais s'il ne travaille que les lundis et mercredis.

Exercice 19 (niveaux 1, 2 et 3)

Période légale de prise des congés payés pour 2016

2016											
Mai		Juin		Juillet		Août		Septembre		Octobre	
1	D	1	M	1	V	1	L	1	J	1	S
2	L	2	J	2	S	2	M	2	V	2	D
3	M	3	V	3	D	3	M	3	S	3	L
4	M	4	S	4	L	4	J	4	D	4	M
5	J	5	D	5	M	5	V	5	L	5	M
6	V	6	L	6	M	6	S	6	M	6	J
7	S	7	M	7	J	7	D	7	M	7	V
8	D	8	M	8	V	8	L	8	J	8	S
9	L	9	J	9	S	9	M	9	V	9	D
10	M	10	V	10	D	10	M	10	S	10	L
11	M	11	S	11	L	11	J	11	D	11	M
12	J	12	D	12	M	12	V	12	L	12	M
13	V	13	L	13	M	13	S	13	M	13	J
14	S	14	M	14	J	14	D	14	M	14	V
15	D	15	M	15	V	15	L	15	J	15	S
16	L	16	J	16	S	16	M	16	V	16	D
17	M	17	V	17	D	17	M	17	S	17	L
18	M	18	S	18	L	18	J	18	D	18	M
19	J	19	D	19	M	19	V	19	L	19	M
20	V	20	L	20	M	20	S	20	M	20	J
21	S	21	M	21	J	21	D	21	M	21	V
22	D	22	M	22	V	22	L	22	J	22	S
23	L	23	J	23	S	23	M	23	V	23	D
24	M	24	V	24	D	24	M	24	S	24	L
25	M	25	S	25	L	25	J	25	D	25	M
26	J	26	D	26	M	26	V	26	L	26	M
27	V	27	L	27	M	27	S	27	M	27	J
28	S	28	M	28	J	28	D	28	M	28	V
29	D	29	M	29	V	29	L	29	J	29	S
30	L	30	J	30	S	30	M	30	V	30	D
31	M			31	D	31	M			31	L

Niveau 1

1) Ayant un congé principal de 25 jours ouvrés, ce salarié part en congés payés du lundi 1er au lundi 22 août 2016 inclus. Combien de jours lui décomptez-vous ?

2) Ayant un congé principal de 30 jours ouvrables, ce salarié part en congés payés du lundi 4 au lundi 25 juillet 2016 inclus. Combien de jours lui décomptez-vous ?

Niveau 2

3) Ayant un congé principal de 30 jours ouvrables, ce salarié part en congés payés du lundi 2 au dimanche 22 mai 2016 inclus. Combien de jours lui décomptez-vous ?

4) Ayant un congé principal de 25 jours ouvrés, ce salarié part en congés payés du lundi 2 au dimanche 22 mai 2016 inclus. Sachant que l'entreprise donne le vendredi 6 mai en jour de pont, combien de jours lui décomptez-vous ?

Niveau 3

5) Ayant un congé principal de 25 jours ouvrés, ne travaillant pas les jeudis, ce salarié part en congés payés du vendredi 1er au dimanche 24 juillet 2016 inclus. Combien de jours lui décomptez-vous ?

6) Ayant un congé principal de 30 jours ouvrables, ne travaillant pas les mercredis et les vendredis, ce salarié part en congés payés du lundi 1er au jeudi 18 août 2016 inclus. Combien de jours lui décomptez-vous ?

8. Le fractionnement du congé principal (24 jours ouvrables)

Rappel, extrait du livre *La paie, ça s'apprend*

SELON L'ARTICLE L. 3141-19 DU CODE DU TRAVAIL

Lorsque le congé est fractionné, la fraction d'au moins 12 jours ouvrables continus est attribuée pendant la période du 1er mai au 31 octobre de chaque année.
Les jours restant dus peuvent être accordés en une ou plusieurs fois en dehors de cette période.
Il est attribué deux jours ouvrables de congé supplémentaire lorsque le nombre de jours de congé pris en dehors de cette période est au moins égal à six et un seul lorsque ce nombre est compris entre trois et cinq jours.
Les jours de congé principal dus en plus de 24 jours ouvrables ne sont pas pris en compte pour l'ouverture du droit à ce supplément.
Des dérogations peuvent être apportées aux dispositions du présent article, soit après accord individuel du salarié, soit par convention ou accord collectif d'entreprise ou d'établissement.

La durée des congés pouvant être pris en une seule fois ne peut excéder 24 jours ouvrables (sauf exception des salariés qui justifient de contraintes géographiques particulières). Le code du travail introduit ainsi une obligation de fractionnement du congé annuel qui doit être pris au moins en deux fois. La période de prise de la cinquième semaine n'a pas été fixée par la loi, elle pourra soit être prise pendant la période légale, soit en dehors. De même, la loi ne précise pas si cette cinquième semaine doit être prise en une seule fois ou si elle peut être fractionnée. Là aussi, si tout le monde est d'accord, le fractionnement est possible.
Le fractionnement du congé principal est autorisé sous certaines conditions, pour la partie du congé comprise entre 12 et 24 jours ouvrables. Le congé continu comporte donc une durée minimale de 12 jours et une durée maximale de 24 jours. En cas de fractionnement, le congé doit obligatoirement comprendre une fraction de 12 jours ouvrables continus, attribuée pendant la période légale des congés. La faculté de fractionnement, qu'elle soit mise en œuvre par l'employeur ou demandée par le salarié, implique dans tous les cas l'accord de l'autre partie.
Deux situations doivent être distinguées :

- si le congé est pris par roulement, la décision de fractionner le congé par l'employeur est subordonnée à l'agrément du salarié ;
- si le congé s'accompagne de la fermeture de l'entreprise, le fractionnement peut être effectué par l'employeur, sur avis conforme des délégués du personnel, ou à défaut de délégués, avec l'agrément des salariés.

Le fractionnement du congé principal

Sauf dispositions conventionnelles contraires ou renonciation expresse du salarié, les jours de congés payés qui n'ont pas été pris avec le congé principal et qui sont pris en dehors de la période légale (1er mai-31 octobre) donnent droit à des jours de congés supplémentaires.

Si l'entreprise donne des congés payés en jours ouvrables, ce nombre de jours est :
- 1 jour supplémentaire si le reliquat pris hors période légale est compris entre 3 et 5 jours ;
- 2 jours supplémentaires si le reliquat pris hors période légale est au moins égal à 6 jours.

Si on convertit ces jours ouvrables en jours ouvrés, cela donne :
- 1 jour supplémentaire si le reliquat pris hors période légale est compris entre 2 et 4 jours ;
- 2 jours supplémentaires si le reliquat pris hors période légale est au moins égal à 5 jours.

Ces jours sont accordés également aux salariés entrés en cours d'année dès lors qu'ils prennent des congés en dehors de la période légale. La prise de jours de congés par anticipation, en dehors de la période légale, ouvre droit aussi aux jours supplémentaires de fractionnement (Cass. soc., 7 mars 1990, n° 87-40.629). Le fractionnement est dû non seulement quand l'employeur l'impose aux salariés mais aussi dans le cas où c'est le salarié qui demande à fractionner son reliquat de congé et où il obtient l'accord tacite de son employeur. Selon la Cour de cassation, le droit aux jours de congés supplémentaires naît du seul fait du fractionnement, que ce soit le salarié lui-même ou l'employeur qui en ait pris l'initiative (Cass. soc., 4 juillet 2001, n° 99-43.494). Cependant, des dérogations peuvent y être apportées soit après accord individuel du salarié (renonciation individuelle, annuelle, et écrite), soit par convention collective (ou accord d'établissement). En aucun cas, la renonciation résultant d'une note de service, unilatéralement établie par l'employeur, ne saurait être valable.

Exercice 20 (niveaux 1, 2 et 3)

Période légale de prise des congés payés pour 2010

2010											
Mai		Juin		Juillet		Août		Septembre		Octobre	
1	S	1	M	1	J	1	D	1	M	1	V
2	D	2	M	2	V	2	L	2	J	2	S
3	L	3	J	3	S	3	M	3	V	3	D
4	M	4	V	4	D	4	M	4	S	4	L
5	M	5	S	5	L	5	J	5	D	5	M
6	J	6	D	6	M	6	V	6	L	6	M
7	V	7	L	7	M	7	S	7	M	7	J
8	S	8	M	8	J	8	D	8	M	8	V
9	D	9	M	9	V	9	L	9	J	9	S
10	L	10	J	10	S	10	M	10	V	10	D
11	M	11	V	11	D	11	M	11	S	11	L
12	M	12	S	12	L	12	J	12	D	12	M
13	J	13	D	13	M	13	V	13	L	13	M
14	V	14	L	14	M	14	S	14	M	14	J
15	S	15	M	15	J	15	D	15	M	15	V
16	D	16	M	16	V	16	L	16	J	16	S
17	L	17	J	17	S	17	M	17	V	17	D
18	M	18	V	18	D	18	M	18	S	18	L
19	M	19	S	19	L	19	J	19	D	19	M
20	J	20	D	20	M	20	V	20	L	20	M
21	V	21	L	21	M	21	S	21	M	21	J
22	S	22	M	22	J	22	D	22	M	22	V
23	D	23	M	23	V	23	L	23	J	23	S
24	L	24	J	24	S	24	M	24	V	24	D
25	M	25	V	25	D	25	M	25	S	25	L
26	M	26	S	26	L	26	J	26	D	26	M
27	J	27	D	27	M	27	V	27	L	27	M
28	V	28	L	28	M	28	S	28	M	28	J
29	S	29	M	29	J	29	D	29	M	29	V
30	D	30	M	30	V	30	L	30	J	30	S
31	L			31	S	31	M			31	D

Niveau 1

1) Ayant un congé principal de 25 jours ouvrés, ce salarié part en congés payés du 21 juin au 18 juillet inclus. Combien de jours de fractionnement lui accordez-vous au 31 octobre ?

2) Ayant un congé principal de 30 jours ouvrables, l'entreprise de ce salarié ferme du 2 au 22 août inclus. Combien de jours de fractionnement lui accordez-vous au 31 octobre ?

3) Ayant un congé principal de 30 jours ouvrables, ce salarié part en congés payés du 7 au 13 juin inclus, puis du 5 au 18 juillet inclus. Combien de jours de fractionnement lui accordez-vous au 31 octobre ?

Niveau 2

4) Ayant un congé principal de 25 jours ouvrés, ce salarié part en congés payés du 28 juin au 18 juillet inclus, puis les 30 et 31 août. Combien de jours de fractionnement lui accordez-vous au 31 octobre ?

5) Ayant un congé principal de 25 jours ouvrés, ce salarié part en congés payés du 3 au 9 mai, puis du 16 juillet au 1er août inclus. Combien de jours de fractionnement lui accordez-vous au 31 octobre ?

6) Ayant un congé principal de 28 jours ouvrés, ce salarié part en congés payés du 21 au 31 mai inclus, puis du 9 au 23 août inclus. Combien de jours de fractionnement lui accordez-vous au 31 octobre ?

Niveau 3

7) Ayant un congé principal de 15 jours ouvrés, ce salarié part en congés payés du 9 au 22 août inclus. Combien de jours de fractionnement lui accordez-vous au 31 octobre ?

8) Ayant un congé principal de 30 jours ouvrables, ce salarié part en congés payés du 18 octobre au 31 octobre inclus. Combien de jours de fractionnement lui accordez-vous au 31 octobre ?

9) Ayant un congé principal de 30 jours ouvrables, ce salarié part en congés payés du 5 au 18 juillet et du 16 au 22 août inclus. Combien de jours de fractionnement lui accordez-vous au 31 octobre ?

9. L'indemnisation des congés payés

Rappel, extrait du livre *La paie, ça s'apprend*

POUR CALCULER L'INDEMNISATION DES CONGÉS PAYÉS, L'ARTICLE L. 3141-22 DU CODE DU TRAVAIL NOUS DONNE LA RÈGLE :

I – Le congé annuel prévu par l'article L. 3141-3 ouvre droit à une indemnité égale au dixième de la rémunération brute totale perçue par le salarié au cours de la période de référence.
Pour la détermination de la rémunération brute totale, il est tenu compte :
1° de l'indemnité de congé de l'année précédente ;
2° des indemnités afférentes au repos compensateur obligatoire prévues à l'article L. 3121-28 ;
3° des périodes assimilées à un temps de travail par les articles L. 3141-4 et L. 3141-5 qui sont considérées comme ayant donné lieu à rémunération en fonction de l'horaire de travail de l'établissement.
Lorsque la durée du congé est différente de celle prévue à l'article L. 3141-3, l'indemnité est calculée selon les règles fixées ci-dessus et proportionnellement à la durée du congé effectivement dû.
II – Toutefois, l'indemnité prévue au I ne peut être inférieure au montant de la rémunération qui aurait été perçue pendant la période de congé si le salarié avait continué à travailler.
Cette rémunération, sous réserve du respect des dispositions légales, est calculée en fonction :
1° du salaire gagné dû pour la période précédant le congé ;
2° de la durée du travail effectif de l'établissement.
III – Un arrêté du ministre chargé du travail détermine les modalités d'application du présent article dans les professions mentionnées à l'article L. 3141-30.

L'article L. 3141-22 prévoit donc deux modes de calcul pour l'indemnité de congés payés :
- la règle du dixième ;
- le maintien du salaire.

Ces dispositions sont d'ordre public. Aucun accord d'entreprise ne peut en conséquence contenir des stipulations moins favorables au salarié (Cass. soc., 11 février 1982, n° 80-40.163). Ce mode de calcul s'applique aux jours supplémentaires pour ancienneté prévus par les conventions collectives (Cass. soc., 26 mars 2002, n° 99-46.097).
Pour chaque salarié, il faut donc chercher la règle la plus favorable, celle du dixième ou celle du maintien de salaire.

Règle du dixième

Le premier mode de calcul consiste à déterminer l'indemnité de congé payé par rapport au salaire déterminé en fonction de la rémunération totale perçue par le salarié au cours de la période de référence (1er juin-31 mai). Ainsi, selon la règle du dixième, l'indemnité de congés payés est égale à un dixième de la rémunération totale brute perçue au cours de la période de référence. Le montant obtenu correspond à la totalité des congés acquis par le salarié (soit 30 jours ouvrables pour un salarié ayant travaillé pendant toute la période de référence).

Que comprend la rémunération totale ?

Il s'agit des sommes brutes (avant retenues pour cotisations), présentant un caractère soit réel, soit fictif. Ce sont précisément :
• le **salaire** de base ou forfaitaire et ses **majorations** pour heures supplémentaires (Cass. soc., 31 octobre 2012, n° 11-19.170), travail de nuit (Cass. soc., 25 janvier 1968, n° 66-40.557P), et éventuellement travail du dimanche ou du jour férié (Cass. soc., 11 février 1998, n° 93-44.887) ;
• l'**indemnité de congés payés** de l'année précédente (C. trav., art. L. 3141-22) ;
• les **commissions**. Les primes et commissions liées à l'activité de l'entreprise ou à la production doivent être incluses, à condition toutefois que ces éléments de rémunération soient réellement liés à l'activité personnelle du salarié (Cass. soc., 3 juin 2009, n° 07-43.798). Attention toutefois : ces commissions sont exclues lorsqu'elles sont calculées sur l'année entière, y compris sur la période de congés payés du salarié.

Se rajoutent **les primes et indemnités versées en fonction des résultats du salarié**. Selon la jurisprudence, ces primes doivent répondre aux critères suivants :
• elles doivent être versées en contrepartie du travail du salarié (et non pas de son service ou de son entreprise), et revêtir un caractère de généralité, de fixité et de constance qui les rend obligatoires pour l'employeur ;
• elles ne doivent pas présenter le caractère de remboursements de frais, ni rémunérer un risque exceptionnel ;
• elles ne doivent pas déjà indemniser la période de congé.
Selon la Cour de cassation, répondent donc à ces critères :
• les primes de rendement, production, ou productivité liées aux résultats personnels du salarié et non à l'activité globale de l'entreprise, lorsqu'elles sont attribuées de façon régulière depuis plusieurs années (Cass. soc., 20 janvier 2010, n° 08-43.310) ;
• les primes d'objectifs attribuées en fonction de résultats personnels (Cass. soc., 30 avril 2003, n° 01-41.884) ;
• les primes de performance récompensant l'activité déployée par les salariés personnellement et les objectifs réalisés par l'unité à laquelle appartient le salarié (Cass. soc., 10 octobre 2001, n° 99-44.300).

Les **primes liées à l'exécution du travail** sont :
• les primes d'ancienneté (Cass. soc., 13 juin 2012, n° 10-30.590), sauf si elles sont versées toute l'année et ont déjà rémunéré une période de congé (Cass. soc., 24 mars 2004, n° 02-41.828) ;
• les primes d'assiduité conventionnelles si elles sont versées en contrepartie du travail du salarié et non calculées sur l'année entière (Cass. soc., 26 mai 1999, n° 97-43.681).

Les **primes liées à l'organisation du travail** sont :
• les primes paniers (Cass. soc., 15 janvier 1997, n° 95-43.996) ;
• les indemnités de repas forfaitaire versées aux travailleurs de nuit (Cass. soc., 18 décembre 2012, n° 11-13.813) ;
• les indemnités de déplacement versées, que le salarié soit ou pas en déplacement (Cass. soc., 12 novembre 2008, n° 07-41.348), une prime de transport indemnisant la sujétion liée à l'organisation spécifique de l'entreprise dont l'activité nécessite une exploitation en dehors des heures d'activité des transports en commun (Cass. soc., 7 décembre 2011, n° 10-23.686) ;
• les primes d'équipe ne représentant ni un remboursement de frais ni une indemnité d'un risque exceptionnel.

Les **primes de sujétion** compensent des avantages accessoires habituellement accordés (C. trav., art. L. 3141-23). Si elles sont bien versées chaque mois, ce sont par exemple les primes d'insalubrité, de salissure, de hauteur, de froid, etc.

Les **primes liées à une servitude de l'emploi** sont :
• les primes d'astreinte, versées toute l'année, compensant une servitude de l'emploi (Cass. soc., 4 juillet 1983, n° 81-40.819P) ;
• les primes de soirée, versées forfaitairement à des visiteurs médicaux (Cass. soc., 16 octobre 2001, n° 99-44.464) ;
• les primes pour heures de permanence (Cass. soc., 14 février 1996, n° 92-43.110).

Les **primes liées à l'éloignement** du salarié sont :
• les primes d'expatriation ou de dépaysement qui constituent en tout ou partie un complément de rémunération destiné à compenser les désagréments de l'éloignement plus qu'un remboursement de frais inhérents au séjour à l'étranger (Cass. soc., 19 décembre 2007, n° 06-44.887) ;
• les primes de mission versées aux salariés pendant leur affectation à l'étranger en vue de compenser les principales contraintes provenant du milieu géographique ou des conditions de travail en mer (Cass. soc., 4 février 1993, n° 89-42.464).

Les **pourboires**, sur la base des sommes soumises aux cotisations de Sécurité sociale (C. trav., art. 3141-24).

Les **avantages en nature**. Il doit être tenu compte des avantages accessoires et des prestations en nature dont le salarié ne continuerait pas à jouir pendant la durée de son congé (C. trav., art. L. 3141-23 ; Cass. soc., 27 septembre 1989, n° 86-43.169). *A contrario*, les avantages en nature dont le salarié continue à profiter pendant son congé ne sont pas pris en compte (Cass. soc., 7 mars 2007, n° 05-42.826).

Les **indemnités perçues en période d'absence de travail**. Sont également inclus les salaires fictifs des absences assimilées à du temps de travail pour le calcul des congés payés par la loi ou une convention collective. Sont concernés :
• le congé maternité ;
• l'arrêt de travail pour accident de travail ou maladie professionnelle limité à une durée ininterrompue d'un an ;
• la période de maintien ou de rappel sous les drapeaux ;
• l'indemnité afférente à la contrepartie en repos pour heures supplémentaires (C. trav., art. L. 3121-11 et n° L. 3121-22 ; Cass. soc., 23 octobre 2001, n° 99-40.879P) ;
• le salaire des jours fériés chômés ;
• les indemnités compensant la précarité d'emploi pour les travailleurs temporaires et les CDD (C. trav., art. L. 1243-8).

Que faut-il exclure de la rémunération totale ?

Il faut exclure les **primes et gratifications versées globalement couvrant l'ensemble de l'année**, période de travail et période de congés. Les inclure dans le calcul de l'indemnité de congés aboutirait à les faire payer partiellement une seconde fois. C'est notamment le cas pour :
• les primes de vacances, de type treizième mois payées en une seule fois pour l'ensemble de l'année (Cass. soc., 2 avril 1997, n° 94-41.389 ; Cass. soc., 8 juin 2011, n° 09-71.056P) ;

• les primes de récompense, gratification bénévole ou prime exceptionnelle (Cass. soc., 14 octobre 2009, n° 07-45.587P) ;
• les pourcentages sur le chiffre d'affaires de l'entreprise calculés globalement sur l'année et sans rapport nécessaire avec le travail du salarié (Cass. soc., 30 janvier 1985, n° 81-41.769).

Il faut également exclure les **primes de sujétion compensent un risque ou un inconvénient qui n'existe pas pendant les congés**, si le risque est exceptionnel et n'est pas lié à l'activité permanente du salarié (Cass. soc., 29 octobre 1980, n° 79-40.840P).

Les **remboursements de frais professionnels** doivent être exclus de la rémunération totale car ceux-ci n'existent pas pendant la période de congés. Ce sont :
• les primes de panier, subordonnées à des conditions d'octroi, remboursant les frais de repas supplémentaires (Cass. soc., 8 juin 1994, n° 90-43.014) ;
• les primes de transport remboursant des frais professionnels forfaitaires (Cass. soc., 22 janvier 1992, n° 90-44.249P) ;
• l'indemnité d'expatriation remboursant des frais inhérents au séjour à l'étranger (Cass. soc., 25 mars 1998, n° 96-40.754).

Les **primes d'intéressement et de participation** doivent aussi être exclues, car elles ne constituent pas une rémunération (C. trav., art. L. 3312-4 et L. 3325-1).

Lorsque la durée du congé est différente de la durée légale, l'indemnité est calculée proportionnellement à la durée du congé effectivement dû.

Formules pour le calcul du dixième

(Rémunération brute totale/10) = indemnité totale du congé payé

Lorsque la durée du congé est différente de la durée légale, l'indemnité est calculée proportionnellement à la durée du congé effectivement dû. Donc, si le salarié bénéficie d'un congé d'une durée supérieure à la durée légale, il y a lieu de corriger proportionnellement l'indemnité de cette façon :
Rémunération brute totale/10) x (N/L) = indemnité totale du congé payé.
Pour calculer l'indemnité à chaque prise de congés, on remplacera à chaque fois « N » par le nombre de jours de congés donnés par l'entreprise pour la période, et « L » par le nombre de jours de congés donnés par la loi pour la même période.

Règle du maintien de salaire

Néanmoins, l'article L. 3141-22 du code du travail nous rappelle que l'indemnité de congés payés ne peut être inférieure au montant de la rémunération qui aurait été perçue pendant la période de congés payés si le salarié avait continué à travailler.
Le salaire maintenu est déterminé en fonction de la durée du travail effectif de l'établissement au cours de la période considérée ainsi que de l'horaire de travail du salarié. Ainsi, si un salarié travaille habituellement et alternativement 40 heures une semaine puis 30 heures la semaine suivante, l'indemnité de congés payés doit être calculée selon l'horaire qui aurait été pratiqué, sauf en cas de lissage de la rémunération.

Formules pour le calcul du maintien de salaire

Plusieurs méthodes de calcul peuvent s'appliquer. Ce sont :
• la méthode du **jour ouvrable moyen.** On retient un vingt-sixième du salaire mensuel par jour ouvrable de congé pris ;
• la méthode du **jour ouvré moyen.** On retient un vingt et un soixante-septième du salaire mensuel par jour ouvré de congé pris ;
• la méthode du **jour ouvrable réel.** On divise le salaire mensuel par le nombre de jours ouvrables du mois en cours et on multiplie le résultat par le nombre de jours ouvrables de congé pris ;
• la méthode du **jour ouvré réel.** On divise le salaire mensuel par le nombre de jours ouvrés du mois en cours et on multiplie le résultat par le nombre de jours ouvrés de congé pris.

La plupart des entreprises optent pour le calcul en jours ouvrables moyens (ou jours ouvrés moyens). C'est la solution la plus logique : pourquoi reviendrait-on en réel alors qu'on cherche à comparer ce montant avec une valeur moyenne calculée sur l'année de référence des congés payés ?

Exercice 21 (niveau 1)

Mois	Année	Salaire Brut	Brut pour Calcul du 10ème CP	Particularités
Juin	2015	1 500,00 €		
Juillet	2015	1 900,00 €		dont "prime de vacances" de 400 €
Août	2015	1 500,00 €		dont "congés payés" de 1000 €
Septembre	2015	2 000,00 €		dont "prime de rentrée scolaire" de 500 €
Octobre	2015	1 500,00 €		
Novembre	2015	1 500,00 €		dont "congés payés" de 300 €
Décembre	2015	3 000,00 €		Il y a un "13ème mois"
Janvier	2016	1 600,00 €		Le salarié est augmenté
Février	2016	2 000,00 €		dont "prime de froid" de 400 €
Mars	2016	2 300,00 €		dont "prime exceptionnelle" de 700 €
Avril	2016	1 600,00 €		
Mai	2016	1 600,00 €		dont "congés payés" de 300 €
Juin	2016	1 600,00 €		
Juillet	2016	2 000,00 €		dont "prime de vacances" de 400 €

Ce salarié part en congés payés du lundi 1er au lundi 22 août 2016 inclus. La société dans laquelle il travaille raisonne en jours ouvrables.

1) Déterminer la rémunération brute totale 2015/2016 (pour le calcul du dixième).

2) Déterminer le nombre de jours ouvrables d'absence congés payés.

3) Calculer le montant de l'absence de ces jours ouvrables de congés payés.

4) Calculer le montant du paiement de cette absence :
- avec la règle du dixième ;
- avec la règle du maintien de salaire.

5) Calculer son salaire brut du mois d'août 2016 (salaire – abs. C.P. + paiement C.P. = brut).

Exercice 22 (niveau 1)

Ce salarié a quitté (démission) l'entreprise le vendredi 1er avril 2016 au soir. Les droits à C.P. dans cette entreprise sont la durée légale plus un jour ouvré (soit 26 jours ouvrés pour une année). Il n'a pas de solde de congé de l'année écoulée.

Mois	Année	Salaire Brut	Brut pour Calcul du 10ème CP	Particularités
Juin	2015	2 000,00 €		
Juillet	2015	2 500,00 €		dont "prime de vacances" de 500 €
Août	2015	2 250,00 €		dont "congés payés" de 1.250 €
Septembre	2015	2 000,00 €		
Octobre	2015	2 400,00 €		dont "heures supp." de 400 €
Novembre	2015	2 150,00 €		dont "congés payés" de 950 €
Décembre	2015	4 000,00 €		Il y a un "13ème mois"
Janvier	2016	2 100,00 €		Le salarié est augmenté
Février	2016	2 100,00 €		
Mars	2016	2 100,00 €		
Avril	2016			Le salarié part le vendredi 1er avril 2016
Total				

1) Déterminer la rémunération brute totale 2015/2016 (pour le calcul du dixième).

2) Déterminer le nombre de jours ouvrés de droits à congés payés.

3) Calculer le montant de son indemnité compensatrice de congés payés (ICCP) avec la règle du maintien de salaire.

4) Calculer le montant de son indemnité compensatrice avec la règle du dixième.

5) Calculer son salaire brut du mois d'avril 2016 (salaire et ICCP).

Exercice 23 (niveau 1)

Voici le tableau récapitulatif de la rémunération 2015/2016 de cette salariée.

Année	2015							2016				
Mois	J	J	A	S	O	N	D	J	F	M	A	M
Salaire de base	1 800,00	1 800,00	1 800,00	1 800,00	1 800,00	1 800,00	1 800,00	1 800,00	1 800,00	1 800,00	1 800,00	1 800,00
Pr. d'ancienneté	180,00	180,00	180,00	180,00	180,00	180,00	180,00	198,00	198,00	198,00	198,00	198,00
Pr. d'assiduité		120,00	120,00	120,00	120,00	120,00	120,00	120,00			120,00	120,00
Pr. d'équipe	34,00	44,00		44,00	42,00	40,00	44,00	40,00	42,00	44,00	42,00	40,00
Pr. de risque				80,00								
Pr. Exceptionnelle					1 000,00							
Pr. d'objectif		900,00										
Pr. de vacances		500,00										
Av. Nat. Nourriture	79,05	102,30		102,30	97,65					37,20	97,65	93,00
Abs. Congé Ss Solde	-450,00											
Abs. Maternité						-2 140,00	-2 144,00	-2 158,00	-1 477,24			
Abs. Maladie									-562,76	-1 317,42		
Paiem. Maladie									562,76	1 317,42		
Abs. Congés Payés			-1 938,46								-488,77	
Paiem. Congés Payés			1 938,46								815,54	
13ème mois							1 800,00					
Av. Nat. Logement	101,00	257,60	134,60	168,00	212,80	71,80	101,00	72,60	72,60	136,00	169,60	136,00
Ind. de transport	35,00	35,00		35,00	35,00					35,00	35,00	35,00

Son salaire de base est (malheureusement) constant : 1 800 €.
Sa prime d'ancienneté était de 10 % jusqu'en décembre. Elle a pris 1 % supplémentaire à partir de janvier.
Si la salariée est présente tout le mois, elle a droit à une prime d'assiduité de 120 €. En cas d'absence, cette prime est supprimée.
Sa prime d'équipe est de 2 € par jour ouvré travaillé.
Elle a des avantages en nature nourriture (4,55 € en 2015, 4,60 € en 2016) par jour ouvré travaillé, et comme elle est logée dans un F2 appartenant à l'entreprise elle a également des avantages en nature logement.
Elle a pris exceptionnellement une semaine de congé sans solde en juin.
Ses objectifs personnels ayant été atteints, elle a droit à sa prime d'objectif en juillet.
En août, elle est partie en congés payés du lundi 3 au lundi 31 inclus.
Sa prime de risque compense des circonstances particulières.
Son congé maternité a commencé le lundi 2 novembre pour s'achever 16 semaines plus tard le dimanche 21 février.
Son médecin lui a accordé quatre semaines de congé pathologique suite à sa maternité.
Elle a soldé ses congés payés (cinquième semaine) la dernière semaine d'avril. L'entreprise lui a versé son complément dixième.
Comme son F2 est à huit stations de métro, l'entreprise lui indemnise son Pass Navigo mensuellement.

1) Calculer sa rémunération brute totale 2015/2016 (pour le calcul du dixième).

2) Déterminer le nombre de jours ouvrables auxquels elle aura droit pour la période 2016/2017.

Exercice 24 (niveau 2)

Ce salarié est entré dans l'entreprise le 2 janvier 1992.
Il quitte l'entreprise le vendredi 9 décembre 2016 au soir.
Son salaire de base (pour 151,67 h), inchangé depuis le 1er juin 2015, est de 2 020 €.
Sa prime d'ancienneté (inchangée depuis le 1er juin 2015) est de 180 €.
Ses droits aux congés payés sont de 25 jours ouvrés.
Ses droits aux congés d'ancienneté sont de 2 jours ouvrés.
Il a droit à un treizième mois (au *prorata temporis*) avec la paie de novembre.
Il a droit aussi à une prime de vacances (au *prorata temporis*) de 450 €.
Au moment de son départ, il lui reste 4 jours de congés (période 2015/2016).
Quel sera le montant total de ses indemnités de congés payés sur son solde de tout compte ?

1) Déterminer la rémunération brute totale 2015/2016 (pour le calcul du dixième).

2) Déterminer l'indemnité compensatrice 2015/2016 (avec la règle du dixième et avec la règle du maintien de salaire).

3) Déterminer la rémunération brute totale 2016/2017 (pour le calcul du dixième).

4) Déterminer le nombre de jours de C.P. 2016/2017 acquis.

5) Déterminer l'indemnité compensatrice 2016/2017 (avec la règle du dixième et avec la règle du maintien de salaire).

Conclusion : indemnités compensatrices C.P. 2015/2016 + indemnités compensatrices C.P. 2016/2017 =

Exercice 25 (niveau 2)

Ce salarié est entré dans l'entreprise le 2 juillet 1987.
Il passe à temps partiel (17,50 h/sem., soit 3,50 h tous les matins) le 1er juin 2016.
Établir son salaire brut du mois de juillet, en appliquant la règle la plus favorable, sachant :

- qu'il a 25 jours ouvrés de droit à C.P. ;
- qu'il gagnait 2 300 € à temps complet ;
- qu'il part en congés du lundi 4 au lundi 25 juillet 2016 inclus.

1) Déterminer la rémunération brute totale 2015/2016 (pour le calcul du dixième).

2) Déterminer le nombre de jours absence C.P.

3) Déterminer le montant de l'absence C.P.

4) Déterminer le montant de l'indemnité C.P.

5) Déterminer le salaire brut de ce salarié (salaire moins absence C.P. plus paiement C.P.).

Exercice 26 (niveau 3)

Ce salarié est entré dans l'entreprise le 2 juillet 1987.
Il passe à temps partiel (28 h/semaine : L., M., M., J., 7 h/jour) le 1er juin 2015.
Le 1er février 2016, il change d'horaire en passant à 17,50 h/semaine : il travaille chaque jour 3,50 h.
Le 1er juin 2016, il change encore d'horaire en passant à 21 h/semaine : lundi, mardi et jeudi.
Établir son salaire brut du mois de juillet, en appliquant la règle la plus favorable, sachant :

- qu'il a 27 jours ouvrés de droit à C.P. à temps plein ;
- qu'il gagnait 1 500 € à temps complet ;
- qu'il part en congés du lundi 4 au lundi 25 juillet 2016 inclus.

1) Déterminer la rémunération brute totale 2015/2016 (pour le calcul du dixième).

2) Déterminer le nombre de jours d'absence C.P.

3) Déterminer le montant de l'absence C.P.

4) Déterminer le montant de l'indemnité C.P.

5) Déterminer le salaire brut de ce salarié (salaire moins absence C.P. plus paiement C.P.).

Rappel, extrait du livre *La paie, ça s'apprend*

Il n'y a cependant aucune obligation à faire à chaque fois les deux calculs puisque la comparaison n'est à établir qu'à la fin de la prise des congés. **Dans la pratique, on se contentera de maintenir purement et simplement le salaire pendant les congés et, à la fin de la période de référence,** on se livrera à la comparaison entre les calculs. **Si l'application de la règle du dixième est plus avantageuse, le salarié bénéficiera d'un complément congé, souvent appelé « régul. dixième ».**

Exercice 27 (niveau 3)

Ce salarié est entré dans l'entreprise le 4 septembre 1999.
L'entreprise indemnise les absences C.P. au maintien toute l'année et régularise si besoin est au dixième sur la paie de mai.
Son salaire de base (151,67 h) est de 2 100 € du 1er juin 2014 au 31 décembre 2015, puis passe à 2 200 € le 1er janvier 2016.
Ses droits conventionnels à congés payés sont de 28 jours ouvrés au 1er juin 2015.
Il est parti en congés payés du lundi 3 au dimanche 23 août 2015 inclus, puis il est parti du lundi 28 décembre 2015 au lundi 4 janvier 2016 inclus, et enfin du lundi 11 au dimanche 24 avril 2016 inclus.
Quel est le montant de la rubrique « Régul. dixième » qui se déclenche sur la paie de mai 2016 ?

1) Déterminer la rémunération brute totale 2014/2015 (pour le calcul du dixième).

2) Déterminer le montant des absences « congés payés » :
- du 3 au 23 août 2015 ;

- du 28 décembre 2015 au 4 janvier 2016 ;

- du 11 au dimanche 24 avril 2016 ;

- montant total des absences « congés payés ».

3) Déterminer l'indemnité dixième totale.

4) Déterminer le montant de la régularisation dixième.

10. La régularisation mensuelle progressive

Rappel, extrait du livre *La paie, ça s'apprend*

Les tranches des cotisations (A, B, C, autres)

L'assiette de cotisations est la base sur laquelle est calculée une charge. L'assiette peut être soit le gain total (on parlera de « salaire brut »), soit une partie du gain (on parlera alors de « tranche »). On appelle « plancher » la limite inférieure d'une tranche. On appelle « plafond » la limite supérieure d'une tranche. Il est très important de bien faire la différence entre la notion de tranche et la notion de plafond : un plafond est une limite alors qu'une tranche est une partie du salaire délimitée par un plancher et un plafond. Ce plafond peut être celui de la Sécurité sociale, ou le salaire lui-même s'il est inférieur au plafond de la Sécurité sociale.

Les tranches

Ce sont des parties du salaire que l'on appelle communément tranche A, tranche B, tranche C, tranche D. Nous allons maintenant définir chacune d'elles.

Le plancher de la tranche A est le premier euro (voire même le premier centime). En pratique, nous prendrons zéro comme valeur. Le plafond de la tranche A correspond au plafond de la Sécurité sociale.
La valeur de la tranche A est donc au maximum égale au plafond de la Sécurité sociale moins le plancher qui est égal à zéro.

Le plancher de la tranche B correspond au plafond de la tranche A (+ 1 centime).
Le plafond de la tranche B est égal à quatre fois le plafond de la tranche A.
La tranche B a donc pour valeur maximale la différence entre ces deux limites : quatre fois le plafond de la tranche A (ou le salaire brut si celui-ci est inférieur) moins le plafond de la tranche A, ce qui nous donne au maximum trois fois la valeur de la tranche A.

Le plancher de la tranche C correspond au plafond de la tranche B (+ 1 centime).
Le plafond de la tranche C est égal à huit fois le plafond de la tranche A.
La valeur de la tranche C correspond donc à la différence entre ces deux limites : huit fois le plafond de la tranche A (ou le salaire brut si celui-ci est inférieur) moins le plafond de la tranche B qui est lui-même égal à quatre fois le plafond de la tranche A, soit quatre fois la valeur de la tranche A.

La tranche D est très peu courante car, d'une part, elle correspond à un niveau de salaire très élevé et, d'autre part, il n'y a pas de cotisation assise spécifiquement sur cette tranche.
Son plancher correspond au plafond de la tranche C (+ 1 centime). Il n'existe pas aujourd'hui de plafond à cette tranche. Sa valeur sera donc la différence entre le niveau du salaire et le plafond de la tranche C.

La valeur mensuelle du plafond de la Sécurité sociale au 1er janvier 2016 est de 3 218 €.

Le **principe de la régularisation mensuelle progressive des cotisations** est de calculer les tranches, non pas en fonction de ce que gagne le salarié chaque mois, mais sur la masse des salaires gagnés depuis le début de l'année. Son principe est de travailler sur les cumuls uniquement. Il ne faut donc plus comparer le brut du mois par rapport au plafond du mois mais comparer le brut cumulé par rapport au plafond cumulé.

Quand on pratique cette régularisation, on doit se poser chaque mois la question suivante : **est-ce que le brut cumulé est supérieur au plafond cumulé de la Sécurité sociale ?**

Si la réponse est oui, alors la tranche A cumulée est égale au plafond cumulé, et la tranche B cumulée est égale à la différence entre le brut cumulé et le plafond cumulé.

Si la réponse est non, alors la tranche A cumulée est égale au brut cumulé, et la tranche B est égale à zéro.

Ensuite seulement, on détermine la tranche A du mois qui est toujours égale à la différence entre la tranche A cumulée de ce mois et la tranche A cumulée du mois précédent. De même, la tranche B du mois est toujours égale à la différence entre la tranche B cumulée de ce mois et la tranche B du mois précédent. C'est ainsi que parfois la tranche B du mois peut être négative. Si, le mois précédent, le salarié avait une tranche B cumulée élevée et que ce mois, il a gagné moins, il a une tranche B cumulée moins élevée. Il faut alors lui rembourser ce qu'il a cotisé en trop.

Exercice 28 (niveau 1)

Remplir le tableau de régularisation mensuelle progressive avec les bruts mensuels indiqués.

Plafond 2016 : 3 218

Le brut cumulé est-il > ou < au plafond cumulé ?

Mois	Brut du mois	Brut cumulé	Tranche A cumulée	Tranche A du mois	>/<	Plafond cumulé	Tranche B cumulée	Tranche B du mois
Janvier	3 200							
Février	3 300							
Mars	3 200							
Avril	3 200							
Mai	3 200							
Juin	3 200							
Juillet	3 300							
Août	3 200							
Septembre	3 200							
Octobre	3 200							
Novembre	3 200							
Décembre	6 200							

Le brut cumulé doit sur chaque ligne être égal à la somme Tranche A cumulée + Tranche B cumulée

Le brut du mois doit sur chaque ligne être égal à la somme Tranche A du mois + Tranche B du mois

Exercice 29 (niveau 1)

Remplir le tableau de régularisation mensuelle progressive avec les bruts mensuels indiqués.

Plafond 2016 : 3 218

Le brut cumulé est-il > ou < au plafond cumulé ?

Mois	Brut du mois	Brut cumulé	Tranche A cumulée	Tranche A du mois	>/<	Plafond cumulé	Tranche B cumulée	Tranche B du mois
Janvier	3 300							
Février	3 200							
Mars	3 300							
Avril	3 200							
Mai	3 100							
Juin	3 200							
Juillet	3 200							
Août	3 300							
Septembre	3 200							
Octobre	3 200							
Novembre	3 200							
Décembre	3 100							

Le brut cumulé doit sur chaque ligne être égal à la somme Tranche A cumulée + Tranche B cumulée

Le brut du mois doit sur chaque ligne être égal à la somme Tranche A du mois + Tranche B du mois

Exercice 30 (niveau 1)

Remplir le tableau de régularisation mensuelle progressive avec les bruts mensuels indiqués.

Plafond 2016 : 3 218

Le brut cumulé est-il > ou < au plafond cumulé ?

Mois	Brut du mois	Brut cumulé	Tranche A cumulée	Tranche A du mois	>/<	Plafond cumulé	Tranche B cumulée	Tranche B du mois
Janvier	3 200							
Février	3 200							
Mars	3 200							
Avril	3 200							
Mai	3 400							
Juin	3 200							
Juillet	3 200							
Août	3 000							
Septembre	3 400							
Octobre	3 200							
Novembre	3 200							
Décembre	3 400							

Le brut cumulé doit sur chaque ligne être égal à la somme Tranche A cumulée + Tranche B cumulée

Le brut du mois doit sur chaque ligne être égal à la somme Tranche A du mois + Tranche B du mois

Rappel, extrait du livre *La paie, ça s'apprend*

Il existe **quatre cas de réductions de plafond**.

Cas des absences non rémunérées

Les absences non rémunérées ne donneront lieu à réduction de plafond que dans la mesure où elles couvrent une période comprise entre deux échéances habituelles de paie.
Par exemple, si le salarié est payé au mois et qu'il bénéficie d'un congé sans solde d'un mois compris entre deux échéances de paie, le plafond annuel sera réduit du plafond mensuel correspondant. Toutes les autres absences non rémunérées, plus courtes que la période de paie qui couvrira donc une période de travail rémunérée et plusieurs périodes d'absences non rémunérées, ne donnent pas lieu à réduction de plafond.
Par exemple, le salarié qui s'absente 35 jours, du lundi 12 septembre au dimanche 16 octobre 2016, n'aura aucune réduction de plafond ! En revanche, le salarié qui s'absente également 35 jours du 1er août au dimanche 4 septembre n'aura pas de plafond en août !

Cas des entrées et sorties en cours de mois

Pour la Sécurité sociale, et par souci de simplification, tous les mois ont 30 jours calendaires (principe du trentième de plafond). Il y a donc deux principes fondamentaux pour le calcul du plafond mensuel :
• en cas de présence du salarié dans l'entreprise l'intégralité du mois, le plafond est entier (30 trentièmes), quel que soit le mois ;
• en cas de mois incomplet, le plafond aura autant de trentièmes que de jours calendaires de présence du salarié dans l'entreprise dans le mois considéré (dans la limite maximale de 30 selon le principe du trentième).

Exemple : Si un salarié est embauché un 27 mars et que son contrat se termine le 19 mai, le plafond à prendre en compte se calcule de la manière suivante :
• du 27 au 31 mars : 5 trentièmes de 3 218 € (le 27 = 1, le 28 = 1, le 29 = 1, le 30 = 1, le 31 = 1) ;
• au mois d'avril : 30 trentièmes de 3 218 € ;
• du 1er au 19 mai : 19 trentièmes de 3 218 €.
Total : 54 trentièmes de 3 218 €, soit 5 792,40 €.

Cas des salariés à temps partiel

Comme pour les autres salariés, les régularisations de cotisations peuvent se faire soit en fin d'année, soit progressivement. La réduction de plafond qu'on appelle aussi « abattement d'assiette » ne se pratique que pour les salariés à temps partiel qui ont déjà été définis précédemment, uniquement dans la mesure où leur salaire calculé à temps plein est supérieur au plafond de la Sécurité sociale. Cet abattement n'est pas applicable aux salariés à employeurs multiples qui auraient pu être considérés comme étant à temps partiel chez chacun d'eux (circulaire ACOSS n° 86-57 du 16 décembre 1986). Les employeurs doivent par ailleurs joindre chaque année à la DADS (déclaration annuelle des données sociales) une déclaration attestant que leurs salariés à temps partiel sont employés à titre exclusif dans l'entreprise.

Calcul du plafond réduit

Ce calcul s'applique à tous les salariés à temps partiel dont la rémunération ramenée à temps complet est supérieure au plafond de la Sécurité sociale, non seulement sur un mois donné mais également sur l'année entière. La formule à appliquer est la suivante : plafond réduit = (salaire à temps partiel x plafond période de paie)/salaire à temps plein.
Le salaire à temps plein est le salaire que le salarié à temps partiel aurait perçu s'il avait travaillé à temps plein.
Si le salarié entre ou sort en cours de mois pour la période considérée, on applique en plus la règle du trentième.

Exemple : Un salarié à temps plein gagne 5 250 € pour 35 heures.
Il passe à 3 600 € pour 24 heures.
Le calcul de son plafond réduit sera donc de 2 206,63 € [(3 600 x 3 218)/5 250].

Cas des salariés à employeurs multiples

Selon le code de la Sécurité sociale, les salariés à employeurs multiples sont des salariés qui travaillent régulièrement et simultanément pour plusieurs employeurs. La part incombant à chaque employeur est déterminée au prorata des rémunérations que chacun a versées dans la limite du plafond. Cette règle n'est pas cumulable avec celle appliquée aux salariés à temps partiel examinée précédemment.

Exemple : Un salarié est employé dans trois entreprises : A, B et C, et ses rémunérations sont les suivantes :
- pour A : 1 000 € ;
- pour B : 1 200 € ;
- pour C : 1 800 €.

Soit un total de 4 000 €.

Son gain est donc très nettement supérieur au plafond de la Sécurité sociale. Pour les cotisations dont l'assiette est limitée à ce plafond, si chaque employeur le fait cotiser sur les sommes réellement perçues, il cotiserait au total sur 4 000 € et non pas sur la valeur du plafond actuel, ce qui n'est intéressant ni pour les employeurs, ni pour le salarié.

Calcul du plafond réduit chez chaque employeur

Employeur A : (1 000 x 3 218)/4 000 = 804,50 €
Employeur B : (1 200 x 3 218)/4 000 = 965,40 €
Employeur C : (1 800 x 3 218)/4 000 = 1 448,10 €

804,50 € + 965,40 € + 1 448,10 € = 3 218,00 €
(ce qui est bien la valeur du plafond de la Sécurité sociale du 1er janvier 2016 au 31 décembre 2016).

Exercice 31 (niveau 2)

Ce salarie a une base mensuelle de 3 780,00 € par mois.
Nous sommes en l'année **2016** où le plafond du 1er Janvier au 31 Décembre est de : **3 218 €**
Déterminer en régularisation progressive sa tranche A et sa tranche B.

Le brut cumulé est-il <ou> au plafond cumulé ?

Mois	Brut du mois	**Brut Cumulé**	>/<	**Plafond Cumulé**	**Tranche A Cumulée**	Tranche A du mois	**Tranche B Cumulée**	Tranche B du mois
Janvier **Tps plein**	3 780							
Février **: Congés ss solde à partir du 8**								
Mars **: Congés ss solde**								
Avril **: revient le 11 et demande un tps partiel**								
Mai **: Temps partiel accepté**	2 268							
Juin **: Prime vacances 1000 € (Mt id. tt pers.)**								
Juillet **: Congés Payés de 3 semaines**								
Août **: Rien de particulier à signaler**								
Septembre **: Prime de rentrée(1000 €/tps plein)**								
Octobre **: 2 semaines de convenance personnelle**								
Novembre **: + 150 € H.C. (pose dém. le 9 Déc.)**								
Décembre **: + 1200€ ind. CP et + 800€ 13è mois**								

Le Brut Cumulé doit sur chaque ligne être égal à la somme Tr. A Cumulée + Tr. B Cumulée

Le Brut du mois doit sur chaque ligne être égal à la somme : Tr. A du mois + Tr. B du mois

Quelques précisions : Les congés sans solde sont une absence autorisée non payée. Quand le salarié revient le lundi 7 avril, il fait une demande de temps partiel, qui sera acceptée au 1er mai. En juin, l'entreprise donne une prime de vacances de 1 000 € (dont le montant est identique pour tout le personnel, même à temps partiel). En juillet, les congés payés sont au maintien de salaire. En septembre, la prime de rentrée scolaire est proratisée en fonction du temps de travail (contrairement à la prime de vacances). La convenance personnelle de deux semaines (10 jours ouvrés) est également une absence autorisée non payée mais généralement plus courte que les congés sans solde. Enfin, en novembre, notre salarié pose sa démission pour le 9 décembre et fait des heures complémentaires pour un montant de 150 €. En décembre, le salarié aura sur son solde de tout compte 1 200 € d'indemnité compensatrice congés payés et 800 € de treizième mois (tous deux déjà calculés au prorata).

Rappel, extrait du livre *La paie, ça s'apprend*

Cas d'un salarié avec une tranche C

Afin de procéder à une régularisation mensuelle progressive, il nous faut prendre en compte des notions supplémentaires par rapport aux régularisations précédentes.
Dans un salaire, il n'existe une tranche C que si le salaire est supérieur au plafond de la tranche B (le plafond de la tranche B est égal à quatre fois le plafond de la tranche A).
Pour faire la régularisation mensuelle progressive, il va donc falloir se poser une question supplémentaire (et initiale par rapport à celle que nous avons vue plus haut et qui était : « Est-ce que le brut cumulé est supérieur au plafond cumulé de la Sécurité sociale ? »).

Est-ce que le brut cumulé est supérieur au plafond B cumulé de la Sécurité sociale ?
1. Si la réponse est oui, alors la tranche A cumulée est égale au plafond A cumulé, la tranche B cumulée est égale à la différence entre le plafond B cumulé et le plafond A cumulé, et la tranche C cumulée est égale à la différence entre le brut cumulé et le plafond B cumulé.
2. Si la réponse est non, alors la tranche C cumulée est égale à zéro et on se repose la question précédente (est-ce que le brut cumulé est supérieur au plafond cumulé de la Sécurité sociale ?) pour connaître les valeurs des tranches A et B cumulées.

Comme vu précédemment, on détermine seulement après la tranche C du mois qui est toujours égale à la différence entre la tranche C cumulée de ce mois et la tranche C cumulée du mois précédent. La tranche C du mois peut, elle aussi, être négative dans le cas où le salarié avait gagné beaucoup jusqu'à présent et qu'il gagne moins ce mois.

Exercice 32 (niveau 3)

Remplir le tableau de régularisation mensuelle progressive avec les bruts mensuels indiqués.

Plafond 2016 : 3 218

Le brut cumulé est-il > ou < au plafond B cumulé ?

Le brut cumulé est-il > ou < au plafond cumulé ?

Mois	Brut du mois	Brut cumulé	Tranche A cumulée	Tranche A du mois	>/<	Plafond cumulé	Tranche B cumulée	Tranche B du mois	>/<	Plafond B cumulé	Tranche C cumulée	Tranche C du mois
Janvier	12 500											
Février	13 500											
Mars	13 000											
Avril	12 500											
Mai	12 500											
Juin	13 000											
Juillet	13 000											
Août	14 000											
Septembre	13 000											
Octobre	12 600											
Novembre	12 600											
Décembre	13 000											

Le brut cumulé doit sur chaque ligne être égal à la somme Tranche A cumulée + Tranche B cumulée + Tranche C cumulée

Le brut du mois doit sur chaque ligne être égal à la somme Tranche A du mois + Tranche B du mois + Tranche C du mois

Exercice 33 (niveau 3)

Remplir le tableau de régularisation mensuelle progressive avec les bruts mensuels indiqués.

Plafond 2016 : 3 218

Le brut cumulé est-il > ou < au plafond B cumulé ?

Le brut cumulé est-il > ou < au plafond cumulé ?

Mois	Brut du mois	**Brut cumulé**	**Tranche A cumulée**	Tranche A du mois	>/ <	**Plafond cumulé**	**Tranche B cumulée**	Tranche B du mois	>/ <	**Plafond B cumulé**	**Tranche C cumulée**	Tranche C du mois
Janvier	**13 000**											
Février	**13 500**											
Mars	**13 800**											
Avril	**12 000**											
Mai	**12 200**											
Juin	**12 000**											
Juillet	**13 500**											
Août	**13 500**											
Septembre	**12 800**											
Octobre	**13 100**											
Novembre	**12 400**											
Décembre	**12 800**											

Le brut cumulé doit sur chaque ligne être égal à la somme Tranche A cumulée + Tranche B cumulée + Tranche C cumulée

Le brut du mois doit sur chaque ligne être égal à la somme Tranche A du mois + Tranche B du mois + Tranche C du mois

Rappel, extrait du livre *La paie, ça s'apprend*

Tableau des charges sociales sur les salaires pour 2016

	Charges sociales sur salaires Année 2016	Précisions	Taux (en %) Salarié	Employeur	Total	Assiette mensuelle Tranche	En Euros
Sécurité Sociale	Maladie, maternité, invalidité, décès	Tous départements sauf	0,75	12,84	13,59	Brut	
		Alsace-Moselle	*2,25*	*12,84*	*15,09*	*Brut*	
	Contribution Solidarité Autonomie		0	0,30	0,30	Brut	
	Accidents du travail		0	variable	variable	Brut	
	Allocations familiales	Rém. Annuelle ≤ 1,6 SMIC	0	3,45	3,45	Brut	
		Supplém. si R.A. > 1,6 SMIC	0	1,80	1,80	Brut	
	Vieillesse	Plafonnée	6,90	8,55	15,45	A	De 0 à 3 218 €
		Déplafonnée	0,35	1,85	2,20	Brut	
	Fonds National d'Aide au Logement	Effectif < 20 salariés	0	0,10	0,10	A	De 0 à 3 218 €
		Effectif ≥ 20 salariés	0	0,50	0,50	Brut	
Chômage	Régime Assurance Chômage		2,40	4,00	6,40	A+B	De 0 à 12 872 €
	Association Garantie des Salaires		0	0,25	0,25	A+B	De 0 à 12 872 €
	Association Pour l'Emploi des Cadres		0,024	0,036	0,06	A+B	De 0 à 12 872 €
Retraites Complémentaires	Régime des non-cadres						
	ARRCO	minimum	3,10	4,65	7,75	1	De 0 à 3 218 €
		Toutes les entreprises	8,10	12,15	20,25	2	De 3 218 à 9 654 €
	Association Gestion Fonds Financement		0,80	1,20	2,00	1	De 0 à 3 218 €
			0,90	1,30	2,20	2	De 3 218 à 9 654 €
	Régime des cadres						
	ARRCO	minimum	3,10	4,65	7,75	A	De 0 à 3 218 €
	Association Gestion Fonds Financement		0,80	1,20	2,00	A	De 0 à 3 218 €
	AGIRC		7,80	12,75	20,55	B	De 3 218 à 12 872 €
	Association Gestion Fonds Financement		0,90	1,30	2,20	B+C	De 3 218 à 25 744 €
	AGIRC		7,80	12,75	20,55	C	De 12 872 à 25 744 €
	Contribution Exceptionnelle Temporaire		0,13	0,22	0,35	A+B+C	De 0 à 25 744 €
	Prévoyance des cadres (obligatoire)	minimum	0	1,50	1,50	A	De 0 à 3 218 €
Taxes Diverses	Forfait Social	Effectif ≥ 11 salariés	0	8,00	8,00	Mt des cotis. patr. de Prévoyance	
	Taxe d'apprentissage	Tous départements sauf	0	0,68	0,68	Brut	
		Alsace-Moselle	*0*	*0,44*	*0,44*	*Brut*	
	Participation à la construction	Eff. de 20 salariés et plus	0	0,45	0,45	Brut	
	Participation à la formation	Effectif < 11 salariés	0	0,55	0,55	Brut	
		Effectif ≥ 11 salariés	0	1,00	1,00	Brut	
		Supplément si C.D.D.	0	1,00	1,00	Salaire CDD	
	Contr. au Financ. des Org. Syndicales		0	0,016	0,016	Brut	
	Versement transport	Effectif ≥ 11 salariés	0	variable	variable	Brut	
	Taxe sur les salaires pour les employeurs non assujettis à la TVA					Assiette annuelle	
			0	4,25	4,25	De 0 à 7 713 €	
			0	8,50	8,50	De 7 713 à 15 401 €	
			0	13,60	13,60	De 15 401 à 152 122 €	
			0	20,00	20,00	Au-delà de 152 122 €	
	Contribution Sociale Généralisée	Déductible	5,10	0	5,10	(Brut x 98,25% dans la limite de 12 872 € et x 100% au-delà de 12 872 €) + montants des cotisations patronales prévoyance et mutuelle	
	Contribution Sociale Généralisée	Non déductible	2,40	0	2,40		
	Contrib. au Remb. de la Dette Sociale	Non déductible	0,50	0	0,50		
	Mutuelle (Frais de Santé)	Obligatoire au 01/01/2016)	vaiable	variable	variable	Dépend de l'accord	

		Salarié	Employeur	Total
Total des charges sociales	Total / A	22,160%	45,026%	67,186%
	Total / B	20,214%	46,282%	66,496%
	Total / C	16,890%	40,696%	57,586%

Nota bene : Le supplément de 1,80 % des allocations familiales est pour les rémunérations annuelles supérieures à 3,5 SMIC annuelles à partir du 1er avril 2016.

Exercice 34 (niveau 1)

Ce salarié parisien, en CDI, est employé depuis le 1er janvier 2016 à temps plein dans une grande entreprise (effectif supérieur à 300 salariés) pour un salaire de base de 2 000 € brut par mois.
Sa rémunération n'a pas varié depuis son entrée (2 000 € brut chaque mois).
Le taux d'accident du travail pour cette entreprise est de 2,44 %.
Le montant des cotisations pour la mutuelle (prévoyance frais de santé) est de 50 €, aussi bien pour le salarié que pour l'employeur.
L'entreprise devançant l'obligation légale du 1er janvier 2017 a déjà une couverture prévoyance (complément des IJSS). Les taux sont de 1 % pour le salarié et de 2 % pour l'employeur sur la tranche A.

Établir son bulletin de paie d'avril 2016 avec les taux de cotisation minimaux de la feuille précédente.

Libellé des Rubriques	Base	Taux	Montant	Commentaires	
Salaire			2 000,00	Avril 2016	
				Date d'entrée : 01/01/2016	
				Plafond du mois : 3218 €	
Total Brut					
Cotisations	**Base**	**Salariales**		**Patronales**	
		Taux	**Montant**	**Taux**	**Montant**
Accident du Travail				2,44	
Mutuelle (Frais de Santé)			-50,00		50,00
Prévoyance sur Tr. A		1,00		2,00	
Forfait Social					
C.S.G. déductible					
Autres charges patronales				4,996	
Total cotisations					
Net fiscal					
C.S.G. non déductible					
C.R.D.S. non déductible					
Net à payer					

2,85% Taxe Transport
0,45% Effort Construction
0,68% Taxe d'apprentissage
1,00% Form° Prof. Continue
0,016% Fin. Org. Syndicales

Nota bene : Le nombre de lignes de cotisations est exactement le nombre de lignes nécessaires et suffisantes, les charges fiscales ayant été regroupées sous le vocable « Autres charges patronales » avec l'explication du taux dans la bulle.

Exercice 35 (niveau 1)

Ce salarié parisien, en CDI, est cadre depuis le 5 octobre 2015 à temps plein dans une grande entreprise (effectif supérieur à 300 salariés) pour un salaire forfaitaire de 6 000 € brut par mois. Sa rémunération n'a pas varié depuis son entrée (6 000 € brut chaque mois).
Le taux d'accident du travail pour cette entreprise est de 2,44 %.
Le montant des cotisations pour une mutuelle (prévoyance frais de santé) est de 60 €, aussi bien pour le salarié que pour l'employeur.
L'entreprise n'applique que le minimum de la prévoyance décès obligatoire.

Établir son bulletin de paie d'avril 2016 avec les taux de cotisation minimaux de la feuille récapitulative.

Libellé des Rubriques	Base	Taux	Montant	Commentaires	
Salaire Forfaitaire			**6 000,00**	avril 2016	
				Date d'entrée : 5 Octobre 2015	
				Plafond : 3.218 €	
Total Brut					
Cotisations	**Base**	**Salariales**		**Patronales**	
		Taux	**Montant**	**Taux**	**Montant**
Accident du Travail				2,44	
Prévoyance Décès sur Tr. A					
Forfait Social					
C.S.G. déductible					
Autres charges patronales				4,996	
Total cotisations					
Net fiscal					
C.S.G. non déductible					
C.R.D.S. non déductible					
Net à payer					

2,85% Taxe Transport
0,45% Effort Construction
0,68% Taxe d'apprentissage
1,00% Form° Prof. Continue
0,016% Fin. Org. Syndicales

Exercice 36 (niveau 2)

Le salarié de l'exercice précédent a un collègue. Ils ont été embauchés en CDI le même jour, mais ce collègue est cadre supérieur pour un salaire forfaitaire de 16 000 € brut par mois.
Sa rémunération n'a pas varié non plus depuis son entrée (16 000 € brut chaque mois). Le taux d'accident du travail pour cette entreprise est toujours de 2,44 %. Le montant des cotisations pour une mutuelle (prévoyance frais de santé) est également de 60 €, aussi bien pour le salarié que pour l'employeur. Même pour ses cadres supérieurs, l'entreprise n'applique que le minimum de la prévoyance décès obligatoire.

Établir son bulletin de paie d'avril 2016 avec les taux de cotisation minimaux de la feuille récapitulative.

Libellé des Rubriques	Base	Taux	Montant	Commentaires
Salaire Forfaitaire			**16 000,00**	avril 2016
				Date d'entrée : 5 Octobre 2015
				Plafond : 3.218 €
Total Brut				

Cotisations	Base	Salariales Taux	Salariales Montant	Patronales Taux	Patronales Montant
Accident du Travail				2,44	
Prévoyance Décès sur Tr. A					
Forfait Social					
C.S.G. déductible					
Autres charges patronales				4,996	
Total cotisations					
Net fiscal					
C.S.G. non déductible					
C.R.D.S. non déductible					
Net à payer					

(4,996 :)
2,85% Taxe Transport
0,45% Effort Construction
0,68% Taxe d'apprentissage
1,00% Form° Prof. Continue
0,016% Fin. Org. Syndicales

Exercice 37 (niveau 2)

Notre entreprise parisienne de plus de 300 salariés embauche une personne en CDD (non cadre) pour surcroît temporaire d'activité très qualifié âgé de 25 ans pour faire face à une commande exceptionnelle ce lundi 4 avril 2016 avec une fin de contrat prévue le vendredi 29 avril 2016. Son salaire de base est de 2 940 € pour 151,67 heures (sept heures quotidiennes). Il fait des heures supplémentaires : 12 dont 9 sont majorées à 25 % et 3 à 50 %. La mutuelle frais de santé mise en place par accord collectif est de 50 €, pour le salarié et pour l'employeur. L'entreprise a aussi une prévoyance complémentaire des IJSS au taux de 1 % pour le salarié et de 2 % pour l'employeur sur la tranche A. Le taux de la cotisation accident du travail est de 2,44 %. Très satisfaite de son travail, le 28 avril, l'entreprise lui propose un CDI aux mêmes conditions qui commencera dès le mois suivant. Il accepte.

Établir son bulletin de paie d'avril 2016 avec les taux de cotisation minimaux de la feuille récapitulative.

Libellé des Rubriques	Base	Taux	Montant	Commentaires
Salaire			**2 940,00**	Avril 2016
Retenue Entrée / Sortie				Date d'entrée : 04/04/2016
Heures Supplémentaires				Plafond du mois : €
Heures Suppl. Majoration 25%				Date de sortie : 29/04/2016
Heures Suppl. Majoration 50%				
Indemnité Précarité Emploi				
Total Brut				

Cotisations	Base	Salariales Taux	Salariales Montant	Patronales Taux	Patronales Montant
Accident du Travail				2,44	
Mutuelle (Frais de Santé)					
Prévoyance sur Tr. A		1,00		2,00	
Forfait Social					
C.S.G. déductible					
Autres charges patronales				5,996	
Total cotisations					
Net fiscal					
C.S.G. non déductible					
C.R.D.S. non déductible					
Net à payer					

2,85% Taxe Transport
0,45% Effort Construction
0,68% Taxe d'apprentissage
2,00% Form° Prof. Continue
0,016% Fin. Org. Syndicales

Exercice 38 (niveau 2)

L'entreprise a donc embauché notre ancien salarié, âgé de 25 ans et un mois, en CDD (non cadre) en CDI ce lundi 2 mai 2016. Elle a estimé généreusement que son CDD faisait office de période d'essai et notre « nouveau » CDI n'en a donc pas pour ce contrat. Son salaire de base reste inchangé à 2 940 € pour 151,67 heures (7 heures quotidiennes). La commande exceptionnelle étant passée, il ne fait plus d'heures supplémentaires. La mutuelle frais de santé, la prévoyance complémentaire et la cotisation accident du travail sont identiques à l'énoncé précédent.

Établir son bulletin de paie de mai 2016 avec les taux de cotisation minimaux de la feuille récapitulative.

Libellé des Rubriques	Base	Taux	Montant	Commentaires
Salaire			**2 940,00**	mai 2016
				Date d'entrée : 04/04/2016
				Plafond du mois : €
Total Brut				

Cotisations	Base	Salariales		Patronales	
		Taux	Montant	Taux	Montant
Accident du Travail				2,44	
Mutuelle (Frais de Santé)					
Prévoyance sur Tr. A		1,00		2,00	
Forfait Social					
C.S.G. déductible					
Autres charges patronales				4,996	
Total cotisations					
Net fiscal					
C.S.G. non déductible					
C.R.D.S. non déductible					
Net à payer					

2,85% Taxe Transport
0,45% Effort Construction
0,68% Taxe d'apprentissage
1,00% Form° Prof. Continue
0,016% Fin. Org. Syndicales

Exercice 39 (niveau 3)

Un salarié (en CDI, non cadre) entre dans une entreprise parisienne (ayant plus de 100 salariés et qui compte les congés payés en jours ouvrables) le lundi 11 avril 2016 pour un salaire mensuel de 3 171 €. Durant le mois de mai, il travaille normalement. Mais, ayant trouvé mieux ailleurs, avant la fin de sa période d'essai, il quitte l'entreprise le vendredi 24 juin 2016 au soir. L'entreprise paye les jours fériés quelle que soit l'ancienneté du salarié. Sachant que le taux de la cotisation accident du travail est de 2,44 %, que le montant de la mutuelle frais de santé est de 40 €, pour le salarié et pour l'employeur et que l'entreprise a déjà une prévoyance complémentaire au taux de 1 % pour le salarié et de 2 % pour l'employeur sur la tranche A, établir les trois bulletins de salaire de ces trois mois en n'oubliant pas le montant total des cotisations patronales.

Pour vous aider, voici le calendrier 2016 (avril, mai et juin).

Avril			Mai			Juin		
V	1	Hugues	D	1	*Fête du Travail*	M	1	Justin
S	2	Sandrine	L	2	Boris	J	2	Blandine
D	3	Richard	M	3	Jacques / Philippe	V	3	Kévin
L	4	Isidore	M	4	Sylvain	S	4	Clothilde
M	5	Irène	J	5	Judith/*Ascension*	D	5	Igor
M	6	Marcellin	V	6	Prudence	L	6	Norbert
J	7	J.B. de la Salle	S	7	Gisèle	M	7	Gilbert
V	8	Julie	D	8	*Victoire 1945*	M	8	Médard
S	9	Gautier	L	9	Pacôme	J	9	Diane
D	10	Fulbert	M	10	Solange	V	10	Landry
L	11	Stanislas	M	11	Jeanne d'Arc	S	11	Barnabé
M	12	Jules	J	12	Achille	D	12	Guy
M	13	Ida	V	13	Rolande	L	13	Antoine
J	14	Maxime	S	14	Matthias	M	14	Elisée
V	15	Paterne	D	15	Denise	M	15	Germaine
S	16	Benoît	L	16	Honoré/*Pentecôte*	J	16	Régis
D	17	Anicet	M	17	Pascal	V	17	Hervé
L	18	Parfait	M	18	Eric	S	18	Léonce
M	19	Emma	J	19	Yves	D	19	Romuald
M	20	Odette	V	20	Bernadin	L	20	Silvère
J	21	Anselme	S	21	Constantin	M	21	Rodolphe / Jean
V	22	Alexandre	D	22	Emile	M	22	Alban
S	23	Georges	L	23	Didier	J	23	Audrey
D	24	Fidèle	M	24	Donatien	V	24	Jean-Baptiste
L	25	Marcel	M	25	Sophie	S	25	Prosper
M	26	Alida	J	26	Béranger	D	26	Anthelme
M	27	Zita	V	27	Augustin	L	27	Fernand
J	28	Valérie	S	28	Germain	M	28	Irénée
V	29	Cath. De S.	D	29	Aymar	M	29	Pierre / Paul
S	30	Robert	L	30	Ferdinand	J	30	Martial
			M	31	Visitation			

Mois d'avril 2016

Libellé des Rubriques	Base	Taux	Montant	Commentaires	
Salaire			**3 171,00**	**Avril 2016**	
				Date d'entrée : 11 Avril 2016	
Retenue "Entrée-Sortie"					
Total Brut					
Cotisations	**Base**	**Salariales**		**Patronales**	
		Taux	**Montant**	**Taux**	**Montant**
Accident du Travail				2,44	
Mutuelle "Frais de Santé"			-40,00		40,00
Prévoyance sur Tr. A		1,00		2,00	
Forfait Social					
C.S.G. déductible					
Autres charges patronales				4,996	
Total cotisations					
Net fiscal					
C.S.G. non déductible					
C.R.D.S. non déductible					
Net à payer					

Détail du taux 4,996 :

- 2,85% Taxe Transport
- 0,45% Effort Construction
- 0,68% Taxe d'apprentissage
- 1,00% Form° Prof. Continue
- 0,016% Fin. Org. Syndicales

Mois de mai 2016

Libellé des Rubriques	Base	Taux	Montant	Commentaires	
Salaire			**3 171,00**	Mai 2016	
Total Brut					
Cotisations	**Base**	**Salariales**		**Patronales**	
		Taux	**Montant**	**Taux**	**Montant**
Accident du Travail				2,44	
Mutuelle "Frais de Santé"			-40,00		40,00
Prévoyance sur Tr. A		1,00		2,00	
Forfait Social					
C.S.G. déductible					
Autres charges patronales				4,996	
Total cotisations					
Net fiscal					
C.S.G. non déductible					
C.R.D.S. non déductible					
Net à payer					

Mois de juin 2016

Libellé des Rubriques	Base	Taux	Montant	Commentaires
Salaire	151,67		**3 171,00**	Juin 2016
Retenue "Entrée-Sortie"				Date de sortie : 24 Juin 2016
Ind. Comp. Congés Payés 2				
Ind. Comp. Congés Payés 1				
Total Brut				

Cotisations	Base	Salariales		Patronales	
		Taux	Montant	Taux	Montant
Accident du Travail				2,44	
Mutuelle "Frais de Santé"			-40,00		40,00
Prévoyance sur Tr. A		1,00		2,00	
Forfait Social					
C.S.G. déductible					
Autres charges patronales				4,996	
Total cotisations					
Net fiscal					
C.S.G. non déductible					
C.R.D.S. non déductible					
Net à payer					

11. La garantie minimale de points (GMP)

Rappel, extrait du livre *La paie, ça s'apprend*

Depuis de nombreuses années, l'AGIRC constatait un « tassement » des salaires, les salariés cadres peinant de plus en plus à dépasser le plafond de la Sécurité sociale. Comme les points de retraite de l'AGIRC se calculent sur la tranche B, les salariés cadres en avaient donc de moins en moins. Il fut donc décidé d'instituer une garantie minimale de points (GMP) au 1er janvier 1989. Le principe est d'établir un « sur-plafond » au-dessus du plafond de la Sécurité sociale garantissant une tranche B minimum pour ceux qui n'atteindraient pas ce « sur-plafond ». Cette tranche B « fictive » permet de garantir l'acquisition de points de retraite complémentaire (120 par an, ou 10 par mois). Ce « sur-plafond » est aussi appelé « salaire charnière » ou encore « plafond GMP ».
Avant le 1er janvier 1997, l'AGIRC déterminait en début de chaque année un salaire de référence qui servait au calcul mensuel de la cotisation. Les points garantis étaient acquis en contrepartie d'une cotisation calculée en fonction du salaire de référence de l'année en cours, selon la formule : cotisations = nombre de points garantis x salaire de référence x taux d'appel des cotisations.

Depuis le 1er janvier 1997, l'AGIRC donne un plafond annuel (3 873,84 € pour 2015, **3 974,88 € pour 2016**) qui, **divisé par 12, nous donne le montant mensuel** (soit 322,82 € pour 2015 et **331,24 € pour 2016**), le nombre de points garantis n'étant plus de 144 mais de 120 (pour un taux de 16,44 %).
Pour l'année 2016, le salaire annuel sous lequel joue la GMP s'élève à 42 590,88 € (ou 3 549,24 € par mois).

Exemple 1 : Pour un salarié cadre percevant 3 000 € par mois, la tranche B est égale à zéro (pour toutes les cotisations assises sur cette tranche) mais est égale à 331,24 € pour la cotisation AGIRC Tr. B. Le libellé de la rubrique étant soit « AGIRC Tr. B », soit « AGIRC GMP ».

Exemple 2 : Pour un salarié cadre percevant 3 300 € par mois, la tranche B est égale à 82 € (3 300 € – 3 218 €). Sur le bulletin, il peut n'y avoir qu'une seule rubrique « AGIRC Tr. B » = 331,24 € ou deux ; la première étant « AGIRC Tr. B » = 82 € et la seconde étant « AGIRC GMP » 249,24 € = (331,24 € – 82 €).

Exemple 3 : Pour un salarié cadre percevant 4 000 € par mois, la tranche B est égale à 782 € (4 000 € – 3 218 €). Sur le bulletin, il peut également n'y avoir qu'une seule rubrique « AGIRC Tr. B » = 782 € ou deux ; la première étant « AGIRC Tr. B » = 450,76 € et la seconde étant « AGIRC GMP » = 331,24 €.

Je préfère la notion de « plafond GMP » à celle de « salaire charnière » car cette valeur se réduit de la même façon que le plafond de la Sécurité sociale lors des quatre cas de réduction vus précédemment (absence non payée, entrée ou sortie en cours de mois, temps partiel et salariés à employeurs multiples).

Exercice 40 (niveau 3)

Un salarié cadre est embauché en CDI dans une entreprise parisienne (ayant plus de 100 salariés et qui compte les congés payés en jours ouvrables) le lundi 10 octobre 2016 pour 21 heures par semaine. Le salaire mensuel correspondant à un temps plein est de 3 360 €. Mais, ayant trouvé mieux ailleurs, avant la fin de sa période d'essai, il quitte l'entreprise le vendredi 9 décembre 2016 au soir.
Sachant que le taux de la cotisation accident du travail est de 2,44 %, que le montant de la mutuelle frais de santé est de 60 €, pour le salarié et pour l'employeur et que l'entreprise a déjà une prévoyance complémentaire au taux de 2 % pour le salarié et de 3 % pour l'employeur sur la tranche A, faire les trois bulletins de salaire (octobre, novembre et décembre) en n'oubliant pas le montant total des cotisations patronales.

Pour vous aider, voici le calendrier des mois d'octobre à décembre 2016.

Octobre			Novembre			Décembre		
S	1	Thérèse	M	1	*Toussaint*	J	1	Florence
D	2	Léger	M	2	Défunts	V	2	Viviane
L	3	Gérard	J	3	Hubert	S	3	François-Xavier
M	4	François d'Assise	V	4	Charles	D	4	Barbara
M	5	Fleur	S	5	Sylvie	L	5	Gérald
J	6	Bruno	D	6	Léonard	M	6	Nicolas
V	7	Serge	L	7	Carine	M	7	Ambroise
S	8	Pélagie	M	8	Geoffroy	J	8	Imm. Conception
D	9	Denis	M	9	Théodore	V	9	Pierre Fourier
L	10	Ghislain	J	10	Léonard	S	10	Romaric
M	11	Firmin	V	11	*Armistice 1918*	D	11	Daniel
M	12	Wilfried	S	12	Christian	L	12	Chantal
J	13	Géraud	D	13	Brice	M	13	Lucie
V	14	Juste	L	14	Sidoine	M	14	Odile
S	15	Thérèse d'Av.	M	15	Albert	J	15	Ninon
D	16	Edwige	M	16	Marguerite	V	16	Alice
L	17	Baudoin	J	17	Elisabeth	S	17	Judicaël / Gaël
M	18	Luc	V	18	Aude	D	18	Gatien
M	19	René	S	19	Tanguy	L	19	Urbain
J	20	Adeline	D	20	Edmond	M	20	Théophile
V	21	Céline	L	21	Présentation	M	21	Pierre Canisius
S	22	Salomé	M	22	Cécile	J	22	Françoise
D	23	Jean de C.	M	23	Christ-Roi	V	23	Armand
L	24	Florentin	J	24	Flora	S	24	Adèle
M	25	Crépin	V	25	Catherine	D	25	*Noël*
M	26	Dimitri	S	26	Delphine	L	26	Etienne
J	27	Emeline	D	27	Séverin	M	27	Jean l'Apôtre
V	28	Simon / Jude	L	28	Jacques de la M.	M	28	Sainte famille
S	29	Narcisse	M	29	Saturnin	J	29	David
D	30	Bienvenue	M	30	André	V	30	Roger
L	31	Quentin				S	31	Sylvestre

Mois d'octobre 2016

Libellé des Rubriques	Base	Taux	Montant	Commentaires
Salaire			**3 360,00**	octobre 2016
Réduction pour temps partiel				Salarié à 60%
Retenue "Entrée-Sortie"				Date d'entrée : 10 Octobre 2016
Total Brut				

Cotisations	Base	Salariales		Patronales	
		Taux	Montant	Taux	Montant
Accident du Travail				2,44	
Mutuelle "Frais de Santé"			-60,00		60,00
Prévoyance sur Tr. A		2,00		3,00	
Forfait Social / Prévoyances					
C.S.G. déductible					
Autres charges patronales				4,996	
Total cotisations					
Net fiscal					
C.S.G. non déductible					
C.R.D.S. non déductible					
Net à payer					

2,85% Taxe Transport
0,45% Effort Construction
0,68% Taxe d'apprentissage
1,00% Form° Prof. Continue
0,016% Fin. Org. Syndicales

Mois de novembre 2016

Libellé des Rubriques	Base	Taux	Montant	Commentaires
Salaire			**3 360,00**	novembre 2016
Réduction pour temps partiel				Salarié à 60%
Total Brut				

Cotisations	Base	Salariales		Patronales	
		Taux	Montant	Taux	Montant
Accident du Travail				2,44	
Mutuelle "Frais de Santé"			-60,00		60,00
Prévoyance sur Tr. A		2,00		3,00	
Forfait Social / Prévoyances					
C.S.G. déductible					
Autres charges patronales				4,996	
Total cotisations					
Net fiscal					
C.S.G. non déductible					
C.R.D.S. non déductible					
Net à payer					

Mois de décembre 2016

Libellé des Rubriques	Base	Taux	Montant	Commentaires	
Salaire			**3 360,00**	décembre 2016	
Réduction pour temps partiel				Salarié à 60%	
Retenue "Entrée-Sortie"				Date de sortie : 9 Décembre 2016	
Indemn. Comp. Congés Payés					
Total Brut					
Cotisations	**Base**	**Salariales**		**Patronales**	
		Taux	**Montant**	**Taux**	**Montant**
Accident du Travail				2,44	
Mutuelle "Frais de Santé"			-60,00		60,00
Prévoyance sur Tr. A		2,00		3,00	
Forfait Social / Prévoyances					
C.S.G. déductible					
Autres charges patronales				4,996	
Total cotisations					
Net fiscal					
C.S.G. non déductible					
C.R.D.S. non déductible					
Net à payer					

12. La réduction des charges sociales

Rappel, extrait du livre *La paie, ça s'apprend*

Maintenant qu'on sait sur quelles bases et à quels taux les cotisations, contributions et taxes sont calculées, il nous reste à voir un des dispositifs d'exonérations, de réductions ou encore d'allégements des charges patronales.
« Mais pourquoi y a-t-il des réductions de charges ? » vous demandez-vous. Comme vous l'avez constaté sur le tableau des cotisations, les employeurs paient au moins 45,026 % de charges patronales directes. Si on ajoute une mutuelle par-ci et une prévoyance par-là, les charges atteignent facilement 50 %. Autrement dit, pour qu'un salarié ait 1 500 € nets dans sa poche, il faut un salaire brut de 2 000 €, ce qui coûte 3 000 € à l'entreprise. À peu d'€ près, le double du net à payer ! Pour les gouvernements successifs depuis le début des années quatre-vingt-dix, le poids des charges est un frein à l'embauche. Donc, pour que les entreprises engagent de nouveaux salariés, plusieurs systèmes de réduction de charges patronales ont été créés selon les différentes visions politiques.
Après les réductions Bérégovoy (1992), Balladur (1994), Juppé 1 (1995), De Robien (1996), Juppé 2 (1997), Aubry 1 (1998) et Aubry 2 (2000), il ne subsiste plus que la réduction Fillon (2003).

L'allégement des charges (appelée « réduction Fillon » ou encore « allégement Fillon »)

Ne bénéficient de cette réduction que les salariés qui gagnent moins de 1,6 fois le SMIC annuel. Pourquoi 1,6 SMIC ? Parce que cette somme correspond plus ou moins au salaire brut médian en France (environ 28 000 € annuels) et que le Premier ministre de l'époque souhaitait en faire bénéficier un salarié sur deux. Donc si le salarié perçoit plus que 1,6 SMIC, il n'y a pas de réduction des charges. Si, en revanche, il est payé au SMIC, la réduction est d'environ 415,80 € par mois (en 2016). Entre ces deux extrêmes, la formule que je vais détailler ci-après vous permettra de calculer le montant exact de la réduction.
Le montant de la réduction FILLON est calculé pour chaque salarié. Il peut être cumulé, le cas échéant, avec d'autres mesures d'exonération, dans la limite du montant des cotisations patronales de Sécurité sociale dues pour l'emploi du salarié.

Le montant de la réduction est obtenu en multipliant la rémunération annuelle brute du salarié par un coefficient déterminé par une formule de calcul. Celle-ci intègre la rémunération annuelle brute (heures supplémentaires ou complémentaires incluses) et le nombre annuel d'heures travaillées (1 820 + les heures supplémentaires ou heures complémentaires) x SMIC horaire. Le coefficient est décroissant en fonction de la rémunération. La formule de calcul du coefficient est la suivante :

$$\text{Coefficient} = \left(\frac{T}{0{,}6}\right) \times \left[\left(1{,}6 \times \frac{\text{Nombre annuel d'heures travaillées x SMIC horaire}}{\text{Rémunération annuelle brute}}\right) - 1\right]$$

Depuis le 1er janvier 2016, « T » est égal au taux « réel » des cotisations patronales dues à l'Urssaf, à savoir :
- **12,84 %** (assurance maladie) ;
- **10,40 %** (assurance vieillesse plafonnée et déplafonnée) ;
- **3,45 %** (allocations familiales) ;
- **0,10 % ou 0,50 %** (aide au logement, en fonction de la taille de l'entreprise) ;
- **0,30 %** (contribution solidarité autonomie) ;
- **0,93 %** (accidents du travail).

Donc, T = 0,2802 pour les entreprises de moins de 20 salariés et **T = 0,2842 pour les entreprises de 20 salariés et plus.**

Le coefficient est arrondi à quatre décimales, au millième le plus proche. Si le résultat obtenu est supérieur à 0,2842 (ou 0,2802 pour les entreprises de moins de 20 salariés), il est pris en compte pour une valeur égale à 0,2842 (ou 0,2802). S'il est égal ou inférieur à zéro, la rémunération brute annuelle n'ouvre pas droit à réduction. Le montant annuel de réduction obtenu est arrondi au centime d'euros le plus proche.

La référence au SMIC

Le montant mensuel du SMIC à prendre en compte est le SMIC calculé sur la base de la durée légale du travail, soit 1 820 fois le SMIC horaire (151,67 x 12). Ce montant est corrigé dans différentes situations (temps partiel, absence non rémunérée ou partiellement rémunérée…). Pour déterminer le SMIC mensuel à prendre en compte, il faut donc, dans tous les cas, commencer par établir le SMIC base 1 820 heures. Ensuite, selon la situation du salarié, on utilisera ce montant entier ou proratisé.

Pour l'année 2016, le SMIC annuel devrait être de : 9,67 € x 1 820 heures = 17 599,40 €.

Situations dans lesquelles le SMIC base 1 820 heures est proratisé

- Contrat de travail à temps partiel :

SMIC mensuel à prendre en compte : SMIC 1 820 x durée contractuelle/durée légale

- Durée collective du travail inférieure à la durée légale

SMIC mensuel à prendre en compte : SMIC 1 820 x durée collective/durée légale

- Embauche ou départ en cours d'année

SMIC mensuel à prendre en compte : SMIC 1 820 x nombre d'heures payées/1 820

- Absence non rémunérée

SMIC mensuel à prendre en compte : SMIC 1 820 x nombre d'heures payées/1 820

- Absence partiellement rémunérée

SMIC mensuel à prendre en compte : SMIC 1 820 x rém. brute annuelle/rém. brute théorique

La rémunération brute annuelle

La rémunération à prendre en compte est la **rémunération annuelle brute soumise à cotisations de Sécurité sociale** et versée au salarié au cours de l'année civile considérée. Selon les règles de l'article L. 242-1 du code de la Sécurité sociale, la rémunération annuelle brute est l'ensemble des éléments de rémunération, en espèces ou en nature, attribués en contrepartie ou à l'occasion du travail, quelle que soit sa dénomination (salaire, prime, gratification, indemnités, notamment de congés payés ou en cas de maladie…).
En cas d'abattement supplémentaire pour frais professionnels, c'est la rémunération après abattement qui est retenue pour le calcul de la réduction. Mais les sommes représentant les frais professionnels au sens de l'arrêté du 20 décembre 2002, c'est-à-dire les sommes versées aux salariés pour couvrir des charges de caractère spécial inhérentes à la fonction à l'emploi, ne sont pas prises en compte dans la rémunération.
Les allocations versées aux salariés poursuivant une activité à temps plein dans le cadre de conventions d'allocations temporaires dégressives ou à temps partiel dans le cadre de conventions de préretraite progressive, d'aide au passage à temps partiel, ou en cas d'activité partielle, ne sont pas prises en compte dans le calcul de la réduction.
Depuis le 1er janvier 2012, **les heures supplémentaires et complémentaires sont réintroduites dans le brut** servant au diviseur de la formule, et **le mode de calcul du SMIC annuel tient maintenant compte du nombre d'heures supplémentaires et complémentaires réellement effectuées.** Le but de la manœuvre est bien sûr de diminuer le montant de l'allégement en cas d'heures supplémentaires majorées (la modification est en revanche neutre pour les heures complémentaires rémunérées au taux normal).

Exercice 41 (niveau 1)

Quel est le montant de la réduction des charges sociales Fillon du mois de février 2016 pour un salarié embauché le 1er février en CDI à temps complet dans une entreprise de plus de 100 salariés, toujours présent en fin de mois et qui a un salaire brut de 1 500 € ?

Exercice 42 (niveau 2)

Un salarié est embauché le 4 janvier 2016 dans une entreprise de plus de 100 salariés pour un salaire de base de 1 800 €. L'entreprise lui faisant généreusement cadeau du 1er janvier, le salaire brut de ce mois est de 1 800 €. Les mois suivants, il n'a aucune absence.

1) Quel est le montant de la réduction Fillon de janvier 2016 ?

2) Quel est le montant de la réduction Fillon de février 2016 alors qu'il a huit heures supplémentaires majorées à 25 % et quatre heures supplémentaires majorées à 50 % ?

3) Quel est le montant de la réduction Fillon de mars 2016, alors qu'il a une prime trimestrielle d'assiduité de 200 € et une prime exceptionnelle de 500 € ?

13. La reconstitution du salaire brut à partir du salaire net

Rappel, extrait du livre *La paie, ça s'apprend*

Parfois, lors de l'embauche, un salarié souhaite recevoir « x » euros en net à payer, d'une part parce que les salariés ne s'intéressent qu'à ce montant, et d'autre part parce qu'il veut concrétiser son changement d'entreprise en terme d'argent qu'il touchera réellement. Voici donc la formule qui vous permettra de passer du net au brut. Une précision toutefois : on ne peut utiliser ici que les taux communs à toutes les entreprises, c'est-à-dire sans tenir compte des éventuelles mutuelles et autres prévoyances que vous pourriez avoir dans votre entreprise, qu'il vous faudra prendre en considération.
Par convention et pour simplifier la formule, nous écrirons que :
- T1 = somme des taux assis sur le brut, la tranche A et les CSG et CRDS à 98,25 % ;
- T2 = somme des taux assis sur le brut, la tranche B et les CSG et CRDS à 98,25 %.

Démonstration de la formule

Nous savons maintenant que :
- **Salaire net = salaire brut – cotisations**
- **Salaire brut = tranche A + tranche B** [+ tranche C (+ tranche D)]
- **Cotisations = (tr. A x T1) + (tr. B x T2) + mutuelle salariale + (mutuelle patronale x 8 %)**

Les 8 % à appliquer au montant de la cotisation patronale de mutuelle résultent de l'addition des CSG et du CRDS (5,10 % + 2,40 % + 0,50 %).

Salaire net = tr. A + tr. B - (tr. A x T1) - (tr. B x T2) – mutuelle salariale – (mutuelle patronale x 8 %)

Après cette décomposition de tous les paramètres, on obtient :
Salaire net = tr. A (1 - T1) + tr. B (1 - T2) - mutuelle salariale – (mutuelle patronale x 8 %).

Puisque nous connaissons T1, T2, la tranche A (qui est égale au plafond de la Sécurité sociale), les montants des mutuelles salariale et patronale, ainsi que le salaire net (duquel nous partons pour reconstituer le salaire brut), il suffit d'extraire la tranche B, soit :

$$\text{Tr. B} = \frac{\text{(Salaire net + M.S. + (M.P. x 8 \%) - tr. A (1 - T1)}}{\text{(1 - T2)}}$$

Donc, nous pouvons à présent connaître le salaire brut en cumulant le plafond de la Sécurité sociale et la tranche B en remplaçant « tr. B » par sa formule. Ainsi, on peut reconstituer le salaire brut d'un salarié à partir de son net.

Exercice 43 (niveau 3)

Reconstituer le salaire brut d'un salarié cadre ayant un salaire net de 6 000 € avec un montant de mutuelle frais de santé de 50 €, pour le salarié et l'employeur.

Exercice 44 (niveau 3)

Reconstituer le salaire brut d'un salarié non cadre ayant un salaire net de 1 600 € avec un montant de mutuelle frais de santé de 50 €, pour le salarié et l'employeur.

14. Le bulletin de paie des apprentis

Rappel, extrait du livre *La paie, ça s'apprend*

Le salaire minimum de l'apprenti est harmonisé avec celui des jeunes sous contrat de qualification et désormais revalorisé sur une base annuelle (et non plus semestrielle comme c'était le cas jusqu'à la loi du 17 juillet 1992) en fonction de l'année d'exécution du contrat ; il tient compte de l'âge dès le mois suivant l'anniversaire et de la valeur du SMIC en cours de contrat. Pour les apprentis âgés de 21 ans ou plus, le pourcentage s'entend en pourcentage du SMIC ou du salaire minimum conventionnel correspondant à l'emploi occupé, s'il est plus favorable.

À titre d'exemple, voici le **tableau de la rémunération minimale due aux apprentis en 2016**.

Année de contrat	Âge de l'apprenti								
	16 - 17 ans			18 - 20 ans			21 ans et plus		
	En %	Par heure	Par mois	En %	Par heure	Par mois	En %	Par heure	Par mois
1ère année	25%	2,42 €	366,66 €	41%	3,96 €	601,33 €	53%	5,13 €	777,32 €
2ème année	37%	3,58 €	542,66 €	49%	4,74 €	718,66 €	61%	5,90 €	894,66 €
3ème année	53%	5,13 €	777,32 €	65%	6,29 €	953,32 €	78%	7,54 €	1 143,99 €
Formation complémentaire									
Après contrat 1 an	40%	3,87 €	586,66 €	56%	5,42 €	821,32 €	68%	6,58 €	997,32 €
Après contrat 2 ans	52%	5,03 €	762,66 €	64%	6,19 €	938,66 €	76%	7,35 €	1 114,65 €
Après contrat 3 ans	68%	6,58 €	997,32 €	80%	7,74 €	1 173,32 €	93%	8,99 €	1 363,98 €

Cotisations des apprentis

Les apprentis sont exonérés de cotisations salariales pour toute la partie des cotisations minimales obligatoires. Ils ne cotisent donc pas à l'Urssaf (maladie, veuvage, vieillesse), ni à Pôle Emploi, ni à la retraite complémentaire si celle-ci est appelée au taux minimal obligatoire (6,20 % x taux d'appel). Si la retraite complémentaire est appelée à un taux supérieur au taux minimal, l'apprenti cotisera sur la différence entre ces deux taux. Enfin, les apprentis sont également exonérés de la contribution sociale généralisée et de la contribution au remboursement de la dette sociale (loi n° 90-1168 du 29 décembre 1990, art. 128 et ord. n° 96-50 du 24 janvier 1996).
Quant aux cotisations patronales, elles se calculent sur une assiette forfaitaire calculée sur la base de 151,67 fois le SMIC connu au 1er janvier de l'année (et donc pas sur le dernier SMIC connu et plus sur 169 fois le SMIC comme cela fut le cas jusqu'au 31 décembre 2011) x **le pourcentage d'application en fonction de son âge et de son ancienneté diminué de 11 %.**
Il y a **exonération des charges de Sécurité sociale, à l'exception du Fonds national d'aide au logement (FNAL) et de la contribution solidarité autonomie.**

Exercice 45 (niveau 2)

Établir le bulletin du mois de janvier 2016 d'un apprenti né le 22 février 1996 dont c'est la troisième année d'apprentissage au sein d'une entreprise de la Région parisienne qui comporte 100 salariés, qui a une mutuelle frais de santé de 100 € en part salariale et en part patronale, à l'aide du bulletin ci-après.

Bulletin de paie de l'apprenti

Libellé des Rubriques	Base	Taux	Montant	Commentaires	
Salaire	151,67			Janvier	
				Paie Apprenti	
				Plafond du mois : 3218 €	
Total Brut					
Cotisations	Base	Salariales		Patronales	
		Taux	Montant	Taux	Montant
Ass. Mal.Mat.Inv.décès		0,75		12,84	
Contribution Solidarité Autonomie				0,30	
Accident du Travail				2,44	
Allocations Familiales				3,45	
Ass. Vieillesse Plafonnée		6,90		8,55	
Ass. Vieillesse Déplafonnée		0,35		1,85	
F.N.A.L. sur Brut				0,50	
Chômage sur Tr. A + Tr. B		2,40		4,00	
A.G.S. sur Tr. A + Tr. B				0,25	
Retraite sur Tr. 1		3,10		4,65	
A.G.F.F. sur Tr. 1		0,80		1,20	
Mutuelle "Frais de Santé"					
Forfait Social					
C.S.G. déductible		5,10			
Autres charges patronales				2,85	
Allègement FILLON					
Total cotisations					
Net fiscal					
C.S.G. non déductible		2,40			
C.R.D.S. non déductible		0,50			
Net à payer					

15. Le bulletin de paie des salariés en contrat de professionnalisation

Rappel, extrait du livre *La paie, ça s'apprend*

Tableau de la rémunération minimale due aux contrats de professionnalisation en 2016

Âge du bénéficiaire	Rém. mini si qualif < bac pro		Rém. mini si qualif ≥ bac pro	
	En % du SMIC	Par mois (151,67 h)	En % du SMIC	Par mois (151,67 h)
âge < 21 ans	55%	806,66 €	65%	953,32 €
21 ans ≤ âge < 26 ans	70%	1 026,65 €	80%	1 173,32 €
âge ≥ 26 ans	100%	1 466,65 €	100%	1 466,65 €

Les demandeurs d'emploi âgés de 26 ans et plus perçoivent, sauf dispositions conventionnelles plus favorables, une rémunération qui ne peut être inférieure au SMIC mensuel ni à 85 % du salaire minimum conventionnel.

Cotisations des contrats de professionnalisation

L'exonération de cotisations patronales de Sécurité sociale est limitée à la part de salaire ne dépassant pas le SMIC mensuel et ouverte seulement en cas d'embauche de jeunes de moins de 16 ans ou de demandeurs d'emploi de 45 ans et plus.

Exercice 46 (niveau 2)

Établir le bulletin du mois de février 2016 d'un salarié en contrat de professionnalisation, né le 19 novembre 1965 qui prépare un examen supérieur au baccalauréat au sein d'une entreprise de la Région parisienne, ayant 100 salariés, qui a une mutuelle frais de santé de 80 € (parts salariale et patronale) et dont le minimum conventionnel est de 1 825 €, à l'aide du bulletin ci-après.

Bulletin de paie du contrat de professionnalisation

Libellé des Rubriques	Base	Taux	Montant	Commentaires	
Salaire	151,67			Février	
				Salarié âgé de plus de 45 ans	
				Paie Contrat de Professionnalisation	
Total Brut					
Cotisations	Base	Salariales		Patronales	
		Taux	Montant	Taux	Montant
Ass. Mal.Mat.Inv.décès		0,75			
Ass. Mal.Mat.Inv.décès				12,84	
Contribution Solidarité Autonomie				0,30	
Accident du Travail				2,44	
Allocations Familiales				3,45	
Ass. Vieillesse Plafonnée		6,90			
Ass. Vieillesse Plafonnée				8,55	
Ass. Vieillesse Déplafonnée		0,35			
Ass. Vieillesse Déplafonnée				1,85	
F.N.A.L. sur Brut				0,50	
Chômage sur Tr. A + Tr. B		2,40		4,00	
A.G.S. sur Tr. A+Tr. B				0,25	
Retraite sur Tr. 1		3,10		4,65	
A.G.F.F. sur Tr. 1		0,80		1,20	
Mutuelle "Frais de Santé"					
Forfait Social				8,00	
C.S.G. déductible		5,10			
Autres charges patronales				2,85	
Allègement FILLON					
Total cotisations					
Net fiscal					
C.S.G. non déductible		2,40			
C.R.D.S. non déductible		0,50			
Net à payer					

16. Le bulletin de paie des stagiaires

Rappel, extrait du livre *La paie, ça s'apprend*

Un stage correspond à une période temporaire de mise en situation en milieu professionnel au cours de laquelle l'étudiant acquiert des compétences professionnelles qui mettent en œuvre les acquis de sa formation en vue de l'obtention d'un diplôme ou d'une certification.
Le stagiaire se voit confier une ou des missions conformes au projet pédagogique défini par son établissement d'enseignement et approuvées par l'organisme d'accueil.
Un stage dans un même organisme d'accueil de plus de deux mois consécutifs, ou non consécutifs au cours de la même année scolaire ou universitaire, doit être obligatoirement rémunéré chaque mois, dès le premier jour du stage. Cette obligation s'applique aux entreprises, aux administrations publiques, aux associations ou à tout autre organisme d'accueil. *A contrario*, la gratification est facultative pour l'employeur si le stage dure moins de deux mois. Il ne s'agit pas d'un salaire.

Gratification minimale

La base de calcul de la gratification mensuelle des stagiaires est modifiée pour les conventions conclues depuis le 1er décembre 2014.
Avant cette date, le montant minimal versé au stagiaire était fixé à 12,5 % du plafond horaire de la Sécurité sociale (soit en 2014, 23 € x 0,125 = 2,875 €) multiplié par 151,67 heures, soit 436,05 € pour un temps complet correspondant à 35 heures hebdomadaires. Pour 2015, si la convention a bien été signée avant le 1er décembre 2014, le calcul reste identique avec un plafond horaire de la Sécurité sociale à 24 €, soit 455,01 € pour un temps complet.
Si la convention a été signée après le 1er décembre 2014, il faut prendre 13,75 % de ce même plafond. Soit au mois de décembre 2014 : 23 € x 0,1375 = 3,1625 € mais multiplié non plus par 151,67 heures mais par **154 heures** (22 jours x 7 heures), ce qui donnait 487,03 € jusqu'au 31 décembre 2014 et donne **508,20 €** depuis le 1er janvier 2015.
Enfin, pour les conventions qui seront signées à partir du 1er septembre 2015, l'indemnité minimale due aux stagiaires sera calculée en prenant le plafond horaire de la Sécurité sociale x **15 % x 154 heures** pour un temps complet (soit **554,40 € jusqu'au 31 décembre 2016** puisque le plafond horaire n'a pas changé entre 2015 et 2016).

Si la gratification est bien égale au pourcentage en vigueur du plafond horaire de la Sécurité sociale (12,5 % ou 13,75 % ou 15 % selon la date de signature de la convention) multipliée par le nombre d'heures travaillées, les cotisations salariales et patronales sont exonérées (à la condition expresse que l'établissement d'enseignement assure la couverture accident du travail du stagiaire sinon les cotisations patronales sont dues sur la base de la valeur de la formation professionnelle, soit 25 % du SMIC).
Si la gratification est supérieure au pourcentage en vigueur du plafond horaire de la Sécurité sociale x nombre d'heures travaillées, les cotisations salariales et patronales sont exonérées jusqu'au pourcentage en vigueur du plafond horaire de la Sécurité sociale, et sont dues au-delà.

Nota bene : De très nombreuses entreprises n'établissent pas de bulletin de paie pour les stagiaires tant que ceux-ci sont rémunérés avec la gratification minimale. En effet, n'ayant aucune charge ni salariale, ni patronale, le bulletin de paie est inutile. En revanche, dès que la rémunération du stagiaire dépasse cette gratification minimale, un bulletin de paie devient obligatoire.

Exercice 47 (niveau 2)

Établir le bulletin de paie d'un stagiaire effectuant un stage supérieur à trois mois au sein d'une entreprise parisienne qui a une mutuelle frais de santé de 50 € (part salariale et part patronale). Son indemnité de stage est de 30 € par jour et comme il est entré en cours de mois il n'a travaillé que 15 jours ouvrés ce mois de juin 2016.

Bulletin de paie du stagiaire

Libellé des Rubriques	Base	Taux	Montant	Commentaires	
Indemnités de Stage				juin 2016	
				Paie d'un Stagaire	
Total Brut					
Cotisations	Base	Salariales		Patronales	
		Taux	Montant	Taux	Montant
Ass. Mal.Mat.Inv.décès		0,75		12,84	
Contribution Solidarité Autonomie				0,30	
Accident du Travail				2,44	
Allocations Familiales				3,45	
Ass. Vieillesse Plafonnée		6,90		8,55	
Ass. Vieillesse Déplafonnée		0,35		1,85	
F.N.A.L. sur Brut				0,50	
Chômage sur Tr. A + Tr. B		2,40		4,00	
A.G.S. sur Tr. A + Tr. B				0,25	
Retraite sur Tr. 1		3,10		4,65	
A.G.F.F. sur Tr. 1		0,80		1,20	
Mutuelle "Frais de Santé"					
Forfait Social				8,00	
C.S.G. déductible		5,10			
Autres charges patronales				2,85	
Allègement FILLON					
Total cotisations					
Net fiscal					
C.S.G. non déductible		2,40			
C.R.D.S. non déductible		0,50			
Net à payer					

■ 17. Le calcul des indemnités journalières de Sécurité sociale (IJSS) : maladie et maternité

Rappel, extrait du livre *La paie, ça s'apprend*

Calcul des indemnités journalières de Sécurité sociale (IJSS) pour la maladie

Délai de carence

Tous les assurés sociaux bénéficient de l'indemnité journalière maladie à compter du quatrième jour qui suit le point de départ de l'incapacité de travail (C. Séc. soc., art. L. 323-1 et R. 323-1). Dans le calcul de ce délai de carence, on ne doit pas inclure la journée au cours de laquelle l'assuré a interrompu son travail (même si ce fait s'est produit en début de travail) lorsque cette journée a donné lieu au paiement d'un salaire total ou partiel. **Le délai de carence est donc de trois jours.** L'indemnité journalière maladie est due pour tous les jours, ouvrables ou non (C. Séc. soc., art. L. 323-1) : ce sont donc des jours calendaires.

Montant de l'indemnité journalière maladie

L'indemnité journalière maladie est égale à la moitié du gain journalier de base dans la limite de 1,8 fois le SMIC mensuel.
Depuis le 1er janvier 2015, le SMIC à prendre est celui du mois qui précède l'arrêt maladie pour la comparaison avec les trois salaires bruts qui précèdent l'arrêt (et non plus le SMIC à comparer mois par mois). Depuis le 1er janvier 2015, pour déterminer le montant de l'indemnité journalière, il n'y a plus que trois possibilités de calcul au lieu de cinq précédemment (les modalités prévues en cas de paiement journalier ou par trimestre ont disparu). En fonction de la périodicité de la paie, l'indemnité journalière correspondra donc aux montants suivants :
- 1/91,25 du montant des trois dernières paies des mois civils antérieurs à la date de l'interruption de travail lorsque le salaire est réglé mensuellement ou dans des cas autres que ceux mentionnés ci-après ;
- 1/84 du montant des six ou 12 dernières paies des mois civils antérieurs à la date de l'interruption de travail lorsque le salaire est réglé toutes les deux semaines ou chaque semaine ;
- 1/365 du montant du salaire des 12 mois civils antérieurs à la date de l'interruption de travail lorsque le travail n'est pas continu ou présente un caractère saisonnier.

Dans le cas le plus fréquent de paie mensuelle, nous pouvons donc écrire la formule suivante : (salaire brut de référence/91,25 jours) x 50 %.
Pour toute l'année 2016, l'indemnité journalière maximale est donc de 43,40 €.
L'indemnité journalière est servie nette de CRDS (depuis le 1er février 1996) au taux de 0,50 %, et de CSG au taux de 6,20 % (depuis le 1er janvier 1998), précomptées par la Sécurité sociale (soit 6,70 % au total).

Exercice 48 (niveau 1)

1) Un salarié ayant 10 ans d'ancienneté dans une entreprise perçoit un salaire inchangé depuis un an de 1 800 €. Calculer le montant de ses indemnités journalières de Sécurité sociale (IJSS) brutes et nettes s'il est malade 15 jours ce mois de juin 2016.

2) Un salarié ayant 10 ans d'ancienneté dans une entreprise perçoit un salaire inchangé depuis un an de 3 500 €. Calculer le montant de ses indemnités journalières de Sécurité sociale (IJSS) brutes et nettes s'il est malade 12 jours ce mois de juin 2016.

3) Un salarié ayant 10 ans d'ancienneté dans une entreprise a perçu un salaire de 2 500 € en janvier et février et de 3 000 € en mars, suite à une prime trimestrielle. Son médecin lui fait un arrêt de travail pour maladie du 1er au 19 avril inclus. Calculer le montant de ses indemnités journalières de Sécurité sociale (IJSS) pour ce mois d'avril 2016.

Rappel, extrait du livre *La paie, ça s'apprend*

Calcul des indemnités journalières de Sécurité sociale (IJSS) pour la maternité

Absence de délai de carence

Contrairement à la maladie, dans le cadre du congé maternité ou d'adoption, il n'y a pas de délai de carence : l'indemnité est versée à compter du premier jour qui suit le point de départ du congé maternité, mais pour pouvoir en bénéficier, l'assurée doit cesser toute activité pendant au moins huit semaines (deux semaines avant l'accouchement et six semaines après), durée pendant laquelle le code du travail interdit à tout employeur de faire travailler une femme en couches (C. trav., art. L. 1225-29).
Quant à la durée de l'indemnisation de la maternité, elle est variable. Elle dépend à la fois de la composition de la famille, du rang de l'enfant et du nombre de naissances (en cas de naissances multiples).

Depuis le 1er Janvier 1995		Durée (en semaines entourant la naissance)		
Type de grossesse	Nombre d'enfants précédents	Avant	Après	Total
Simple	1	6	10	**16**
	Au moins 2, ou si l'assurée a déjà eu au moins 2 enfants nés viables	8	18	**26**
Gémellaire	#	12	22	**34**
Triplés ou +	#	24	22	**46**

Depuis le 1er juillet 2013, l'indemnité journalière est égale au gain journalier de base calculé (comme pour la maladie) dans la limite du plafond de la Sécurité sociale et diminuée de 21 %. Ce qui donne un **montant maximal des indemnités journalières maternité pour 2016 de 83,58 €.** L'indemnité journalière maternité n'est pas cotisable, mais est imposable depuis le 1er janvier 1996 et servie nette de cotisations CSG/CRDS au taux global de 6,70 % (depuis le 1er janvier 1998).

Calcul des indemnités journalières de Sécurité sociale (IJSS) pour la paternité

La loi de financement de la Sécurité sociale pour 2002 a introduit le congé de paternité. Celui-ci est ouvert à tout homme salarié à l'occasion de la naissance de son enfant.
Pour la naissance d'un enfant unique, 11 jours calendaires maximum sont accordés. La durée est portée à 18 jours pour les naissances multiples. Ce congé doit être pris dans un délai de quatre mois à compter de la date de naissance de l'enfant. Le congé de paternité est cumulable avec le congé de trois jours accordé pour la naissance d'un enfant (C. trav., art. L. 1225-35). Le salarié doit avertir l'employeur de son intention de bénéficier du congé de paternité au moins un mois avant la prise effective de celui-ci. L'employeur ne peut le refuser.

L'indemnisation est assurée principalement par la Sécurité sociale. Afin qu'elle soit servie, l'employeur doit, bien sûr, envoyer à la CPAM le bordereau « Cerfa n° 11135*02 » après avoir mis une croix devant la coche Paternité.
Suivant la même procédure vue précédemment avec le congé maternité, il faut donner le net (limité au plafond de la Sécurité sociale) des trois mois précédant l'arrêt.

Exercice 49 (niveau 1)

Une salariée ayant six ans d'ancienneté dans une entreprise qui ne pratique pas la subrogation, et percevant un salaire inchangé depuis un an de 3 500 €, va s'absenter pour congé maternité (sachant qu'elle a déjà deux enfants à charge et qu'elle attend des jumeaux pour le 1er juillet 2016). Elle vous demande de calculer le montant total des indemnités journalières de maternité qu'elle va percevoir.

18. La garantie conventionnelle

Rappel, extrait du livre *La paie, ça s'apprend*

La garantie conventionnelle est aussi appelée « régul. sur le net », « garantie du net ».

Le salarié ne pouvant effectuer aucun travail, aucun salaire n'est en principe dû par l'employeur. Cependant, le salarié malade ou en accident bénéficie le plus souvent du maintien d'une partie ou de la totalité de sa rémunération en application soit de l'accord de mensualisation, soit de la convention collective ou de l'accord d'entreprise applicable.
La subrogation de l'employeur dans les droits de l'assuré lui permet de toucher directement les indemnités journalières si le salaire est maintenu au moins partiellement.
La situation telle qu'un salarié absent et bénéficiant du versement d'indemnités journalières de Sécurité sociale, puisse percevoir un revenu supérieur à celui qu'il aurait touché s'il avait travaillé normalement est quelque peu choquante, on en conviendra. Cette situation s'explique par le fait que les IJSS sont exonérées de cotisations sociales. Le salarié qui les perçoit se voit donc attribuer un montant net. Or, ce montant net vient en déduction d'une base brute soumise à des cotisations. Les conséquences au niveau de la paie ne sont pas sans effet. Or, votre convention prévoit sans doute que « les garanties conventionnelles accordées aux salariés en termes de maintien de salaire ne doivent pas conduire à leur verser, compte tenu des sommes perçues de toute provenance à l'occasion de la maladie ou de l'accident, un montant supérieur à la rémunération nette qu'ils auraient touché s'ils avaient travaillé normalement ». C'est donc à juste titre qu'un employeur peut modifier la façon dont il détermine le calcul des indemnités reçues de la Sécurité sociale par un salarié.
La solution consiste à déduire une nouvelle rubrique, appelée « garantie sur le net » ou « garantie conventionnelle » ou encore « régularisation sur le net » après la rubrique des IJSS. Pour calculer le montant de cette rubrique il faut appliquer une formule parmi les trois ci-dessous car trois formules sont nécessaires aux trois cas possibles :

1. Le salaire brut est inférieur ou égal au plafond de la Sécurité sociale :
régularisation sur le net = IJSS brutes x [(T1 – 0,067)/1 – T1].

2. Le salaire brut est supérieur au plafond de la Sécurité sociale.
a) Si le salaire est supérieur au plafond majoré des IJSS multipliées par le rapport 1/1-T1 :
régularisation sur le net = IJSS brutes x [(T2 – 0,067)/1 – T2].
b) Si le salaire est inférieur au plafond majoré des IJSS multipliées par le rapport 1/1-T1 :
régularisation sur le net = [IJSS brutes x (T1 – 0,067) – Tr. B x (T1 – T2)]/1 – T1.

T1 = taux des cotisations salariales applicable à la fraction de salaire inférieure au plafond (cotisations salariales **assises sur le brut et sur la tranche A, CSG et CRDS incluses**).
T2 = taux des cotisations salariales applicable à la fraction de salaire supérieure au plafond (cotisations salariales **assises sur le brut et sur la tranche B, CSG et CRDS incluses**).

Exercice 50 (niveau 2)

Pour ce mois de juin 2016, établir les bulletins de salaire d'un salarié ayant une rémunération de 2 400 € mensuelle (constante depuis plusieurs mois) quand il a un arrêt maladie indemnisé à 100 % de 13 jours avec une régularisation sur le net (à gauche) et quand il travaille normalement (à droite) pour vérifier que vous avez bien le même net à payer. La mutuelle frais de santé est de 40 €, pour le salarié et pour l'employeur.

	Salarié Absent			Salarié Présent		
	Base	Tx sal.	Montant	Base	Tx sal.	Montant
Salaire			2 400,00			2 400,00
Absence Maladie						
Paiement Maladie						
I.J.S.S.						
Régul. sur le net						
Ass. Mal,Mat,Inv,Décès		0,75			0,75	
Ass. Vieillesse / Plaf.		6,90			6,90	
Ass. Vieillesse /Déplaf.		0,35			0,35	
Chômage / A+B		2,40			2,40	
Retraite compl. / 1		3,10			3,10	
A.G.F.F. / 1		0,80			0,80	
Mutuelle "Fr. de Santé"						
C.S.G. Déductible		5,10			5,10	
Net fiscal						
C.S.G.		2,40			2,40	
C.R.D.S.		0,50			0,50	
I.J.S.S.						
Net à payer						

Exercice 51 (niveau 2)

Pour ce mois de juin 2016, établir les bulletins de salaire d'un salarié cadre ayant une rémunération de 5 000 € mensuelle (constante depuis plusieurs mois) quand il a un arrêt maladie indemnisé à 100 % de 15 jours avec une régularisation sur le net (à gauche) et quand il travaille normalement (à droite) pour vérifier que vous avez bien le même net à payer. La mutuelle frais de santé est de 40 €, pour le salarié et pour l'employeur.

	Salarié Absent			Salarié Présent		
	Base	Tx sal.	Montant	Base	Tx sal.	Montant
Salaire			5 000,00			5 000,00
Absence Maladie						
Paiement Maladie						
I.J.S.S.						
Régul. sur le net						
Ass. Mal,Mat,Inv,Décès		0,75			0,75	
Ass. Vieillesse / Plaf.		6,90			6,90	
Ass. Vieillesse / Déplaf.		0,35			0,35	
Chômage / A+B		2,40			2,40	
A.P.E.C. / A+B		0,024			0,024	
Retraite compl. / A		3,10			3,10	
A.G.F.F. / A		0,80			0,80	
Retraite compl. / B		7,80			7,80	
A.G.F.F. / B		0,90			0,90	
C.E.T. / A+B+C		0,13			0,13	
Mut. "Fr. de Santé"						
Prévoyance						
C.S.G. Déductible		5,10			5,10	
Net fiscal						
C.S.G. Non Déductible		2,40			2,40	
C.R.D.S. Non Déductible		0,50			0,50	
I.J.S.S.						
Net à payer						

Exercice 52 (niveau 3)

Pour ce mois de juin 2016, établir les bulletins de salaire d'un salarié cadre ayant une rémunération de 3 400 € mensuelle (constante depuis plusieurs mois) quand il a un arrêt maladie indemnisé à 100 % de 13 jours avec une régularisation sur le net (à gauche) et quand il travaille normalement (à droite) pour vérifier que vous avez bien le même net à payer. La mutuelle frais de santé est de 40 €, pour le salarié et pour l'employeur.

	Salarié Absent			Salarié Présent		
	Base	Tx sal.	Montant	Base	Tx sal.	Montant
Salaire			3 400,00			3 400,00
Absence Maladie						
Paiement Maladie						
I.J.S.S.						
Régul. sur le net						
Ass. Mal,Mat,Inv,Décès		0,75			0,75	
Ass. Vieillesse / Plaf.		6,90			6,90	
Ass. Vieillesse / Déplaf.		0,35			0,35	
Chômage / A+B		2,40			2,40	
A.P.E.C. / B		0,024			0,024	
Retraite compl. / A		3,10			3,10	
A.G.F.F. / A		0,80			0,80	
Retraite compl. / B		7,80			7,80	
A.G.F.F. / B		0,90			0,90	
C.E.T. / A+B+C		0,13			0,13	
Mutuelle "Fr. de Santé"						
Prévoyance						
C.S.G. Déductible		5,10			5,10	
Net fiscal						
C.S.G. Non Déductible		2,40			2,40	
C.R.D.S. Non Déductible		0,50			0,50	
I.J.S.S.						
Net à payer						

19. Le temps partiel thérapeutique

Rappel, extrait du livre *La paie, ça s'apprend*

Le temps partiel thérapeutique, notion mal connue des entreprises alors qu'il concerne pourtant chaque année quelques dizaines de milliers de salariés, constitue une forme particulière de reprise du travail après un congé pour maladie ou accident.
Le temps partiel thérapeutique correspond à un aménagement de la reprise du travail du salarié destiné à favoriser sa guérison. Il peut être une solution pour les personnes ayant besoin de soins réguliers et fréquents, ou fatiguées par la maladie, en ce qu'il permet une reprise progressive du travail ou le maintien à un poste, en accord avec le service de médecine du travail et la Sécurité sociale. Le médecin du travail peut diagnostiquer une aptitude « partielle », ou « sous réserve », ce qui signifie que le salarié peut être apte à reprendre le travail moyennant quelques aménagements de poste, le plus souvent de façon temporaire.

Les horaires

Les nouveaux horaires réduits du salarié seront déterminés par l'entreprise qui tiendra compte ce faisant des éventuelles prescriptions médicales particulières, l'employeur appréciant leur compatibilité avec l'organisation du travail. Faut-il alors appliquer la réglementation du travail à temps partiel ? Surtout pas ! En effet, il n'y a « travail à temps partiel » que lorsqu'il y a initiative en ce sens du chef d'entreprise ou demande du salarié (C. trav., art. L. 3123-2). Ici, il n'y a ni l'un ni l'autre. La notion de choix à l'origine du travail à temps partiel est absente. La maladie est tout sauf un choix et le temps partiel thérapeutique ordonné au salarié, s'il se présente en pratique comme une situation de travail à temps partiel, n'a rien à voir avec une organisation du temps de travail librement choisie ou acceptée par les parties. Ce raisonnement ne s'applique que pour la période de temps partiel ordonnée par le médecin. Au-delà de cette période, si le salarié reste à temps partiel, les règles légales relatives au temps partiel retrouveront leur pleine application.
Il faut considérer le temps partiel thérapeutique comme une absence de type « activité partielle ». Et ce, pour plusieurs raisons :
• Le temps partiel thérapeutique n'ouvre **pas droit à réduction du plafond de la Sécurité sociale** car comme pour l'activité partielle (par exemple chômage partiel) le fait qu'il y ait complément de salaire par un tiers supprime cette possibilité.
• Comme l'entreprise ne rémunère le salarié que sur ses heures réellement travaillées, **il convient d'appliquer la méthode d'absence en heures réelles préconisée par la Cour de cassation** (méthode de décompte des heures non rémunérées par l'entreprise, vue précédemment au chapitre du décompte des absences). D'ailleurs, conformément à la Cour de cassation, la CPAM demande (sur net entreprise.fr, cadre 5) chaque mois la période concernée, le salaire brut et le nombre d'heures **réellement** travaillées à temps partiel par le salarié et le nombre d'heures et le salaire brut théoriques, pour la même période (autrement dit, ce que le salarié aurait perçu s'il avait travaillé normalement). **Il est donc hors de question d'une quelconque mensualisation des heures** (comme pour l'activité partielle, la DIRECCTE demande les heures réellement chômées).
• Tout en étant en temps partiel thérapeutique, le salarié peut bénéficier de jours de **congés payés**. La CPAM est très ferme sur le sujet (site ameli.fr/fileadmin/user upload/documents ; Le temps partiel therapeutique.pdf, page 13) : « La prise de congés pendant un temps partiel thérapeutique est **considérée comme une reprise à temps complet** et met donc fin temporairement au temps partiel thérapeutique. »

• Le salarié peut également tomber malade (voire, selon sa pathologie, rechuter) pendant son temps partiel thérapeutique. Là aussi, et c'est plus que logique, **la maladie interrompt le temps partiel thérapeutique**, les conditions de reprise d'activité partielle n'étant plus présentes. Sur le PDF déjà cité, disponible sur le site ameli.fr (page 10), il est précisé : « Pour tout nouvel arrêt de travail au titre de la maladie survenant pendant une période de reprise à temps partiel thérapeutique, il convient d'adresser une nouvelle attestation de salaire. » Le service Paie doit donc remplacer l'absence temps partiel thérapeutique et le mettre en absence maladie « normale » et, selon les conventions collectives, l'ancienneté et les droits du salarié, indemniser cette nouvelle absence (avec selon les cas, subrogation, maintien du net). C'est la seule différence par rapport à l'activité partielle puisque la maladie permettrait « d'échapper » à l'activité partielle et le salaire étant maintenu en maladie deviendrait supérieur à ce qu'il aurait perçu s'il avait continué à travailler.

Exercice 53 (niveau 3)

Notre entreprise a un salarié cadre (10 ans d'ancienneté) qui a été absent pour maladie. Début janvier 2016, il est revenu en temps partiel thérapeutique. Ses horaires aménagés sont relativement simples : il ne vient travailler que les matins 3 heures et demie du lundi au vendredi. Depuis son retour, il est très assidu et n'a eu aucune absence. Mais ce mois de juin 2016, il a pris une semaine de congés payés (du lundi 6 au dimanche 12) et a fait une petite rechute maladie d'une semaine également (du lundi 20 au dimanche 26). Son salaire forfaitaire à temps plein est de 3 520 €. La convention collective lui octroie une prime d'ancienneté de 10 % assise sur sa rémunération. La mutuelle frais de santé est de 40 €, pour le salarié et pour l'employeur. L'entreprise maintient le salaire à 100 % sans carence et pratique la subrogation pendant la maladie (pendant 90 jours). Elle calcule les congés payés en jours ouvrés et applique la règle du maintien au moment de l'absence (le dixième étant éventuellement régularisé en fin de période de prise des congés payés). Pour vous aider, voici son calendrier

M	J	V	S	D	L	M	M	J	V	S	D	L	M	M	J	V	S	D	L	M	M	J	V	S	D	L	M	M	J
1	2	3	4	5	6	7	8	9	10	11	12	13	14	15	16	17	18	19	20	21	22	23	24	25	26	27	28	29	30
					CP	CP	CP	CP	CP										Mal	Mal	Mal	Mal	Mal	Mal	Mal				

Établir son bulletin de salaire pour ce mois de juin 2016.

Libellé des Rubriques	Base	Taux	Montant	Commentaires	
Salaire Forfaitaire	151,67		3 520,00	Juin 2016	
Prime d'ancienneté					
Absence Temps Partiel Thérap.					
Absence Congés Payés					
Indemnité Congés Payés					
Absence Maladie					
Paiement Maladie					
I.J.S.S.					
Garantie sur le net					
Total Brut					
Cotisations	**Base**	**Salariales**		**Patronales**	
		Taux	**Montant**	**Taux**	**Montant**
Ass. Mal.Mat.Inv.décès		0,75		12,84	
Contribution Solidarité Auton.				0,30	
Accident du Travail				2,44	
Allocations Familiales				3,45	
Ass. Vieillesse Plafonnée		6,90		8,55	
Ass. Vieillesse Déplafonnée		0,35		1,85	
F.N.A.L. sur Brut				0,50	
Chômage sur Tr. A + B		2,40		4,00	
F.N.G.S. sur Tr. A + B				0,25	
A.P.E.C. sur Tr. A + B		0,024		0,036	
A.R.R.CO sur Tr. A		3,10		4,65	
A.G.F.F. sur Tr. A		0,80		1,20	
A.C.I.R.C. sur Tr. B		7,80		12,75	
C.E.T. sur Tr. A + B + C		0,13		0,22	
Mutuelle Frais de Santé			-40,00		40,00
Prévoyance Décès				1,50	
Forfait Social				8,00	
C.S.G. déductible		5,10			
Autres charges patronales				4,996	
Total cotisations					
Net fiscal					
I.J.S.S. Nettes					
C.S.G. non déductible		2,40			
C.R.D.S. non déductible		0,50			
Net à payer					

20. La saisie-arrêt

Rappel, extrait du livre *La paie, ça s'apprend*

La saisie-arrêt, ordonnée par un juge, est l'un des moyens donnés à un créancier pour se faire rembourser les sommes que lui doit un salarié. Elle consiste à faire pratiquer par l'employeur, lors de chaque paie, une retenue sur les sommes disponibles jusqu'à extinction de la dette du salarié.

Le principe de la saisie-arrêt est le suivant : jusqu'à une certaine somme, les salaires ne peuvent être saisis que partiellement. La loi établit le barème applicable en fixant d'une part, les limites de chaque tranche de salaires qui ne peuvent être saisies que partiellement, et d'autre part, le pourcentage disponible dans chacune de ces tranches de salaire. Plus la rémunération augmente, plus la part disponible est importante. Au-delà du plafond de la dernière tranche, les salaires sont entièrement disponibles. **En 2016, les tranches annuelles sont à augmenter de 1 420 € (et par conséquent, les tranches mensuelles de 118,33 €) par personne à charge**. Par « personne à charge », il faut entendre le conjoint, le pacsé ou le concubin et l'ascendant dont les ressources personnelles sont inférieures au montant du RSA et les enfants au sens de la législation sur les prestations familiales (C. trav., art. R. 3252-3).
Les seuils des tranches et la majoration pour personne à charge sont révisés annuellement par décret en fonction de l'évolution de l'indice Insee. Dans tous les cas, il est laissé au salarié saisi une somme égale au montant du RSA en n'appliquant pas les correctifs pour charges de famille. **Au 1er janvier 2016, le montant du RSA est de 524,16 €** (C. trav., art. R. 3252-5).

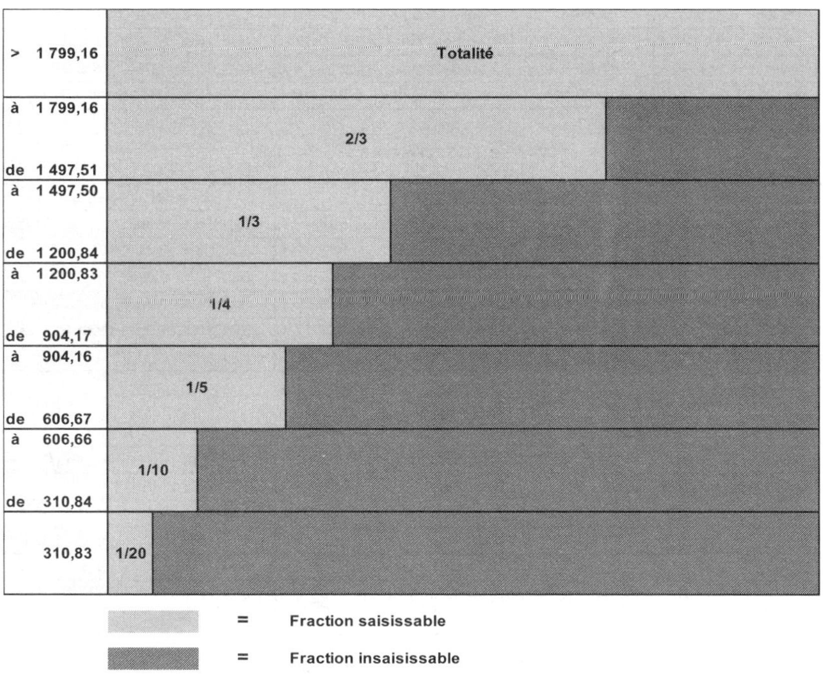

Barème des saisies sur salaires pour l'année 2016

Tranche par an	3 730,00	de 3 730,01 à 7 280,00	de 7 280,01 à 10 850,00	de 10 850,01 à 14 410,00	de 14 410,01 à 17 970,00	de 17 970,01 à 21 590,00	> 21 590,00
Tranche par mois	310,83	de 310,84 à 606,66	de 606,67 à 904,16	de 904,17 à 1 200,83	de 1 200,84 à 1 497,50	de 1 497,51 à 1 799,16	> 1 799,16
% de retenue	1/20	1/10	1/5	1/4	1/3	2/3	Totalité

Tableau de simplification du calcul de la saisie-arrêt pour l'année 2016

Sans personne à charge

Salaire mensuel net	Fraction saisissable	Fraction insaisissable
de 524,16 € à 606,66 €	15,54 € + 1/10 au-delà de 310,83 €	524,16 € + de 0 à 37,39 €
de 606,67 € à 904,16 €	45,12 € + 1/5 au-delà de 606,66 €	524,16 € + de 37,39 € à 275,39 €
de 904,17 € à 1 200,83 €	104,62 € + 1/4 au-delà de 904,16 €	524,16 € + de 275,39 € à 497,90 €
de 1 200,84 € à 1 497,50 €	178,79 € + 1/3 au-delà de 1 200,83 €	524,16 € + de 497,90 € à 695,68 €
de 1 497,51 € à 1 799,16 €	277,67 € + 2/3 au-delà de 1 497,50 €	524,16 € + de 695,68 € à 796,23 €
au delà de 1 799,16 €	478,77 € + totalité au-delà de 1 799,16 €	524,16 € + 796,23 €

Avec 1 personne à charge

Salaire mensuel net	Fraction saisissable	Fraction insaisissable
de 524,16 € à 724,99 €	21,46 € + 1/10 au-delà de 429,16 €	524,16 € + de 0 à 149,80 €
de 725,00 € à 1 022,49 €	51,04 € + 1/5 au-delà de 725,00 €	524,16 € + de 149,80 € à 387,80 €
de 1 022,50 € à 1 319,16 €	110,54 € + 1/4 au-delà de 1 022,50 €	524,16 € + de 387,80 € à 610,31 €
de 1 319,17 € à 1 615,83 €	184,70 € + 1/3 au-delà de 1 319,17 €	524,16 € + de 610,31 € à 808,09 €
de 1 615,84 € à 1 917,49 €	283,59 € + 2/3 au-delà de 1 615,84 €	524,16 € + de 808,09 € à 908,64 €
au delà de 1 917,49 €	484,69 € + totalité au-delà de 1 917,49 €	524,16 € + 908,64 €

Avec 2 personnes à charge

Salaire mensuel net	Fraction saisissable	Fraction insaisissable
de 524,16 € à 843,32 €	27,37 € + 1/10 au-delà de 547,49 €	524,16 € + de 0 à 262,21 €
de 843,33 € à 1 140,82 €	56,96 € + 1/5 au-delà de 843,33 €	524,16 € + de 262,21 € à 500,22 €
de 1 140,83 € à 1 437,49 €	116,45 € + 1/4 au-delà de 1 140,83 €	524,16 € + de 500,22 € à 722,72 €
de 1 437,50 € à 1 734,16 €	190,62 € + 1/3 au-delà de 1 437,50 €	524,16 € + de 722,72 € à 920,51 €
de 1 734,17 € à 2 035,82 €	289,50 € + 2/3 au-delà de 1 734,17 €	524,16 € + de 920,51 € à 1 021,06 €
au delà de 2 035,82 €	490,60 € + totalité au-delà de 2 035,82 €	524,16 € + 1 021,06 €

Avec 3 personnes à charge

Salaire mensuel net	Fraction saisissable	Fraction insaisissable
de 524,16 € à 961,65 €	33,29 € + 1/10 au-delà de 665,82 €	524,16 € + de 0 à 374,63 €
de 961,66 € à 1 259,15 €	62,87 € + 1/5 au-delà de 961,66 €	524,16 € + de 374,63 € à 612,63 €
de 1 259,16 € à 1 555,82 €	122,37 € + 1/4 au-delà de 1 259,16 €	524,16 € + de 612,63 € à 835,13 €
de 1 555,83 € à 1 852,49 €	196,54 € + 1/3 au-delà de 1 555,83 €	524,16 € + de 835,13 € à 1 032,92 €
de 1 852,50 € à 2 154,15 €	295,42 € + 2/3 au-delà de 1 852,50 €	524,16 € + de 1 032,92 € à 1 133,47 €
au delà de 2 154,15 €	496,52 € + totalité au-delà de 2 154,15 €	524,16 € + 1 133,47 €

Selon l'article L. 3252-3, alinéa 1 du code du travail : « Pour la détermination de la fraction insaisissable, il est tenu compte du montant de la rémunération, de ses accessoires ainsi que, le cas échéant, de la valeur des avantages en nature, après déduction des cotisations sociales obligatoires. » L'administration en déduit qu'entrent dans le champ du régime de la saisie et de la cession des rémunérations (circ. du 23 décembre 1992) :
• le salaire de base et les heures supplémentaires ;
• les accessoires et compléments du salaire, avantages en nature, primes ayant le caractère de salaire ;
• les pourboires (dans la mesure où ils sont centralisés par l'employeur) ;
• les indemnités de préavis et de congés payés ou les indemnités compensatrices ;
• les prestations ayant vocation à remplacer le salaire (allocations de chômage, IJSS maladie, IJSS maternité, IJSS accident de travail).
Le tout, après déduction des cotisations et contributions obligatoires.

Il a déjà été jugé, dans le même sens, qu'est saisissable et cessible l'indemnité de départ en retraite versée au salarié quittant volontairement l'entreprise pour bénéficier du droit à une pension de vieillesse dans la mesure où elle n'a pas pour objet de compenser un préjudice (Cass. soc., 30 janvier 2008, n° 06-17.531, RJS 4/08 n° 417). Cette solution est *a priori* également transposable à l'indemnité de non-concurrence, à l'allocation d'activité partielle et à l'indemnité chômage-intempéries.

D'autres sommes perçues par le salarié n'ont pas le caractère de salaire. Elles peuvent donc faire intégralement l'objet d'une saisie. Ce sont :
• l'indemnité de licenciement et l'indemnité pour rupture abusive (bien qu'elles aient le caractère de dommages-intérêts) ;
• l'indemnité de clientèle des VRP.

Enfin, certaines sommes ont une destination exclusivement alimentaire et sont donc totalement protégées. Il s'agit des :
• sommes allouées à titre de remboursement de frais exposés par le salarié ;
• allocations ou indemnités pour charge de famille versées par l'employeur ;
• prestations familiales ;
• indemnités en capital et rentes d'accident du travail.

En pratique, la fraction insaisissable est déterminée selon la périodicité de la paie, généralement au mois. Toutefois, si la rémunération comprend des variations dues par exemple à des primes dont la périodicité est différente de celle du salaire, on doit procéder, pour rechercher la quotité disponible, à l'étalement des divers éléments de la rémunération sur un cycle de 12 mois (en se servant de la tranche par an) commençant dès réception de la notification à l'employeur de la saisie ; une sorte de régularisation mensuelle progressive (comme pour les cotisations) mais pour les sept tranches du barème !
Les entreprises devraient calculer la saisie-arrêt avec cette règle, notamment quand un salarié qui se situe dans la tranche à un tiers ou deux tiers la plupart des mois perçoit une prime exceptionnelle (ou un treizième mois ou tout simplement des heures supplémentaires). Si on ne raisonne que mensuellement (selon le barème indiqué au dos de la feuille saisie-arrêt ou de l'avis à tiers détenteur), le salarié se voit prélever la quasi-intégralité de cette somme, alors que si l'entreprise pratique la régularisation annuelle, la prime complète d'abord les mois à un tiers (ou deux tiers) avant de « remplir » la tranche à 100 %. Malheureusement, ce calcul étant très complexe, même si le logiciel de paie permet de l'effectuer, trop peu d'employés au service Paie sont capables de l'expliquer au salarié qui en demanderait la justification.

Exercice 54 (niveau 1)

1) Quel est le montant de la saisie-arrêt pour un salarié ayant une personne à charge, une dette de 2 000 € et une somme soumise à saisie-arrêt de 1 500 € ?

2) Quel est le montant de la saisie-arrêt pour un salarié ayant trois personnes à charge, une dette de 2 000 € et une somme soumise à saisie-arrêt de 2 000 € ?

3) Quel est le montant de la saisie-arrêt pour un salarié sans personne à charge, avec une dette de 2 000 € et une somme soumise à saisie-arrêt de 2 500 € ?

Exercice 55 (niveau 3)

Ce mois de juin 2016, le service Paie vient de sortir les bulletins de paie « premier jet » (les bulletins à vérifier avant le passage définitif qui éditera les « vrais » bulletins de paie) quand la DRH l'informe qu'une saisie-arrêt d'un montant de 3 000 € concernant un salarié (avec deux personnes à charge) vient d'arriver.
Voici le bulletin de paie « premier jet » du salarié concerné :

BULLETIN DE PAIE
Période du 01/06/2016 au 30/06/2016

Employeur		Salarié	
Raison Sociale :		Nom :	Prénom :
Adresse :		Adresse :	
N° SIRET :	Code NAF :	N° SS :	
URSSAF :	N° de cotisant :	Emploi :	Classif. :
Convention collective :		Date d'ancienneté :	

Libellé des Rubriques	Base	Taux	Montant	Commentaires
Salaire	151,67		3 000,00	juin 2016
Prime d'ancienneté	3 000,00	5,00	150,00	Date d'entrée : 1 Mai 2005
Absence Maladie	13,00	105,00	-1 365,00	Plafond du mois : 3.218 €
Paiement Maladie	13,00	105,00	1 365,00	
I.J.S.S. "Brutes"	10,00	43,40	-434,00	
Garantie sur le net			-86,20	
Total Brut			**2 629,80**	

Cotisations	Base	Salariales		Patronales	
		Taux	Montant	Taux	Montant
Ass. Mal.Mat.Inv.décès	2 629,80	0,75	-19,72	12,84	337,67
Contribution Solidarité Autonomie	2 629,80			0,30	7,89
Accident du Travail	2 629,80			2,44	64,17
Allocations Familiales	2 629,80			3,45	90,73
Ass. Vieillesse Plafonnée	2 629,80	6,90	-181,46	8,55	224,85
Ass. Vieillesse Déplafonnée	2 629,80	0,35	-9,20	1,85	48,65
F.N.A.L. sur Brut	2 629,80			0,50	13,15
Chômage sur Tr. A + Tr. B	2 629,80	2,40	-63,12	4,00	105,19
A.G.S. sur Tr. A + Tr. B	2 629,80			0,25	6,57
A.R.R.CO sur Tr. 1	2 629,80	3,10	-81,52	4,65	122,29
A.G.F.F. sur Tr. 1	2 629,80	0,80	-21,04	1,20	31,56
Mutuelle "Frais de Santé"			-50,00		50,00
Forfait Social	50,00			8,00	4,00
C.S.G. déductible	2 633,78	5,10	-134,32		
Autres charges patronales	2 629,80			4,996	131,38
Total cotisations			**-560,38**		**1 238,10**

	Base	Taux	Montant	
Net fiscal			**2 119,42**	
I.J.S.S. "Nettes"			404,92	Règlement par virement
Acompte			-500,00	sur le compte
Pension Alimentaire			-250,00	Code Banque :
C.S.G. non déductible	2 633,78	2,40	-63,21	Code Guichet :
C.R.D.S. non déductible	2 633,78	0,50	-13,17	N° Compte :
Net à payer			**1 647,96**	

CUMULS depuis le 1er Janvier 2016		
Heures :	Brut S.S.	Net Fiscal :

Pour faire valoir vos droits, ce bulletin de paie doit être conservé sans limitation de durée

Déterminer la somme soumise à saisie-arrêt et le montant de sa saisie-arrêt pour ce mois de juin 2016.

21. L'indemnité de précarité d'emploi (CDD)

Rappel, extrait du livre *La paie, ça s'apprend*

À l'issue de son contrat à durée déterminée, le salarié a droit à une indemnité « destinée à compenser la précarité de son contrat », appelée « indemnité de précarité d'emploi » ou encore « indemnité de fin de contrat » (bien que cette dernière dénomination me semble plus appropriée pour l'indemnité versée aux salariés intérimaires).

Toutefois, cette indemnité n'a pas à être versée en cas :
- de rupture anticipée due à l'initiative du salarié, à sa faute grave ou à un cas de force majeure ;
- de refus du salarié d'être embauché sous CDI ;
- de rupture du contrat de travail pendant la période d'essai.

Par ailleurs, ne donnent pas droit à cette indemnité les CDD conclus :
- pour pourvoir des emplois de caractère saisonnier ;
- dans les secteurs où il est d'usage de ne pas recourir au CDI pour les emplois temporaires ;
- dans le cadre des dispositions législatives ou réglementaires destinées à favoriser l'embauche ;
- avec l'obligation pour l'employeur d'apporter au salarié un complément de formation ;
- avec des jeunes pendant leurs vacances scolaires ou universitaires.

Pour tous les contrats conclus (ou renouvelés) depuis le 20 janvier 2002, cette indemnité doit être égale à 10 % de la rémunération totale brute (au lieu de 6 % sous le régime antérieur – mais attention, un taux limité à 6 % peut s'appliquer si une convention ou un accord collectif de branche étendu applicable à l'entreprise ou une convention ou un accord d'entreprise ou d'établissement le prévoit, dès lors que des contreparties telles qu'un accès privilégié à la formation professionnelle des salariés en CDD, comme des actions de développement des compétences, bilan de compétences à suivre en dehors du temps de travail..., sont prévues ; une proposition individuelle d'accès à la formation doit avoir été effectivement faite au salarié par l'employeur. Enfin, un taux plus élevé peut être imposé par la convention ou l'accord collectif applicable à l'entreprise. Le taux de l'indemnité s'applique à la totalité de la rémunération brute, y compris les majorations, indemnités et primes diverses, telles que primes de vacances, primes de fin d'année, primes de treizième mois perçues par le salarié titulaire d'un CDD (circ. DRT n° 92-14, 29 août 1992).

Elle est donc soumise à toutes les règles concernant les salaires. En particulier, elle doit être incluse dans l'assiette de calcul de l'indemnité compensatrice de congés payés. En revanche, l'indemnité de fin de contrat ne doit pas être prise en compte lorsqu'il s'agit de vérifier que la rémunération des salariés sous contrat à durée déterminée est la même, pour le même emploi, que celle des salariés sous contrat à durée indéterminée. Elle est aussi soumise à l'impôt sur le revenu, aux cotisations de Sécurité sociale, à la CSG et à la CRDS (C. Séc. soc., art. L. 242-1).

L'indemnité de fin de contrat doit être versée à l'issue du contrat, en même temps que le dernier salaire et doit figurer sur le bulletin de salaire correspondant (C. trav., art. L. 1243-8).

Exercice 56 (niveau 3)

Un salarié de 25 ans est embauché en CDD pour surcroît temporaire d'activité le lundi 2 mai 2016 dans une entreprise de plus de 100 salariés. Son salaire de base mensuel est de 3 100 €. Ses droits à congés payés sont de 27 jours ouvrés par an. Il acquiert 0,5 jour de RTT toutes les quatre semaines. Il a droit à des titres-restaurants d'une valeur faciale de 10 € pour une participation salariale de 3 €. Les jours fériés sont non travaillés mais lui sont payés normalement. L'entreprise a une mutuelle frais de santé de 50 € (part salariale et part patronale) ainsi qu'une prévoyance complémentaire basée sur la tranche A au taux de 1 % pour le salarié et de 2 % pour l'employeur. Son contrat se termine le vendredi 24 juin 2016.
Faire les deux bulletins de paie avec les modèles qui suivent.

Bulletin de paie de mai 2016

Libellé des Rubriques	Base	Taux	Montant	Commentaires
Salaire			3 100,00	mai 2016
				Date d'entrée : 2 mai 2016
				Plafond du mois : €
Total Brut				

Cotisations	Base	Salariales		Patronales	
		Taux	Montant	Taux	Montant
Ass. Mal.Mat.Inv.décès					
Contribution Solidarité Autonomie					
Accident du Travail					
Allocations Familiales					
Ass. Vieillesse Plafonnée					
Ass. Vieillesse Déplafonnée					
F.N.A.L. sur Brut					
Chômage sur Tr. A+Tr. B					
A.G.S. sur Tr. A+Tr. B					
A.R.R.CO sur Tr. 1					
A.G.F.F. sur Tr. 1					
A.R.R.CO sur Tr. 2					
A.G.F.F. sur Tr.2					
Mutuelle "Frais de Santé"			-50,00		50,00
Prévoyance sur Tr. A		1,00		2,00	
Forfait Social					
C.S.G. déductible					
Autres charges patronales				4,996	
Total cotisations					
Net fiscal					
C.S.G. non déductible					
C.R.D.S. non déductible					
Net à payer					

Bulletin de paie de juin 2016

Libellé des Rubriques	Base	Taux	Montant	Commentaires	
Salaire			3 100,00	juin 2016	
				Date sortie : 24 juin 2016	
				Plafond du mois : €	
Total Brut					
Cotisations	**Base**	**Salariales**		**Patronales**	
		Taux	**Montant**	**Taux**	**Montant**
Ass. Mal.Mat.Inv.décès					
Contribution Solidarité Autonomie					
Accident du Travail					
Allocations Familiales					
Ass. Vieillesse Plafonnée					
Ass. Vieillesse Déplafonnée					
F.N.A.L. sur Brut					
Chômage sur Tr. A + Tr. B					
A.G.S. sur Tr. A + Tr. B					
A.R.R.CO sur Tr. 1					
A.G.F.F. sur Tr. 1					
A.R.R.CO sur Tr. 2					
A.G.F.F. sur Tr. 2					
Mutuelle "Frais de Santé"			-50,00		50,00
Prévoyance sur Tr. A		1,00		2,00	
Forfait Social					
C.S.G. déductible					
Autres charges patronales				4,996	
Total cotisations					
Net fiscal					
C.S.G. non déductible					
C.R.D.S. non déductible					
Net à payer					

Pour vous aider, voici un petit tableau de régularisation mensuelle progressive.

Plafond : 3 218,00

Le brut cumulé est-il <ou> au plafond cumulé ?

⇩

Mois	Brut du mois	**Brut Cumulé**	>/<	Nb 30èmes	Plafond du mois	**Plafond Cumulé**	**Tranche 1 Cumulée**	Tranche 1 du mois	**Tranche 2 Cumulée**	Tranche 2 du mois
Mai										
Juin										

22. L'indemnité légale de licenciement

Rappel, extrait du livre *La paie, ça s'apprend*

L'indemnité légale de licenciement est le minimum que peut toucher un salarié en cas de licenciement. Elle est due s'il n'y a pas de convention collective ou dans le cas où l'application de la convention collective en vigueur est moins favorable pour le salarié. Pour pouvoir en bénéficier, il faut avoir une ancienneté minimale de 12 mois en continu (24 mois avant le 1er mai 2008) et bien sûr ne pas être licencié à la suite d'une faute grave (l'ancienneté est appréciée compte tenu du préavis même si celui-ci n'est pas exécuté).
Elle n'est pas due au terme d'un CDD, ni à la fin d'un contrat d'apprentissage, ni dans certains cas de force majeure (incarcération de longue durée, destruction totale de l'entreprise à la suite d'un incendie), ni en cas d'inaptitude du salarié, à condition qu'elle ne soit pas consécutive à un accident du travail ou à une maladie professionnelle.

Le montant de l'indemnité légale de licenciement (motif personnel ou économique)

L'indemnité est calculée sur la base du salaire brut perçu juste avant la rupture du contrat de travail. En prenant le calcul le plus avantageux pour le salarié, on se basera :
• soit sur la moyenne des trois derniers mois qui précèdent le départ du salarié. Dans ce cas, toute prime ou gratification de caractère annuel ou exceptionnel, versée au salarié pendant cette période, n'est prise en compte que dans la limite d'un montant calculé à due proportion ;
• soit sur la moyenne des douze derniers bruts (salaires et primes ou indemnités soumises diverses) qui précèdent la notification au salarié.

Si le salarié est mensualisé, **le montant de l'indemnité légale de licenciement est de 1/5e de mois par année de présence. Au-delà de 10 ans, l'indemnité est majorée de 2/15e par année d'ancienneté**. Important : les mois de présence sont à compter en centièmes d'années.
Exemple : Pour 16 ans et 3 mois d'ancienneté, l'indemnité sera de 16,25/5e + 12,50/15e, soit un total de 4,08 mois de salaire.

Quant à la valeur du « mois », selon l'article R. 1234-4 du code du travail : Le salaire à prendre en considération pour le calcul de l'indemnité de licenciement est, selon la formule la plus avantageuse pour le salarié :
• soit le douzième de la rémunération des douze derniers mois précédant le licenciement ;
• soit le tiers des trois derniers mois. Dans ce cas, toute prime ou gratification de caractère annuel ou exceptionnel, versée au salarié pendant cette période, n'est prise en compte que dans la limite d'un montant calculé à due proportion.

Exercice 57 (niveau 3)

Un salarié a été embauché en CDI le 1er octobre 2000 dans une entreprise de plus de 100 salariés. Son licenciement pour motif économique lui a été notifié le 1er juillet 2016. Il doit bénéficier de trois mois de préavis mais il est dispensé par son employeur de l'effectuer à partir du 1er août. Son salaire de base depuis le 1er janvier 2015 est de 2 300 €. Depuis cette date, il n'a eu aucune absence et hormis la prime de vacances (équivalente à son salaire de base) habituellement versée fin juillet, il n'a bénéficié d'aucune autre prime. Au 1er juillet 2016, suite à des négociations salariales signées en avril, son salaire de base passe à 2 400 €. Son entreprise donne deux jours ouvrés de plus que la loi. Au moment de son départ (le 31 juillet), ses droits aux congés payés 2015/2016, calculés en jours ouvrés, n'étaient pas consommés. La mutuelle « Frais de santé » est de 50 € pour le salarié et pour l'employeur.

Calculer son indemnité de licenciement et faire son bulletin de paie « solde de tout compte » de juillet 2016 à l'aide du modèle suivant :

Libellé des Rubriques	Base	Taux	Montant	Commentaires
Salaire de base				juillet 2016
Prime de vacances				Date de sortie : 30 Septembre 2016
Préavis non effectué payé				
Ind. Comp. C.P. "écoulés"				
Ind. Comp. C.P. "en cours"				
Total Brut				

Cotisations	Base	Salariales		Patronales	
		Taux	Montant	Taux	Montant
Ass. Mal.Mat.Inv.décès					
Cont. Solidarité Autonomie					
Accident du Travail					
Allocations Familiales					
Ass. Vieillesse Plafonnée					
Ass. Vieillesse Déplafonnée					
F.N.A.L. sur Brut					
Chômage sur Tr. A+Tr. B					
A.G.S. sur Tr. A+Tr. B					
A.R.R.CO sur Tr. 1					
A.G.F.F. sur Tr. 1					
A.R.R.CO sur Tr. 2					
A.G.F.F. sur Tr.2					
Mutuelle "Frais de Santé"					
Prévoyance sur Tr. A		1,00		2,00	
Forfait social					
C.S.G. déductible					
Allègement "Fillon"					
Autres charges patronales				4,996	
Total cotisations					
Net fiscal					
Indemnité de licenciement					
C.S.G. non déductible					
C.R.D.S. non déductible					
Net à payer					

23. L'indemnité contractuelle de licenciement

Rappel, extrait du livre *La paie, ça s'apprend*

L'indemnité contractuelle de licenciement, dans la mesure où elle a bien le caractère de dommages et intérêts, échappe à l'impôt sur le revenu et aux cotisations sociales.

Limite fiscale

Cependant, il faut tenir compte de l'article 80 duodecies 1, 3, instauré depuis la loi de finances pour l'an 2000. Cet article pose en principe que toute indemnité versée à l'occasion de la rupture du contrat de travail constitue une rémunération imposable. Toutefois, l'article atténue le dispositif puisque l'indemnité de licenciement (versée hors plan de sauvegarde) est exonérée à hauteur du montant le plus élevé entre :
• soit 50 % du montant de l'indemnité versée au salarié ou deux fois la rémunération annuelle brute perçue par le salarié durant l'année civile précédant la rupture. La fraction exonérée au titre de ces deux critères ne pouvant pas excéder six plafonds annuels de Sécurité sociale en vigueur à la date de versement de l'indemnité (soit 231 696 € en 2016) ;
• soit le montant légal ou conventionnel de l'indemnité de licenciement (sans limite de montant).
Les indemnités de clientèle, de rupture conventionnelle (d'un salarié n'étant pas en droit de bénéficier d'une pension de vieillesse) ou transactionnelle sont également exonérées d'impôt dans les mêmes limites que l'indemnité de licenciement.

Limite sociale

La fraction des indemnités de licenciement exonérée d'impôts sur le revenu est également exonérée de cotisations de Sécurité sociale et des charges ayant la même assiette, mais dans une certaine limite. La partie d'indemnité excédant cette limite est assujettie à cotisations, même si elle est exonérée d'impôts.
La fraction exonérée de cotisations est le plus petit des deux montants suivants (circ. DSS/SD5B 2011-145 du 14 avril 2011) :
• la part qui est exonérée d'impôt sur le revenu ;
• la limite de deux plafonds annuels de Sécurité sociale (77 232 € en 2016).
Autrement dit : la fraction des indemnités de rupture imposable est forcément soumise à cotisations. Mais si elle est exonérée d'impôt, elle n'échappe pas pour autant aux cotisations.

Limite des CSG/CRDS

Les indemnités de rupture du contrat de travail sont soumises aux CSG et à la CRDS au-delà de leur montant légal ou conventionnel et, en tout état de cause, pour la fraction soumise aux cotisations (Code Séc. soc., art. L. 132-2, II, 5°).
La fraction exonérée de CSG/CRDS est la plus petite des deux limites suivantes :
• la part correspondant au montant légal ou conventionnel de l'indemnité de rupture ;
• la part exclue de l'assiette des cotisations.
Ces CSG/CRDS se calculent sans abattement de frais professionnels (Code Séc. soc., art. L. 136-2, I).

Nota bene : La CSG calculée sur les sommes exonérées à la fois d'impôt et de cotisations est intégralement non déductible, même pour la part qui l'est habituellement. En revanche, elle reste déductible pour 5,10 % lorsqu'elle porte sur la fraction imposable et/ou assujettie à cotisations.

Exercice 58 (niveau 3)

Un salarié cadre embauché le 1er septembre 2005 a été licencié le 30 octobre 2015.
Suite à un accord, il a soldé ses congés payés au cours des trois mois de préavis qu'il a effectué du 1er novembre au 31 janvier 2016.
Son salaire forfaitaire est de 3 500 € par mois depuis le 1er janvier 2015.
Son indemnité de licenciement conventionnelle est d'un mois de salaire par année complète d'ancienneté.
Une indemnité transactionnelle lui a été accordée pour un montant de 45 000 €.

Établir son bulletin de paie « solde de tout compte » de janvier 2016 à l'aide du modèle suivant :

Libellé des Rubriques	**Base**	**Taux**	**Montant**	**Commentaires**	
Préavis	151,67		3 500,00	**janvier 2016**	
Indemnité de rupture soumise				Date de sortie : 31 janvier 2016	
Total Brut					
Cotisations	**Base**	**Salariales**		**Patronales**	
		Taux	**Montant**	**Taux**	**Montant**
Ass. Mal.Mat.Inv.décès		0,75		12,84	
Contribution Solidarité Autonomie				0,30	
Accident du Travail				2,44	
Allocations Familiales				3,45	
Allocations Familiales Suppl.				1,80	
Ass. Vieillesse Plafonnée		6,90		8,55	
Ass. Vieillesse Déplafonnée		0,35		1,85	
F.N.A.L. sur Brut				0,50	
Chômage sur Tr. A+Tr. B		2,40		4,00	
A.G.S. sur Tr. A+Tr. B				0,25	
A.R.R.CO. sur Tr. A		3,10		4,65	
A.G.F.F. sur Tr. A		0,80		1,20	
A.G.I.R.C. sur Tr. B (GMP)		7,80		12,75	
A.G.F.F. sur Tr. B + Tr. C		0,90		1,30	
A.P.E.C. sur Tr. A + Tr. B		0,024		0,036	
C.E.T. sur Tr. A + B + C		0,13		0,22	
Mutuelle "Frais de Santé"			-50,00		50,00
Prévoyance sur Tr. A		2,00		3,00	
Forfait Social				8,00	
C.S.G. déductible (sur salaire)		5,10			
C.S.G. déductible (sur Ind. Rupt.)		5,10			
Autres charges patronales				4,996	
Total cotisations					
Reprise Ind. de rupture soumise					
Net fiscal					
C.S.G. non déd. (sur salaire)		2,40			
C.S.G. non déd. (sur Ind. Rupt.)		2,40			
C.R.D.S. non déd. (sur salaire)		0,50			
C.R.D.S. non déd. (sur Ind. Rupt.)		0,50			
CSG/CRDS non déd. (Ind. Rupt.)		8,00			
Indemnité de rupture (soumise à cot.)					
Indemnité de rupture (non soum. à cot.)					
Net à payer					

CORRIGÉS DES EXERCICES

PARTIE II

1. Les mentions obligatoires du bulletin de paie

Corrigé de l'exercice 1 (niveaux 1, 2 et 3)

M. Marcel Dupont, célibataire, comptable dans l'entreprise STEC (profilage à froid par formage ou pliage de l'acier) a un salaire de base de 3 300 €. L'entreprise comporte 120 salariés et calcule les congés payés en jours ouvrés. Elle donne des titres-restaurants (valeur faciale de 8,34 €, participation patronale de 60 %). Ce mois de mars 2016, il a fait une journée de grève le jeudi 3 et a pris une semaine de congés payés la semaine du lundi 21 au dimanche 27. Voici le bulletin qu'il a reçu :

Bulletin juste

BULLETIN DE PAIE

Période du 1 Mars 2016 au 31 Mars 2016

Employeur	Salarié
Raison Sociale : STEC Provence	**Nom** : DUPONT **Prénom** : Marcel
Adresse : ZAC Les Rives Bleues, 130015 Marseille	**Adresse** : 12 allée des cerisiers, 13001 Marseille
N° SIRET : 381 524 629 00020 **Code NAF** : 2423Z	**N° SS** : 1690513356589
URSSAF : 20 av. Viton, 13009 Marseille **N° de cotisant** : 130015879123	**Emploi** : Comptable **Classif.** : N2E2
Convention collective : Industries métallurgiques des Bouches du Rhône	**Date d'ancienneté** : 01/07/2002

Libellé des Rubriques	Base	Taux	Montant	Commentaires
Salaire	151,67		3 300,00	mars 2016
Absence Non Payée	7,00	20,497	-143,48	
Absence Congés Payés	5,00	110,000	-550,00	Plafond du mois : 3.218 €
Paiement Congés Payés	5,00	158,400	792,00	
Total Brut			**3 398,52**	

Cotisations	Base	Salariales Taux	Salariales Montant	Patronales Taux	Patronales Montant
Ass. Mal.Mat.Inv.décès	3 398,52	0,75	-25,49	12,84	436,37
Contribution Solidarité Autonomie	3 398,52			0,30	10,20
Accident du Travail	3 398,52			2,44	82,92
Allocations Familiales	3 398,52			3,45	117,25
Allocations Familiales Supplémentaires	3 398,52			1,80	61,17
Ass. Vieillesse Plafonnée	3 218,00	6,90	-222,04	8,55	275,14
Ass. Vieillesse Déplafonnée	3 398,52	0,35	-11,89	1,85	62,87
F.N.A.L. sur Brut	3 398,52			0,50	16,99
Chômage sur Tr. A + Tr. B	3 398,52	2,40	-81,56	4,00	135,94
A.G.S. sur Tr. A + Tr. B	3 398,52			0,25	8,50
A.R.R.CO sur Tr. 1	3 218,00	3,10	-99,76	4,65	149,64
A.G.F.F. sur Tr. 1	3 218,00	0,80	-25,74	1,20	38,62
A.R.R.CO sur Tr. 2	180,52	8,10	-14,62	12,15	21,93
A.G.F.F. sur Tr. 2	180,52	0,90	-1,62	1,30	2,35
Mutuelle "Frais de Santé"			-50,00		50,00
Forfait Social / Frais de Santé	50,00			8,00	4,00
C.S.G. déductible	3 389,05	5,10	-172,84		
Autres charges patronales	3 398,52			4,996	169,79
Total cotisations			**-705,56**		**1 643,68**

Libellé	Base	Taux	Montant	Commentaires
Net fiscal			**2 742,96**	**Commentaires**
Indemnités de Transport			55,00	Congés Payés
Déduction des Titres Restaurants	16,00	5,00	80,00	du 21 au 25 mars 2016
Saisie-Arrêt			-1 324,42	
C.S.G. non déductible	3 389,05	2,40	-81,34	
C.R.D.S. non déductible	3 389,05	0,50	-16,95	
Net à payer			**1 405,26**	

CUMULS depuis le 1er Janvier 2016		
Heures : 455	Brut S.S. : 9.777,00 €	Net Fiscal : 7.698,16 €

Pour faire valoir vos droits, ce bulletin de paie doit être conservé sans limitation de durée

Erreur n° 1 : Emploi
L'article R. 3243-1 le mentionne dans son quatrième paragraphe : l'emploi du salarié doit être précis. Le terme « agent administratif » est trop vague pour un comptable. Pourquoi ne pas indiquer tout simplement « comptable » à côté de « emploi : » ?

Erreur n° 2 : Absence grève
L'article R. 3243-4 interdit toute mention du mot « grève » sur un bulletin de paie. L'absence due à la grève est souvent remplacée par des termes plus flous tels que « absence non autorisée non payée » ou plus simplement « absence non payée ». C'est cette dernière solution que j'ai choisie sur le bulletin corrigé. De plus, elle doit être calculée selon la méthode des heures réelles (Cour de cassation, voir plus loin le corrigé 37).

Erreur n° 3 : Les dates des congés payés
L'article R. 3243-1 demande (dans le point n° 11) que les dates de congé soient indiquées sur le bulletin de paie. Dans un arrêt de la Cour de cassation (Cass. soc., 23 octobre 2013, n° 11-26.318, n° 1734 FS-D ; *B. c/ Sté Pan Européenne* : RJS 1/14 n° 65), il est rappelé qu'« il appartient à l'employeur de prendre les mesures propres à assurer au salarié la possibilité d'exercer effectivement son droit à congé, et, en cas de contestation, de justifier qu'il a accompli à cette fin les diligences qui lui incombent légalement ». Il faut donc mettre les dates des congés payés sur le bulletin, par exemple en commentaires (certaines entreprises peuvent indiquer ces dates dans le libellé des rubriques d'absence et de paiement selon leur logiciel de paie).

Erreur n° 4 : Les allocations familiales
En mars 2016, doit se déclencher une ligne « Allocations familiales suppl. » à 1,80 % car le brut dépasse 1,6 SMIC.

Erreur n° 5 : Le forfait social/frais de santé
Il est par exception réduit à 8 % concernant notamment la prévoyance santé, et non au taux de droit commun de 20 %.

Erreur n° 6 : La base des CSG et CRDS
Elle n'est calculée que sur le brut à 98,25 % alors qu'on doit rajouter 100 % de la cotisation patronale de prévoyance frais de santé.

Erreur n° 7 : Le nombre de titres-restaurants n'est pas correct
Si le mois de mars 2016 comporte bien 23 jours de travail théoriques, il y a néanmoins un jour férié (le 28 mars qui est le lundi de Pâques), une journée de grève et une semaine (5 jours ouvrés) de congés payés. Le bon nombre de titres-restaurants est donc 23 – 1 – 1 – 5 = 16.

Erreur n° 8 : Le montant de la saisie-arrêt
Le calcul de la saisie-arrêt est assez complexe. C'est un barème fiscal qui tient compte à la fois de la situation familiale du salarié (nombre de personnes à charge) et de son salaire brut (dont on déduit les cotisations et les CSG et CRDS). On divise le résultat obtenu en tranches (déterminées par le barème) et on applique un pourcentage de retenue sur chacune de ces tranches. Dans notre cas, on ne devrait retenir que 1 342,42 €.

Erreur n° 9 : La mention incitative à conserver le bulletin
L'article R. 3243-5 demande que le bulletin de paie comporte en caractères apparents une mention incitant le salarié à le conserver sans limitation de durée. Or cette mention n'est pas présente sur le bulletin.

2. Le salaire de base

Corrigé de l'exercice 2 (niveau 1)

Un salarié vient d'être embauché à temps plein dans une entreprise de nettoyage.
L'entreprise lui propose :
• de le loger dans un appartement de fonction (un F2), correspondant à un avantage en nature de 72,60 € ;
• avec un salaire mensuel de 1 300 € ;
• une prime mensuelle fixe de production de 100 € ;
• une indemnité mensuelle de transport de 55 €.
Pour vous, la paie de ce salarié respecte-t-elle le SMIC ? Si votre réponse est négative, quel serait le montant de l'indemnité différentielle qui corrigerait cette anomalie ?

Sa paie totale est de : 1 300 € (salaire de base) + 72,60 € (avantage en nature) + 100 € (prime de production) = 1 472,60 €.
Même en ne tenant pas compte de la prime de transport, le SMIC est respecté. Il n'y a donc pas d'indemnité différentielle.

Corrigé de l'exercice 3 (niveau 1)

Cet autre salarié vient d'être lui aussi embauché à temps plein dans cette même entreprise de nettoyage.
L'entreprise lui propose :
• un salaire mensuel de 1 200 € ;
• une indemnité panier quotidienne de 6,30 € ;
• un treizième mois payé par douzième chaque mois ;
• des heures supplémentaires mensuelles de 17 h 33.
Pour vous, la paie de ce salarié respecte-t-elle le SMIC ? Si votre réponse est négative, quel serait le montant de l'indemnité différentielle qui corrigerait cette anomalie ?

Sa paie totale est de : 1 200 € (salaire de base) + 100 € (treizième mois) = 1 300 €.
Dans ce cas, le SMIC n'est pas respecté.
L'indemnité différentielle sera de 1 466,65 € – 1 300 € = 166,65 €.

L'indemnité panier correspondant au montant maximal non soumis à cotisations ne rentre pas dans le calcul du SMIC.
Si les heures supplémentaires entrent bien dans le brut du salarié pour un montant de 171,35 € (1 200 €/151 h 67 x 17 h 33 x 125 %), on ne doit pas en tenir compte pour l'appréciation du SMIC (Code du trav., art. D. 3231-6).

3. Les avantages en nature

Corrigé de l'exercice 4 (niveau 1)

Ce salarié ouvrier spécialisé travaille dans une petite entreprise familiale pour un salaire de base de 1 800 € brut par mois. Chaque jour, à midi, la femme du patron prépare un repas que tous les salariés partagent. Ce mois d'octobre 2016, il est présent tous les jours du mois.

Bulletin de paie (simplifié) d'octobre 2016

Libellés	Calculs intermédiaires	Sommes en -	Sommes en +
Salaire de base			**1 800,00**
Av. en Nature "Nourriture"	4,7 € X 21 (21 = Nombre de jours ouvrés)		**98,70**
Total du Brut	1800 + 98,7		**1 898,70**
Montant des cotisations (20%)	1898,7 X 20%	**379,74**	
Net fiscal	1898,7 - 379,74		**1 518,96**
Reprise Av. Nat. "Nourriture"	Il faut déduire le montant ajouté au brut	**98,70**	
Net à payer	1518,96 - 98,7		**1 420,26**

Le repas préparé par la femme du patron est assimilé à du salaire par le code du travail (art. L. 3221-3 : « Constituent une rémunération le salaire ou traitement ordinaire de base ou minimum et tous les autres avantages et accessoires payés directement ou indirectement, en espèces ou en nature, par l'employeur au salarié en raison de l'emploi de ce dernier »). Il constitue donc un avantage en nature, qualifié de « nourriture », considéré comme étant un élément de rémunération et qui doit donc donner lieu à cotisations. Le repas préparé par la femme du patron n'ayant pas de facture, il faut l'évaluer forfaitairement. La Sécurité sociale donne tous les ans la valeur de l'avantage en nature « nourriture ». Cette année 2016, chaque repas fourni par l'employeur est évalué à 4,70 €. Ces 4,70 € sont multipliés par le nombre de repas pris dans le mois et le montant obtenu est rajouté au salaire de base pour donner le total brut. Sur ce brut, on prélève les cotisations (20 %, tant qu'on n'aura pas étudié cette partie du bulletin) pour fournir le net fiscal (la somme à déclarer pour les impôts sur le revenu). L'employeur n'allant pas nourrir son salarié et lui donner en plus une somme d'argent, il faut retirer le même montant pour avoir la somme à payer en fin de mois au salarié.

Corrigé de l'exercice 5 (niveau 1)

Ce salarié, bûcheron, travaille dans une petite scierie familiale perdue en pleine forêt pour un salaire de base de 1 800 € brut par mois. Chaque lundi matin, il rejoint la scierie. Il retourne à la ville tous les vendredis à 16 heures, le travail de la semaine terminé. La femme du patron prépare un repas midi et soir. Durant la semaine, il est logé dans un petit F2. Ce mois d'octobre 2016 qui comporte quatre week-ends, il est présent tous les jours du mois.

Bulletin de paie (simplifié) d'octobre 2016

Libellés	Calculs intermédiaires	Sommes en -	Sommes en +
Salaire de base			1 800,00
Av. en Nature "Nourriture"	4,7 € X 38 (38 = Nombre de jours ouvrés)		178,60
Av. en Nature "Logement"	68 € X 2 pièces		136,00
Total du Brut	1800 + 178,6 + 136		2 114,60
Montant des cotisations (20%)	2114,6 X 20%	422,92	
Net fiscal	2114,6 - 422,92		1 691,68
Reprise Av. Nat. "Nourriture"	Il faut déduire le montant ajouté au brut	178,60	
Reprise Av. Nat. "Logement"	Il faut déduire le montant ajouté au brut	136,00	
Net à payer	1691,68 - 178,6 - 136		1 377,08

Les repas préparés par la femme du patron sont assimilés à du salaire comme vu dans l'exercice précédent. Le mois ayant 21 jours ouvrés et notre salarié prenant son repas midi et soir, on pense qu'il y aura 42 repas de comptés. Mais s'il rentre chez lui le vendredi à 16 heures, il faut lui enlever les repas qu'il aurait pris les quatre vendredis soir. Soit 42 – 4 = 38 repas. Ces 38 repas étant évalués forfaitairement à 4,70 € chacun, il faut donc rajouter 178,60 € (38 x 4,70 €) à son salaire brut en avantage en nature « Nourriture ».

Il est également logé. Pour la Sécurité sociale, lorsqu'un employeur, propriétaire ou locataire d'une habitation, la met à disposition d'un salarié gratuitement, il doit évaluer un avantage en nature logement et le soumettre au paiement des cotisations. L'avantage en nature logement est calculé au mois le mois en fonction de la rémunération brute mensuelle. La rémunération à prendre en compte s'entend du salaire brut mensuel soumis à cotisations (rémunération principale, primes, gratifications, indemnités en espèces entrant normalement dans la base de cotisations sociales), avant incorporation de l'avantage en nature (l'avantage en nature dont il est question est bien sûr le logement). Dans l'hypothèse où un salarié perçoit des rémunérations inégales en cours d'année, l'évaluation ne peut pas se faire annuellement par calcul d'une rémunération mensuelle moyenne, mais doit se faire mensuellement sur la paie du mois en cours. Autrement dit, en fonction du brut, il faut calculer cet avantage tous les mois. Et selon qu'il y ait des heures supplémentaires, un treizième mois, des primes, ou *a contrario* des absences non payées, la valeur de l'avantage en nature « logement » peut varier considérablement d'un mois à l'autre. Certaines personnes pensent qu'on ne doit pas intégrer les avantages en nature « Nourriture » dans la rémunération mensuelle brute. Mais, d'une part, ils sont soumis à cotisations (et par conséquent cela serait contraire à l'expression « salaire brut soumis à cotisations ») et d'autre part l'Urssaf précise sur son site Internet que « lorsque le salarié se trouve en suspension de contrat sans maintien de salaire, il faut considérer que ce salarié est rémunéré exclusivement par des avantages en nature. En conséquence, l'avantage logement doit être évalué sur la base de la première tranche du barème ». Donc, non seulement, les avantages en nature « Nourriture » font

partie de la rémunération mensuelle brute, mais même si le brut est à zéro, il faut faire comme s'il y avait des avantages en nature et donc prendre la première tranche du barème.
Pour cet exercice, pour évaluer l'avantage en nature « logement », la rémunération de référence est donc 1 978,60 € (1 800 € + 178,60 €). Ce qui nous amène à la troisième tranche du barème (rémunération comprise entre 1 930,80 € et 2 252,60 €) selon laquelle chaque pièce du logement est évaluée à 68 €. Le logement de notre salarié en ayant deux, la valeur de l'avantage en nature « Logement » est donc de 136 € (68 € x 2).
Le brut est donc : 1 800 € + 178,60 € + 136 € = 2 214,60 €.
Le net à payer (selon le raisonnement suivi à l'exercice précédent) est de 1 377,08 € (2 214,60 € – les cotisations à 20 % – la reprise des deux avantages en nature).

Nota bene : Le but de cet exercice est de vous familiariser avec la logique des avantages en nature. Les plus avisés d'entre vous, connaissant le code général des impôts, peuvent appliquer un abattement de sujétion de 30 % sur la valeur du logement, « le salarié étant contraint de demeurer sur place pour effectuer son travail ». Ce qui ramènerait l'avantage en nature logement à 95,20 € (136 € – 30 %).

Corrigé de l'exercice 6 (niveau 1)

Ce salarié de la région des Pays de la Loire travaille à temps plein en équipe 2 x 8 (l'équipe du matin faisant 5 h-midi, l'équipe de l'après-midi ayant un horaire de midi à 17 heures), dans une grande entreprise du bâtiment pour un salaire de base de 2 000 € brut par mois.
Il fait partie de l'équipe du matin. La convention collective du bâtiment octroie un panier de 10 € par jour travaillé au personnel en équipe, qu'il soit ou pas en déplacement.
Ce mois de juin 2016, il est affecté une semaine en déplacement dans le sud de la France.

Bulletin de paie (simplifié) de juin 2016 (22 jours ouvrés)

Libellés	Calculs intermédiaires	Sommes en -	Sommes en +
Salaire de base			**2 000,00**
Paniers Soumis (Jour & Nuit)	(10 (mt conv.) - 6,3 (limite d'exo)) X 17		**62,90**
Paniers Soumis (Déplacement)	(10 (mt conv.) - 8,9 (limite d'exo)) X 5		**5,50**
Total du Brut	2000 + 62,9 + 5,5		**2 068,40**
Montant des cotisations (20%)	2068,4 X 20%	**413,68**	
Net fiscal	2068,4 - 413,68		**1 654,72**
Paniers Non Soumis (J & N)	6,3 (Montant exonéré/panier) X 17		**107,10**
Paniers Non Soumis (Dépl,)	8,9 (Montant exonéré/panier) X 5		**44,50**
Net à payer	1654,72 + 107,1 + 44,5		**1 806,32**

Avec cet exercice, nous abordons tranquillement les limites d'exonération des frais professionnels.
La convention collective du bâtiment des Pays de la Loire indemnise les paniers à hauteur de 10 €, que le salarié soit ou pas en déplacement. Suivant l'énoncé, s'il est une semaine en déplacement, notre salarié bénéficiera donc de 17 paniers (jour et nuit) et de 5 paniers (déplacement).
La limite d'exonération pour cette année 2016 est de 6,30 € pour les paniers (jour et nuit) et de 8,90 € pour les paniers (déplacement). Ces montants sont donc exonérés de cotisations et d'impôts multipliés par le nombre de jours correspondants.
C'est ce que nous retrouvons en bas de bulletin : paniers (jour et nuit) = 17 x 6,30 € = 107,10 €, et paniers (déplacement) = 5 x 8,90 € = 44,50 €.
En revanche, les parties qui dépassent ces limites doivent être soumises à cotisations et impôts.
Il faut donc mettre dans le brut : 17 paniers (jour et nuit) pour un montant de 10 € – 6,30 €, soit 3,70 € x 17 = 62,90 € et 5 paniers (déplacement) pour un montant de 10 € – 8,90 €, soit 1,10 € x 5 = 5,50 €.

Corrigé de l'exercice 7 (niveau 2)

Ce salarié provincial travaille à temps plein dans une grande entreprise pour un salaire de base de 2 900 € brut par mois. L'entreprise lui donne des titres-restaurants (valeur faciale : 8,95 €, participation patronale : 5,37 €) pour tous les jours travaillés au sein de son entreprise. Il est logé dans un grand F4. Ce mois de février 2016, il a suivi trois jours de formation à Paris les lundi 22, mardi 23 et mercredi 24. Ses billets de train (172 €) lui ont été remboursés au centime près ainsi que ses tickets de métro (1,80 € x 6 = 10,80 €) après remise des justificatifs correspondant. En revanche, pour ses deux nuits d'hôtel, l'entreprise lui rembourse un forfait de 80 € par nuitée et, pour ses repas au restaurant (trois à midi et deux le soir), un forfait de 25 € par repas.

Bulletin de paie (simplifié) de février 2016 (21 jours ouvrés)

Libellés	Calculs intermédiaires	Sommes en -	Sommes en +
Salaire mensuel			**2 900,00**
Remboursement Repas	(25 (mt forfait) - 18,3 (limite d'exo)) X 5		**33,50**
Remboursement Déplacement	(80(mt forf) - 65,3(limite d'exo à Paris)) X 2		**29,40**
Av. en Nature "Logement"	107,5 € (0,9 PSS < R < 1,1 PSS) X 4		**430,00**
Total du Brut	2900 + 33,5 + 29,4 + 430		3 392,90
Montant des cotisations (20%)	3392,9 X 20%	**678,58**	
Net fiscal	3392,9 - 678,58		2 714,32
Remboursement Repas	18,3 (Montant exonéré/repas) X 5		**91,50**
Remboursement Déplacement	65,3 (Montant exonéré/déplacement) X 2		**130,60**
Reprise Av. Nat. "Logement"	Il faut déduire le montant ajouté au brut	**430,00**	
Retenue Titres Restaurant	8,95 (Mt TR) - 5,37 (part Pat.) X (21-3)	**64,44**	
Net à payer	2714,32 + 91,5 + 130,6 - 430 - 64,44		2 441,98

Cet exercice est un petit peu plus difficile puisque cet autre salarié a des avantages en nature logement et des remboursements de frais professionnels au forfait. Or, il y a des limites d'exonération au remboursement de frais professionnels. Bien sûr, la première ligne est toujours le salaire mensuel contractuel, ici 2 900 €. Ensuite, il faut passer les montants des remboursements de frais qui dépassent les limites d'exonération, qui entrent dans le brut de cotisations et qui seront soumis à impôts :

Les repas : en 2016, la limite d'exonération est de 18,30 € par repas. Notre salarié a 5 repas remboursés forfaitairement à 25 €. Il faut donc intégrer 6,70 € par repas (25 – 18,30), soit 6,70 € x 5 repas = 33,50 €.

Les déplacements : en 2016, la limite d'exonération est de 65,30 € par nuitée sur Paris. Les nuits d'hôtel étant indemnisées forfaitairement à 80 €, il faut réintégrer la différence au brut, soit 29,40 € [(80 – 65,30) = 14,70 € x 2 nuits = 29,40 €].

Le montant des avantages en nature **logement** dépendant du brut mensuel du salarié. Il faut donc additionner son salaire et ses remboursements de frais, soit : 2 900 € + 33,50 € + 29,40 € = 2 962,90 €. Ce dernier montant étant compris entre 0,9 et 1,1 plafond mensuel de la Sécurité sociale, il faut prendre la valeur de 107,50 € par pièce principale, soit 107,50 € x 4 = 430 €.

Les calculs du brut, des cotisations et du net fiscal sont identiques à l'exercice précédent.

Après le net fiscal, il faut indemniser les repas et les déplacements dans les limites des exonérations.

Pour les repas : 18,30 € x 5 = 91,50 €. Pour les déplacements : 65,30 € x 2 = 130,60 €. Sans oublier de reprendre les avantages en nature logement de 430 €.

Quant aux **titres-restaurants**, il faut retenir la part salariale puisque le salarié aura des titres-restaurants d'une valeur de 8,95 € payés en partie (60 % et dans la limite d'exonération de 5,37 € en 2016) par l'employeur : 8,95 € – 5,37 € = 3,58 € x 18 jours = 64,44 €. Certes, l'énoncé précisait qu'il y avait 21 jours ouvrés, mais l'entreprise lui rembourse déjà 3 jours (en déplacement), donc il n'en reste que 18 à indemniser.

Les billets de train et les tickets de métro lui étant remboursés au centime près (dès qu'il a remis les justificatifs) ne sont pas des avantages en nature et ne figurent donc pas obligatoirement en bas de bulletin de paie.

Corrigé de l'exercice 8 (niveau 2)

Ce salarié cadre travaille à temps plein dans une grande entreprise pour un salaire de base de 4 000 € brut par mois.
L'entreprise a mis à sa disposition le 4 janvier 2016, et pour une durée indéterminée, une voiture (Renault Mégane DCI 110 Energy Air Nav, cinq portes) d'une valeur de 24 120 € (prix de la voiture neuve au 1er janvier 2016). L'entreprise a pris également en charge l'assurance (1 650 €), tous les entretiens (1 200 €) et le carburant (2 000 €). Au 31 décembre 2016, le salarié a parcouru 40 000 km, dont 15 000 à titre privé.
Calculer le montant de l'avantage en nature « véhicule » selon les deux possibilités (au forfait et au réel). Quel sera le montant à passer dans la rubrique « Avantage en nature "Véhicule" » en décembre 2016 ?

Calcul au forfait

Pour un véhicule neuf (moins de cinq ans) dont le carburant est pris en charge par l'entreprise, le forfait annuel est de soit 9 % du coût d'achat augmenté des dépenses de carburant utilisé à l'usage privé ou de 12 % du seul coût d'achat.

Forfait à 9 %
Le prix d'achat (24 120 €) est multiplié par 9 %, soit 2 170,80 €.
On rajoute à ce montant les dépenses de carburant utilisé à l'usage privé :
2 000 € x 15 000/40 000 = 750 €.
Soit un total de : 2 170,80 € + 750 € = 2 920,80 €.

Forfait à 12 %
Le prix d'achat (24 120 €) est multiplié par 12 %, soit 2 894,40 €.

Calcul au réel

Pour un véhicule acheté neuf (et par conséquent de moins de cinq ans) par l'entreprise, il faut prendre en compte :
• l'amortissement du véhicule sur cinq ans (20 % par an du coût d'achat), soit 4 824 € ;
• l'assurance : 1 650 € ;
• les frais d'entretien : 1 200 € ;
• le carburant : 2 000 €.
Soit un total de 9 674 € (4 824 € + 1 650 € + 1 200 € + 2 000 €).
Ensuite, on proratise le total obtenu par le nombre de kilomètres parcourus à titre privé par rapport au total de kilomètres effectués, soit 3 627,75 € (9 674 x 15 000)/40 000).

Conclusion : c'est le forfait à 12 % qui s'avère être le plus avantageux (2 894,40 €). La première année, on passe la valeur globale de cet avantage en nature en une seule fois sur le bulletin de décembre (en espérant qu'il y ait une prime de fin d'année qui compense la perte pour le salarié). L'année suivante, on peut prendre le douzième de cette somme (241,20 €) tous les mois de janvier à novembre, quitte à réactualiser les données à fin décembre pour tenir compte du nombre de kilomètres parcourus au titre de cette nouvelle année.

Corrigé de l'exercice 9 (niveau 3)

Ce salarié parisien travaille à temps plein dans une grande entreprise pour un salaire de base de 3 400 € brut par mois.
L'entreprise lui donne des titres-restaurants (valeur faciale : 10,74 €, participation patronale : 6,37 €) pour tous les jours travaillés au sein de son entreprise.
Il est logé dans un grand F3.
Son entreprise lui fournit un téléphone portable (un S7 dont le prix public est de 299,90 € assorti d'un forfait 24/24 5 Go pour 33,99 € par mois) et un ordinateur portable (d'une valeur de 899,90 €).
La durée d'amortissement du téléphone est d'un an. Si l'entreprise lui vendait cet ordinateur, le salarié bénéficierait d'un rabais de 30 %.
Ce mois de juin 2016, il est allé par trois fois rencontrer ses clients en province, ce qui a nécessité à chaque fois une nuit d'hôtel et un repas à midi et un autre le soir. Pour se déplacer, il a utilisé un des véhicules de service appartenant à l'entreprise.
Pour ses nuits d'hôtel, l'entreprise lui rembourse un forfait de 100 € par nuitée et pour ses repas au restaurant un forfait de 20 € par repas.

Bulletin de paie (simplifié) pour le mois de juin 2016 (22 jours ouvrés)

Libellés	Calculs intermédiaires	Sommes en -	Sommes en +
Salaire de base			**3 400,00**
Remboursement Repas	20 - 18,3 (limite d'exo) X 6		**10,20**
Remboursement Déplacement	100 - 48,5 (limite d'exo en province) X 3		**154,50**
Av. en Nature "Téléphone"	(299,90 /12 + 33,99) X 10%		**5,90**
Av. en Nature "Ordinateur"	899,90 - 30% x 10% / 12		**5,25**
Av. en Nature "Titres Resto"	(6,37 - 5,37(maxi)) X (22 jrs ouvrés - 3 dépl.)		**19,00**
Av. en Nature "Logement"	130,1 (1,1 PSS < R < 1,3 PSS) X 3 pièces		**390,30**
Total du Brut	3400 + 10,2 + 154,5 + 19 + 390,3		**3 985,15**
Montant des cotisations (20%)	3985,15 X 20%	**797,03**	
Net fiscal	3985,15 - 797,03		**3 188,12**
Remboursement Repas	18,3 (Montant exonéré/repas) X 6		**109,80**
Remboursement Déplacement	48,5 (Montant exonéré/déplacement) X 3		**145,50**
Reprise Av. Nat. "Téléphone"	Il faut déduire le montant ajouté au brut	**5,90**	
Reprise Av. Nat. "Ordinateur"	Il faut déduire le montant ajouté au brut	**5,25**	
Reprise Av. Nat. "Titres Resto"	Il faut déduire le montant ajouté au brut	**19,00**	
Reprise Av. Nat. "Logement"	Il faut déduire le montant ajouté au brut	**390,30**	
Retenue Titres Restaurant	10,74 (Mt TR) - 6,37 (part Pat.) X (22-3)	**83,03**	
Net à payer	3188,12+109,8+145,5-5,9-5,25-19-390,3-83,03		**2 939,94**

Cet exercice 9 est encore plus difficile puisque ce nouveau salarié a non seulement des avantages en nature (téléphone, ordinateur, logement) et des remboursements de frais professionnels au forfait, mais l'entreprise dépasse une des deux limites d'exonération des titres-restaurants.

La première ligne est le salaire mensuel contractuel, ici 3 400 €.

Le montant des remboursements de frais dépassant les limites d'exonération suit la même logique que pour l'exercice précédent.
Pour les repas : 20 € – 18,30 € = 1,70 € x 6 repas = 10,20 €.

Pour les déplacements : 100 € – 48,50 € = 51,50 € x 3 déplacements = 154,50 € (attention : le salarié est parisien et la limite d'exonération ne serait pas la même dans le cas d'un salarié habitant en province se déplaçant à Paris).

Le montant de l'avantage en nature « téléphone » se calcule en prenant la valeur du téléphone divisé par 12 mois (puisque l'amortissement se fait sur un an) augmenté de la valeur du forfait mensuel, le tout à 10 % (arrêté du 10 décembre 2002, art. 4 et 7). En effet, lorsque la formule commerciale ne distingue pas l'achat et l'abonnement, le taux de 10 % s'applique au coût total prévu par le contrat (circ. DSS 7-1-2003 : BOSS 4-03). Soit : 24,99 € (299,90 €/12) + 33,99 € = 58,98 €. 10 % de 58,98 € = 5,90 €.
Le montant de l'avantage en nature « ordinateur » se calcule en prenant 10 % de la valeur de l'ordinateur – 30 % (circ. DSS 19-8-2005 : BOSS 9-05), le tout divisé par 12 mois. Soit : 70 % de 899,90 € = 629,93 €. 10 % de 629,93 € = 62,99 €. Et 62,99 €/12 = 5,25 €.
Ensuite, les titres-restaurants : comme la part patronale dépasse les 5,37 € mais reste dans les 60 % autorisés pour l'exonération, seule la partie dépassant 5,37 € est à réintégrer dans le brut, soit 6,37 € – 5,37 € = 1 € x 19 jours = 19 € (19 jours seulement puisque, sur les 22 jours ouvrés, il faut enlever les 3 jours de déplacement pour lesquels l'entreprise indemnise déjà les repas forfaitairement).
L'avantage en nature logement se détermine en fonction du brut du salarié : 3 400 € + 10,20 € + 154,50 € + 5,90 € + 5,25 € + 19 € = 3 594,85 €. Ce montant est compris entre 1,1 et 1,3 plafond de la Sécurité sociale, ce qui donne 130,10 € par pièce principale en 2016 : 130,10 € x 3 pièces = 390,30 €.

La suite du bulletin devient classique : 3 594,85 € + 390,30 € = 3 985,15 € de brut, soumis à cotisation. On obtient donc un net fiscal de 3 188,12 €.

Il faut ensuite indemniser les remboursements repas aux limites d'exonération (18,30 € x 6 = 109,80 €) et les remboursements déplacement aux limites d'exonération « province », soit 145,50 € (48,50 € x 3).

Il faut bien sûr reprendre les quatre avantages en nature (téléphone, ordinateur, titres-restaurants et logement) pour les mêmes valeurs (5,90 €, 5,25 €, 19 € et 390,30 €). Et, enfin, retenir la part salariale des titres-restaurants : 10,74 € – 6,37 € = 4,37 € x 19 jours = 83,03 €.

Le salarié perçoit donc un net à payer de 2 939,94 €.

Corrigé de l'exercice 10 (niveau 3)

Imaginons que le salarié de l'exercice 9 ne soit plus parisien, mais provincial et qu'il se rende à Paris pour rencontrer ses clients.
Imaginons aussi que son entreprise lui donne des titres-restaurants (valeur faciale : 10,74 €, participation patronale : 8 €) pour tous les jours travaillés au sein de son entreprise.
Tout le reste de l'exercice 9 est identique.

Bulletin de paie (simplifié) pour le mois de juin 2016 (22 jours ouvrés)

Libellés	Calculs intermédiaires	Sommes en -	Sommes en +
Salaire de base			**3 400,00**
Remboursement Repas	20 - 18,3 (limite d'exo) X 6		**10,20**
Remboursement Déplacement	100 - 65,3 (limite d'exo en province) X 3		**104,10**
Av. en Nature "Téléphone"	(299,90 /12 + 33,99) X 10%		**5,90**
Av. en Nature "Ordinateur"	899,90 - 30% x 10% / 12		**5,25**
Av. en Nature "Titres Resto"	(8€ car > aux 2 limites) X (22 jrs ouvrés - 3 dépl.)		**152,00**
Av. en Nature "Logement"	130,1 (1,1 PSS < R < 1,3 PSS) X 3 pièces		**390,30**
Total du Brut	3400 + 10,2 + 104,1 + 152 + 390,3		**4 067,75**
Montant des cotisations (20%)	4067,75 X 20%	**813,55**	
Net fiscal	4067,75 - 813,55		**3 254,20**
Remboursement Repas	18,3 (Montant exonéré/repas) X 6		**109,80**
Remboursement Déplacement	65,3 (Montant exonéré/déplacement) X 3		**195,90**
Reprise Av. Nat. "Téléphone"	Il faut déduire le montant ajouté au brut	**5,90**	
Reprise Av. Nat. "Ordinateur"	Il faut déduire le montant ajouté au brut	**5,25**	
Reprise Av. Nat. "Titres Resto"	Il faut déduire le montant ajouté au brut	**152,00**	
Reprise Av. Nat. "Logement"	Il faut déduire le montant ajouté au brut	**390,30**	
Retenue Titres Restaurant	10,74 (Mt TR) - 8 (part Pat.) X (22-3)	**52,06**	
Net à payer	3254,2+109,8+195,9-5,9-5,25-152-390,3-52,06		**2 954,39**

Cet exercice 10 ressemble au précédent, avec deux petites différences : le salarié cette fois est provincial et se déplace à Paris (penser aux limites d'exonération déplacement) et l'entreprise dépasse les deux limites d'exonération des titres-restaurants.

Le montant du remboursement déplacement à réintégrer dans le brut est donc différent : ici c'est 100 € – 65,30 € = 34,70 € x 3 déplacements = 104,10 €.

Le montant des avantages en nature des titres-restaurants est également différent. Puisque l'entreprise dépasse les deux limites d'exonération (5,37 € et 60 % de la valeur faciale), c'est l'intégralité de la part patronale qui devient le montant de l'avantage en nature : 8 € x 19 jours = 152 €.

Le reste du bulletin suit la même logique que pour l'exercice précédent.

4. Les heures supplémentaires

Corrigé de l'exercice 11 (niveau 1)

Un salarié a effectué les heures suivantes au cours d'une semaine dans l'année 2016.
C'est un ouvrier à temps complet mensualisé (151,67 h) effectuant normalement 7 heures par jour et travaillant dans une entreprise qui paie les heures supplémentaires une première fois au taux horaire normal du salarié et qui applique les majorations à 25 % et 50 % sur deux lignes différentes.

Jour	*Heures Théoriques*	*Heures Travaillées*	*Raison*
Lundi	7,00	7,00	
Mardi	7,00	8,00	
Mercredi	7,00	10,00	
Jeudi	7,00	10,00	
Vendredi	7,00	7,00	
Samedi		4,00	
Dimanche			
Total	35,00	46,00	

➲ Vous devez trouver :

❶ Nb d'H.S. au taux normal	11	(de 35 à 46)
❷ Nb d'H.S. majorées à 25%	8	(de 35 à 43)
❸ Nb d'H.S. majorées à 50%	3	(de 43 à 46)

Ce premier exercice sur les heures supplémentaires est très facile : il suffit de compter les heures travaillées du salarié. On en trouve 46. Donc par rapport à l'horaire légal, il a 11 heures supplémentaires. Selon l'article L. 3121-22 du code du travail, si une convention ou un accord de branche étendu ou une convention ou un accord d'entreprise ou d'établissement ne prévoit pas de taux de majoration différent (taux ne pouvant être inférieur à 10 %), les heures supplémentaires accomplies au-delà de la durée légale hebdomadaire fixée par l'article L. 3121-10, ou de la durée considérée comme équivalente, donnent lieu à une majoration de salaire de 25 % pour chacune des 8 premières heures supplémentaires, les heures suivantes donnant lieu à une majoration de 50 %.
Donc, parmi les 11 heures supplémentaires effectuées par le salarié, huit sont majorées à 25 % et trois le sont à 50 %.
Peut-être avez-vous été trompé par les 4 heures du samedi. Si la convention collective de l'entreprise ou un accord ne prévoit pas de majoration spécifique pour le travail de week-end, ces 4 heures sont bien à ajouter au total des heures de la semaine. En effet, selon l'article L. 3121-20, les heures supplémentaires se décomptent toujours dans le cadre de la semaine civile, sauf dans le cas d'horaires cycliques, modulés ou individualisés. Le cadre commun d'appréciation des heures supplémentaires est la semaine civile, qui débute le lundi à 0 heure et se termine le dimanche à 24 heures.
Il n'est possible de déroger au cadre de référence hebdomadaire pour le calcul des heures supplémentaires qu'en application d'un accord collectif prévoyant le recours à une forme d'annualisation du temps de travail, voire de pluri-annualisation (modulation, RTT sous forme de jours de congés, compte épargne-temps, etc.) ou lorsque l'employeur a recours à une réduction du temps de travail sous forme de jours de congé donnés par période de 4 semaines (C. trav., art. L. 3122-6).

Corrigé de l'exercice 12 (niveau 1)

Un salarié a effectué les heures suivantes au cours d'une semaine dans l'année 2016.
C'est un ouvrier à temps complet mensualisé (151,67 heures) effectuant normalement 7 heures par jour et travaillant dans une entreprise qui paie les heures supplémentaires une première fois au taux horaire normal du salarié et qui applique les majorations à 25 % et 50 % sur deux lignes différentes.
Ce jeudi-là, il s'est rendu aux obsèques de sa belle-mère. Quel est l'impact de cette journée « Évènement familial » sur ses heures supplémentaires ?

Jour	Heures Théoriques	Heures Travaillées	Raison
Lundi	7,00	9,00	
Mardi	7,00	8,00	
Mercredi	7,00	9,00	
Jeudi	7,00	0,00	Evenement Fam.
Vendredi	7,00	9,00	
Samedi			
Dimanche			
Total	35,00	35,00	42,00

➲ Vous devez trouver :

❶ Nb d'H.S. au taux normal	7	(de 35 à 43)
❷ Nb d'H.S. majorées à 25%	7	(de 35 à 43)
❸ Nb d'H.S. majorées à 50%	0	

Ce deuxième exercice sur les heures supplémentaires est assez curieux, surtout après l'avis que porte la Cour de cassation sur les jours fériés.
Les absences pour événements familiaux (mariage du salarié, naissance d'un enfant pour le père, mariage de l'enfant du salarié, décès du conjoint, décès des parents, décès des beaux-parents, décès de l'enfant du salarié) sont expressément assimilées à du travail effectif pour la détermination des heures supplémentaires.
Dans notre exercice, bien que le salarié n'ait travaillé « réellement » que 35 heures, les heures d'absence événement familial lui donnent 7 heures supplémentaires majorées à 25 %.
En revanche, ces heures n'étant pas vraiment travaillées n'ouvrent pas droit à contrepartie à repos et ne s'imputent pas sur le contingent.

Corrigé de l'exercice 13 (niveau 2)

Un salarié a effectué les heures suivantes au cours d'une semaine dans l'année 2016.
C'est un ouvrier à temps complet mensualisé (151,67 h) effectuant normalement 7 heures par jour et travaillant dans une entreprise qui paie les heures supplémentaires une première fois au taux horaire normal du salarié et qui applique les majorations à 25 % et 50 % sur deux lignes différentes.
Le lundi et le mardi, il était malade. Dès qu'il s'est senti mieux, il a presque rattrapé le retard qui s'était accumulé lors de son absence de l'entreprise. Quel est l'impact de ces 2 jours de « Maladie » sur ses heures supplémentaires ?

Jour	*Heures Théoriques*	*Heures Travaillées*	*Raison*
Lundi	7,00	0,00	Maladie
Mardi	7,00	0,00	Maladie
Mercredi	7,00	8,00	
Jeudi	7,00	10,00	
Vendredi	7,00	10,00	
Samedi		4,00	
Dimanche			
Total	35,00	32,00	46,00

➲ Vous devez trouver :

❶ Nb d'H.S. au taux normal	11	La maladie n'est jamais du travail effectif !
❷ Nb d'H.S. majorées à 25%	0	
❸ Nb d'H.S. majorées à 50%	0	

Ce troisième exercice sur les heures supplémentaires est assez difficile à comprendre.
Dans le cas présent, notre salarié a été malade 2 jours (le lundi 7 heures et le mardi 7 heures également, soit 14 heures au total). Dès qu'il s'est senti mieux (surtout si son travail s'est accumulé sur son bureau), il a commencé à travailler plus que ses collègues de travail (1 heure le mercredi, 3 heures le jeudi, 3 heures aussi le vendredi et il est même venu travailler le samedi 4 heures, soit 11 heures de plus que ses collègues).
Bien qu'il n'ait travaillé que 32 heures, ces 11 heures supplémentaires lui seront payées au taux normal, car comme il n'a pas dépassé les 35 heures aucune de ces heures ne sera majorée.
Son bulletin (très simplifié !) pourrait se présenter comme suit :
- salaire : 35 heures ;
- abs. mal. : – 14 heures ;
- HS taux normal : + 11 heures ;
- brut = 32 heures (ce qui est bien ce qu'il a réellement travaillé).

Si la convention collective impose à l'employeur le maintien du salaire en cas de maladie, il sera payé en plus 14 heures, mais ce paiement supplémentaire ne doit pas entraîner de majoration de ces heures supplémentaires (ce qui serait un comble pour l'employeur !).
Enfin, si notre salarié avait été « annualisé », la réponse aurait été identique.

Corrigé de l'exercice 14 (niveau 2)

Un salarié a effectué les heures suivantes au cours d'une semaine dans l'année 2016.
C'est un ouvrier à temps complet mensualisé (151,67 h) effectuant normalement 7 heures par jour et travaillant dans une entreprise qui paie les heures supplémentaires une première fois au taux horaire normal du salarié et qui applique les majorations à 25 % et 50 % sur deux lignes différentes. C'était la semaine du jeudi de l'Ascension. Quel est l'impact de ce « jour férié » sur ses heures supplémentaires ?

Jour	Heures Théoriques	Heures Travaillées	Raison
Lundi	7,00	10,00	
Mardi	7,00	10,00	
Mercredi	7,00	9,00	
Jeudi	7,00	0,00	Jour Férié
Vendredi	7,00	8,00	
Samedi			
Dimanche			
Total	35,00	37,00	44,00

➲ Vous devez trouver :

❶ Nb d'H.S. au taux normal	9	(de 35 à 44)
❷ Nb d'H.S. majorées à 25%	8	(de 35 à 43)
❸ Nb d'H.S. majorées à 50%	1	(de 43 à 44)

Ce dernier exercice sur les heures supplémentaires est litigieux. En effet, si on se reporte à la jurisprudence de la Cour de cassation du 4 avril 2012 (Cass. soc., 4 avril 2012, n° 10-10.701, n° 963 FS-PB, *Sté TCMG c/ Gaufichon*), en matière d'heures supplémentaires, les jours fériés chômés ne sont pas assimilés à du temps de travail effectif, en l'absence de dispositions légales ou conventionnelles contraires. Ce qui explique pourquoi certains d'entre vous ont peut-être trouvé 2-2-0. D'autres pensent que comme le salarié a quand même travaillé 9 heures de plus que l'horaire normal, il serait plus juste qu'elles soient payées au taux normal et que seules 2 heures soient majorées à 25 %, ce qui donnerait 9-2-0. Mais la Cour dit aussi que lorsque la durée du travail habituelle du salarié inclut des heures supplémentaires (ex. : 39 heures hebdomadaires, réparties à raison de 7,80 h par jour), le chômage du jour férié ne doit entraîner aucune diminution de salaire. Le salarié ne doit donc pas perdre les majorations de salaire incluses dans sa rémunération habituelle.
D'autre part, si notre salarié avait été forfaitisé en heures annuelles, les heures effectuées au-delà de 1 607 heures auraient bien été majorées [l'annualisation à 1 607 heures est le résultat de 35 heures x 45,67 semaines (52 semaines annuelles – 5 semaines de congés payés – 1,33 semaine de jours fériés) arrondis à 1 600 (calcul Loi Aubry II) + 7 heures pour la journée de solidarité]. Et surtout, il ne faut pas oublier que l'Administration considère qu'il faut tenir compte des jours fériés chômés pour déterminer les droits à majoration pour heures supplémentaires (circ. DRT 2000-7 du 6 décembre 2000). Nous vous conseillons donc d'appliquer plutôt cette dernière solution, car si le salarié a le sentiment d'être lésé, il refusera d'effectuer des heures supplémentaires la prochaine fois qu'il y aura un jour férié dans la semaine (ce qui pourrait porter préjudice à l'entreprise).
En revanche, la Cour de cassation et l'Administration conviennent ensemble qu'il faut bien sûr ignorer les jours fériés chômés pour déterminer les droits à contrepartie obligatoire à repos, le nombre d'heures supplémentaires à imputer sur le contingent annuel ou encore le respect des seuils de durée maximale du travail.

5. Les horaires individualisés

Corrigé de l'exercice 15 (niveau 2)

Dans l'entreprise où travaille ce salarié :
- l'horaire mobile a été institué avec deux plages mobiles (le matin de 7 h à 9 h et l'après-midi de 16 h 30 à 18 h 30) ;
- le déjeuner est fixe de 12 h à 14 h ;
- la durée hebdomadaire est de 35 heures sur 5 jours ;
- ce salarié a un crédit de 7 heures au titre du mois précédent.

Voici le nombre d'heures travaillées par ce salarié et le report d'heures sur le mois suivant à partir de sa feuille de présence.

Jour	Arrivée	(Déjeuner)		Départ	
1	8 h 30	(12 h 00)	(14 h 00)	17 h 00	**6,50 h**
2	8 h 30	(12 h 00)	(14 h 00)	16 h 30	**6,00 h**
3	8 h 45	(12 h 00)	(14 h 00)	18 h 00	**7,25 h**
4	8 h 15	(12 h 00)	(14 h 00)	17 h 45	**7,50 h**
5	9 h 00	(12 h 00)	(14 h 00)	17 h 30	**6,50 h**
6	8 h 45	(12 h 00)	(14 h 00)	17 h 15	**6,50 h**
7	8 h 15	(12 h 00)	(14 h 00)	17 h 00	**6,75 h**
8	7 h 45	(12 h 00)	(14 h 00)	17 h 30	**7,75 h**
9	Absence pour cause de congés payés				**7,00 h**
10	Absence pour cause de congés payés				**7,00 h**
11	Absence pour cause de congés payés				**7,00 h**
12	Absence pour cause de congés payés				**7,00 h**
13	7 h 45	(12 h 00)	(14 h 00)	17 h 00	**7,25 h**
14	8 h 45	(12 h 00)	(14 h 00)	17 h 15	**6,50 h**
15	7 h 45	(12 h 00)	(14 h 00)	17 h 30	**7,75 h**
16	9 h 00	(12 h 00)	(14 h 00)	17 h 30	**6,50 h**
17	8 h 00	(12 h 00)	(14 h 00)	18 h 00	**8,00 h**
18	8 h 00	(12 h 00)	(14 h 00)	18 h 30	**8,50 h**
19	8 h 45	(12 h 00)	(14 h 00)	17 h 45	**7,00 h**
20	8 h 00	(12 h 00)	(14 h 00)	17 h 00	**7,00 h**
21	8 h 00	(12 h 00)	(14 h 00)	16 h 30	**6,50 h**
22	8 h 00	(12 h 00)	(14 h 00)	17 h 15	**7,25 h**
23	Absence pour cause de congés payés				**7,00 h**

Ce salarié aurait dû travailler : 23 j x 7 h = 161 h. Or, il a travaillé 162 h.
Il a donc travaillé une heure de plus (162 h – 161 h).
Son nouveau report sera donc de huit heures (7 h + 1 h).

Corrigé de l'exercice 16 (niveau 2)

Dans cette entreprise, la durée hebdomadaire est de 35 heures sur 5 jours (7 heures théoriques par jour).
Il y a trois plages mobiles :
- matin : 8 heures à 9 heures ;
- midi : 12 heures à 14 heures (temps de repas minimal : une heure) ;
- soir : 17 heures à 18 heures.

Sachant que :
- dans le mois considéré, il y a 20 jours ouvrés ;
- tout retard entraîne la perte d'une heure ;
- l'arrivée ou le départ en dehors des plages est écrêté ;
- ce salarié a un crédit de 3 heures au titre du mois précédent ;
- dès qu'un crédit de 7 heures est ouvert, le salarié a droit de prendre une journée de récupération (sous réserve d'acceptation de son supérieur hiérarchique).

Voici son nouveau report pour le mois suivant :

Jour	Arrivée	Déjeuner		Départ	*Heures trav.*	*Heures théo.*
1	**9h00**	**12h30**	**13h40**	**17h40**	*7h50*	7
2	**7h50**	**12h20**	**13h10**	**17h30**	*8h50*	7
3	**8h15**	**12h10**	**13h50**	**17h25**	*7h50*	7
4	**8h30**	**13h15**	**14h00**	**18h15**	*8h50*	7
5	**9h15**	**12h15**	**13h00**	**17h30**	*6h50*	7
6	**7h45**	**12h15**	**13h30**	**17h45**	*8h50*	7
7	absence	pour	cause	de récup.	*0h00*	7
8	**8h15**	**12h45**	**13h35**	**17h30**	*8h25*	7
9	**7h55**	**12h15**	**13h45**	**17h00**	*7h50*	7
10	**8h15**	**12h00**	**13h15**	**17h30**	*8h00*	7
11	**8h15**	**12h15**	**13h00**	**17h30**	*8h25*	7
12	**8h55**	**12h10**	**13h20**	**17h20**	*7h25*	7
13	**8h00**	**12h10**	**13h50**	**17h40**	*8h00*	7
14	**7h45**	**12h15**	**13h05**	**17h15**	*8h25*	7
15	**9h00**	**12h00**	**13h45**	**18h15**	*7h25*	7
16	**8h30**	**12h30**	**13h45**	**17h00**	*7h25*	7
17	**8h15**	**12h00**	**13h15**	**17h15**	*7h75*	7
18	absence	pour	cause	de récup.	*0h00*	7
19	**7h50**	**12h20**	**13h20**	**16h05**	*7h00*	7
20	**8h20**	**12h10**	**13h30**	**17h55**	*8h25*	7

Si on fait l'addition des heures travaillées, jour par jour, nous trouvons 140 heures.
Or, ce salarié devait faire exactement 140 heures (7 heures par jour x 20 jours ouvrés).
Donc son report sur le mois suivant est le même que ce mois-ci, soit 3 heures à son crédit !

6. L'acquisition des congés payés

Corrigé de l'exercice 17 (niveau 1)

1) Trouver combien de jours ouvrables a acquis un salarié au 31 mai 2016, s'il est entré dans l'entreprise le mercredi 1er juillet 2015.
Je donne cet énoncé car il y a encore trop d'erreurs dans les entreprises ! La plupart des logiciels décomptent « un mois d'absence », le mois de juin puisque le salarié n'est entré dans l'entreprise que le 1er juillet. Or, selon l'article L. 3141-4 du code du travail, sont assimilées à un mois de travail les périodes équivalentes à quatre semaines ou 24 jours si le travail hebdomadaire est réparti sur six jours. Ce nombre est ramené à 22 jours pour une semaine répartie sur 5,5 jours, et à 20 jours pour une répartition sur cinq jours. Ces équivalences sont à appliquer lorsqu'un salarié n'a pas été occupé sur la totalité de l'année de référence, pour quelque raison que ce soit.
Dans cet énoncé, notre salarié a été présent 48 semaines (il lui « manque » les quatre premières semaines de juin + 2 jours). Donc il a droit à l'intégralité de ses congés, soit 30 jours ouvrables !

2) Trouver combien de jours ouvrables a acquis un salarié présent depuis 10 ans dans l'entreprise, s'il la quitte le vendredi 1er avril 2016.
Pour répondre à cette question, il faut compter le nombre de jours de travail effectué par ce salarié. Il y a trois types de jours : ouvrés, ouvrables ou calendaires.
Si on compte les jours en ouvrés sur le calendrier, il y a du 1er juin 2015 au 1er avril 2016 220 jours ouvrés. Ces 220 jours ouvrés sont à diviser par 20 (20 jours ouvrés équivalent à un mois de travail effectif) et à multiplier par 2,5 (puisqu'on souhaite la réponse en jours ouvrables). Ce qui donne 27,5 jours ouvrables. Il faut obligatoirement arrondir ce chiffre au nombre entier immédiatement supérieur, autrement dit 28 jours ouvrables.
Si on compte les jours en ouvrables, il y a 263 jours ouvrables. Ces 263 jours ouvrables sont à diviser par 24 (24 jours ouvrables équivalent à un mois de travail effectif) et à multiplier par 2,5 (puisqu'on souhaite la réponse en jours ouvrables). Ce qui donne 27,40 jours ouvrables, arrondis obligatoirement à 28 jours ouvrables.
Si on compte les jours en calendaires, il y a 306 jours calendaires. Ces 306 jours calendaires sont à diviser par 28 (28 jours calendaires équivalent à un mois de travail effectif) et à multiplier par 2,5 (puisqu'on souhaite la réponse en jours ouvrables). Ce qui donne 27,32 jours ouvrables, arrondis obligatoirement à 28 jours ouvrables.
Sur cet exercice, quelle que soit la méthode de calcul (en jours ouvrés, ouvrables ou calendaires), le résultat est identique. S'il y a des différences, il faut évidemment prendre le calcul le plus avantageux pour le salarié.

Attention : De très (trop ?) nombreux logiciels de paie font « simplement » 10 mois de présence du salarié, donc 10 x 2,5 = 25 jours ouvrables. J'insiste « lourdement » mais cette réponse est fausse ! Il faut que les logiciels calculent la présence du salarié en jours calendaires, ce qui est le plus simple pour eux puisqu'ils doivent avoir accès au nombre de jours du calendrier.

3) Trouver combien de jours ouvrés a acquis au 31 mai 2016 un salarié embauché le 1er décembre 2015 dans l'entreprise.
Selon le procédé vu à la question précédente, nous pouvons compter 183 jours calendaires. Ces 183 jours calendaires divisés par 28 et multipliés par 2,08 donnent droit à 13,59 jours ouvrés qui seront obligatoirement arrondis à 14 jours ouvrés. Le résultat est évidemment 13,62 si on compte

en jours ouvrés (131/20 x 2,08), ou 13,61 en jours ouvrables (157/24 x 2,08), toujours arrondis à 14 jours ouvrés.

Attention : Comme précédemment, ne pas faire 5 mois de présence du salarié x 2,08 = 12,48 jours ouvrés arrondis à 13 ! Cette réponse est fausse !

4) Trouver combien de jours ouvrés a acquis au 31 mai 2016 un salarié présent depuis 10 ans s'il a été malade du 12 octobre 2015 au 13 mars 2016 inclus.
La maladie n'étant pas assimilée à du travail effectif pour les droits à congés payés (sauf indication contraire de la convention collective), selon les méthodes vues au 2) nous comptons 213 jours calendaires. Ces 213 jours calendaires divisés par 28 et multipliés par 2,08 donnent droit à 15,82 jours ouvrés qui seront obligatoirement arrondis à 16 jours ouvrés.
J'ai pris la méthode des jours calendaires réels pour expliquer le résultat car c'est la méthode la plus « logique » : la maladie doit être décomptée du salaire en jours calendaires (comme l'arrêt de travail ordonné par le médecin, comme l'indemnisation de la Sécurité sociale et des prévoyances) et comme je l'ai déjà dit au 2) les logiciels « simples » utilisent cette méthode. Néanmoins, si vous avez pratiqué en jours ouvrés ou en jours ouvrables, le résultat doit au final être strictement identique, c'est-à-dire que ce salarié malgré sa maladie a droit à 16 jours ouvrés de congés payés.

5) Trouver combien de jours ouvrés a acquis un salarié qui n'a travaillé que du lundi 21 mars au vendredi 25 mars 2016 (rupture du contrat de travail pendant la période d'essai).
Avant le 1er juin 2012, si mon salarié était en CDI, la réponse aurait été : aucun ! En effet, avant cette date, il fallait qu'il ait au moins 10 jours de travail effectif pour acquérir des jours de congés payés. Avant le 20 août 2008, c'était même un mois de travail effectif qu'il fallait.
Si d'après le code d'aujourd'hui, un mois de travail effectif ouvre droit à 2,08 jours ouvrés, à combien de jours de congés payés une semaine de travail ouvre-t-elle droit ? La réponse est simple : si quatre semaines de travail = 2,08, une semaine = 2,08/4, soit : 0,52 jour arrondi à 1 jour ouvré.

Dans ce cas précis, demeure toutefois une inconnue : comment indemniser ces droits ?
Prenons des chiffres qui nous « arrangent » : si ce salarié a été embauché pour un salaire de 2 300 € mensuel, une semaine de travail dans son cas aurait été payée 500 € (2 300 €/23 jours ouvrés en mars 2016 x 5 jours travaillés). Le calcul avec la règle du dixième donnerait donc une indemnité compensatrice de congés payés à 50 € (500 €/10). Mais avec la règle du maintien, cela donnerait 106,14 € (2 300/21,67 x 1), soit plus du double ! En l'absence d'une jurisprudence claire et précise dans ce cas, on se demande bien quelle solution adopter !

6) Trouver combien de jours ouvrés a acquis au 31 mai 2016 un salarié qui ne travaille que les lundis et embauché le 23 novembre 2015.
Un cas de temps partiel, peut-être un peu extrême pour finir ces acquisitions de congés payés car il y a, là aussi, beaucoup d'erreurs dans les services de paie. C'est le moment de rappeler que les salariés à temps partiel bénéficient des mêmes droits que les salariés à temps plein (Code du trav., art. L. 3123-11 : le salarié à temps partiel bénéficie des droits reconnus au salarié à temps complet par la loi, les conventions et les accords collectifs d'entreprise ou d'établissement sous réserve, en ce qui concerne les droits conventionnels, de modalités spécifiques prévues par une convention ou un accord collectif de travail).

Donc bien qu'il ne travaille que les lundis, ce salarié a les mêmes droits qu'un salarié à temps plein, et selon les méthodes déjà utilisées en 2) et 3), le bon nombre de jours à lui attribuer est 15 jours ouvrés ! (137 jours ouvrés ou 164 ouvrables ou 191 jours calendaires divisés respectivement par 20, 24, 28 et multipliés par 2,08 donnent dans les trois cas 14,25 ou 14,21 ou 14,18).

En revanche, quand il prendra un lundi en congé payé, il faudra bien sûr lui décompter 5 jours d'absence. Mais n'anticipons pas les exercices qui suivent sur la prise des congés !

7. Le décompte des congés payés pris

Corrigé de l'exercice 18 (niveaux 1, 2 et 3)

1) Ayant un congé principal de 25 jours ouvrés, ce salarié part en congés payés du lundi 6 au dimanche 26 août 2012 inclus. Combien de jours lui décomptez-vous ? (niveau 1)
Ce salarié a pris trois semaines, ce qui représente 15 jours ouvrés. Mais le jour férié du 15 août tombant un mercredi, ce salarié se verra simplement décompter 14 jours ouvrés sur ses 25 jours de droit principal.

2) Ayant un congé principal de 30 jours ouvrables, ce salarié part en congés payés du lundi 2 juillet au lundi 30 juillet 2012 inclus. Combien de jours lui décomptez-vous ? (niveau 1)
Ce salarié s'est donc absenté quatre semaines et un jour (le lundi 30 juillet). On devrait donc lui décompter 4 x 6 jours ouvrables + 1. Mais il « gagne » le samedi 14 juillet. Donc, on ne lui décompte que 24 jours ouvrables.

3) Ayant un congé principal de 30 jours ouvrables, ce salarié part en congés payés du mercredi 2 au mardi 29 mai 2012 inclus. Combien de jours lui décomptez-vous ? (niveau 1)
Ce salarié s'absente également quatre semaines. Cette année 2012, dans cette période (2 au 29 mai), il y a trois jours fériés (le mardi 8, le jeudi 17 et le lundi 28). Donc, on va lui décompter tout simplement : 4 x 6 jours ouvrables – 3 = 21 jours ouvrables.

4) Ayant un congé principal de 25 jours ouvrés, ce salarié part en congés payés du lundi 2 au dimanche 29 juillet 2012 inclus. Combien de jours lui décomptez-vous ? (niveau 2)
Ce salarié s'est absenté quatre semaines, selon le principe six jours ouvrables correspondent à cinq jours ouvrés, on devrait lui décompter 5 x 4 jours, soit 20 jours. Le 14 juillet tombant un samedi ne devrait avoir aucune incidence. Sauf qu'ici, n'ayant que 25 jours ouvrés (soit la Loi), il faut lui rendre un jour pour respecter l'égalité entre les salariés puisque celui qui est compté en jours ouvrables aurait un jour de moins. Donc, il ne faut lui décompter que (20 – 1) 19 jours ouvrés.

5) Ayant un congé principal de 25 jours ouvrés, ce salarié part en congés payés du lundi 7 au jeudi 31 mai 2012 inclus. Sachant que l'entreprise donne le vendredi 18 mai en jour de pont, combien de jours lui décomptez-vous ? (niveau 2)
Le salarié aurait dû le savoir : le pont n'est donné qu'à ceux qui sont censés travailler ce jour-là. Donc pour lui qui est déjà absent en congés payés, cela ne change rien ! Réponse = 16 jours ouvrés.

6) Ayant un congé principal de 27 jours ouvrés, ce salarié part en congés payés du lundi 2 au dimanche 29 juillet 2012 inclus. Combien de jours lui décomptez-vous ? (niveau 2)
La durée de l'absence est la même qu'à la question 4), mais le salarié a cette fois droit à 27 jours ouvrés de congés. Or la jurisprudence dit que les jours supplémentaires donnés aux salariés sont censés compenser le « risque » du samedi jour férié. Dans ce cas-là, il n'y a donc pas lieu de lui « rendre » son samedi 14 juillet et par conséquent on va lui décompter 20 jours ouvrés.

7) Ayant un congé principal de 10 jours ouvrés, l'entreprise de ce salarié ferme du lundi 23 juillet au dimanche 19 août 2012 inclus. Comment passez-vous les jours non acquis sur la paie ? (niveau 3)

Bien sûr, on devrait lui décompter 19 jours ouvrés. Mais comme ce salarié ne les a pas, on ne peut que lui décompter ses 10 jours de congé principal, les 9 jours restants lui seront retenus sur sa paye suivante en jours non travaillés (congés sans solde ou absence autorisée).

Les congés payés par anticipation sont possibles s'il les a déjà acquis au titre de la nouvelle période d'acquisition. Mais, dans notre cas, il ne les a pas encore acquis. Et puis si l'entreprise ferme tous les ans quatre semaines l'été et une semaine l'hiver, notre salarié n'arrivera jamais à acquérir une période complète.

Pour être complet, avant la loi du 22 mars 2013, il était possible dans notre cas de figure de passer ces neuf jours d'absence en chômage partiel. Le salarié ne perdait ainsi pas tout s'il venait d'une période de chômage plus longue qu'une année ou si c'était son premier travail. Depuis la refonte du chômage partiel et de l'APLD (activité partielle de longue durée) en « activité partielle », ce n'est plus possible.

8) Ayant un congé principal de 25 jours ouvrés, ne travaillant que les lundis, mardis et vendredis, ce salarié part en congés payés du lundi 6 août au lundi 27 août 2012 inclus. Combien de jours lui décomptez-vous ? (niveau 3)

Avec cet exercice, nous abordons le sujet du salarié à temps partiel qui est en congés payés. Sujet très délicat et source de nombreux conflits, car les entreprises n'ont jamais vraiment pris le temps de réfléchir correctement à ce problème.

Afin de bien comprendre l'étendue du problème, commençons tout simplement par un salarié qui travaille un jour par semaine et supposons qu'il prenne cette journée en congé payé. Quel que soit le raisonnement, si l'entreprise lui a bien donné 25 jours ouvrés pour une année entière de présence, tout le monde lui décomptera 5 jours ouvrés de son total de jours (ou 6 jours ouvrables) car un salarié à temps partiel ne doit avoir au final que 5 semaines comme un salarié à temps plein. Un jour de travail correspond à 5 jours ouvrés de congé.

Quand un salarié travaille 2 jours par semaine et qu'il prend ces 2 jours en congés, même logique : il faut lui décompter soit 5 jours ouvrés, soit 6 jours ouvrables. Le « petit » problème, c'est quand il n'en prend qu'un sur les deux travaillés en congé. Comment lui décompter ce jour ? Certaines entreprises appliquent la règle du décompte de jours ouvrables pour un temps plein et l'adaptent pour un salarié en jours ouvrés à temps partiel. Ça donne des résultats abracadabrantesques ! En effet, selon le positionnement de ce jour de travail dans la semaine, le résultat est différent ! Comment peut-on régler le problème informatiquement avec un « petit » logiciel de paie dans ces conditions ? Et puis est-ce surtout « juste » au sens de justice ? Alors que la règle est toute simple : si 2 jours de travail décomptent 5 jours ouvrés de congé (ou 6 ouvrables), un jour de travail = 5/2 soit 2,5 jours ouvrés (ou 6/2, soit 3 jours ouvrables) de congé. Une simple règle de trois ! Et c'est infiniment plus juste (au sens de « justice »). Certains stagiaires me disent que c'est gênant que le nombre de jours déduits ne soit pas « rond ». Et alors, cela vous gêne que le nombre de jours acquis par mois de travail effectif ne soit pas « rond » lui non plus (2,083333333 ou 2,5) ? Le plus important c'est qu'à la fin de l'année (d'acquisition ou de prise), le total fasse un chiffre « rond ».

Surtout que cette règle marche dans tous les cas de figure. Passons au cas « classique » du salarié en 4/5e (ou à 80 % si vous préférez). Configuration : le salarié travaille les lundis, mardis, jeudis et vendredis. Ses jours non travaillés sont les mercredis. S'il prend ces 4 jours (du lundi au vendredi), il faut bien lui décompter 5 jours ouvrés de congé (ou 6 jours ouvrables). La règle est dans ce cas : 4 jours de travail correspondent à 5 jours ouvrés (ou 6 jours ouvrables) de congé. S'il ne prend qu'un seul de ces jours en congés, il faut donc lui décompter 5/4e en jours ouvrés ou 6/4e en jours ouvrables, ce qui donne respectivement : 1,25 jour ouvré ou 1,5 jour ouvrable. S'il ne prend que 2 jours en congé, que ce soit les lundi et mardi ou les jeudi et vendredi avec cette règle je lui décompterai dans les deux cas : 2,5 jours ouvrés. Dans de nombreuses entreprises, si ce sont les lundi et mardi on enlève 3 jours car le mercredi est compté, mais seulement deux jours si c'est les jeudi et vendredi, ce qui est absurde puisque le salarié s'est absenté le même nombre d'heures ! Si on compte en jours ouvrables, dans ce cas de figure le résultat est identique : 3 jours ouvrables (6/4e x 2).
Ce qui nous amène tranquillement à notre énoncé d'exercice. Ici, notre salarié travaille 3 jours par semaine, les lundis, mardis et vendredis. S'il part en congé le lundi, le mardi et le vendredi de la même semaine, il faut comme d'habitude lui décompter 5 jours ouvrés (ou 6 jours ouvrables), chaque jour de congé lui étant décompté 1,66 jour ouvré (5/3) ou 2 jours ouvrables (6/3). Ici, notre salarié est absent 4 lundis, 3 mardis et 3 vendredis, soit 10 jours. Ces 10 jours, multipliés par 1,66, font qu'on lui décomptera donc 16,66 jours ouvrés ou 20 jours ouvrables (10 jours x 6/3). Vous pourriez vous étonner que le 15 août ne compte pas pour ce salarié alors que s'il avait été à temps plein il aurait compté (et on ne lui aurait décompté dans ce cas que 15 jours ouvrés). Mais la règle est la même que pour un temps complet lorsque le 15 août tombe un dimanche (un jour ni ouvré, ni ouvrable et non travaillé pour la plupart des salariés).

9) Question identique à la question 8) mais s'il ne travaille que les lundis et mercredis ? (niveau 3)

Exercice fait uniquement pour vérifier que vous avez bien compris l'exercice précédent.
Ici, l'impact du 15 août doit se faire sentir puisque c'est un jour travaillé.
Nous venons de voir que quand un salarié ne travaille que 2 jours sur 5, chaque jour de congé lui est décompté 2,5 jours ouvrés (5/2). Ici, notre salarié est absent 4 lundis, 2 mercredis (le mercredi 15 août étant férié n'est pas compté), soit 6 jours. Ces 6 jours x 2,5 lui seront décomptés 15 jours ouvrés.
CQFD : On retrouve le même calcul que pour un temps plein puisque le 15 août est un jour habituellement travaillé par notre salarié !

Corrigé de l'exercice 19 (niveaux 1, 2 et 3)

1) Ayant un congé principal de 25 jours ouvrés, ce salarié part en congés payés du lundi 1er au lundi 22 août 2016 inclus. Combien de jours lui décomptez-vous ? (niveau 1)
Ce salarié a pris 3 semaines et un jour (le lundi 22 août) de congés payés, ce qui représente 16 jours ouvrés. Mais le jour férié du 15 août tombant un lundi, ce salarié se verra simplement décompter 15 jours ouvrés.

2) Ayant un congé principal de 30 jours ouvrables, ce salarié part en congés payés du lundi 4 au lundi 25 juillet 2016 inclus. Combien de jours lui décomptez-vous ? (niveau 1)
Ce salarié s'est donc absenté 3 semaines et un jour (le lundi 25 juillet). Selon l'exercice précédent, on devrait lui décompter 18 jours ouvrables + 1. Mais un jour férié (le jeudi 14 juillet) est inclus dans sa période de congés payés et celui-ci n'est donc pas compté. Le salarié se verra donc décompter 18 jours ouvrables.

3) Ayant un congé principal de 30 jours ouvrables, ce salarié part en congés payés du lundi 2 au dimanche 22 mai 2016 inclus. Combien de jours lui décomptez-vous ? (niveau 2)
Ce mois de mai 2016 fut pauvre en jours fériés (il n'y a pas eu de 1er mai, ni de 8 mai, les 2 jours étant des dimanches cette année). La période choisie par le salarié (du 2 au 22 mai) en comporte tout de même deux, le jeudi 5 (Ascension) et le lundi 16 (Pentecôte). Donc, on va lui décompter tout simplement : 18 jours ouvrables – 2 jours fériés = 16 jours ouvrables.

4) Ayant un congé principal de 25 jours ouvrés, ce salarié part en congés payés du lundi 2 au dimanche 22 mai 2016 inclus. Sachant que l'entreprise donne le vendredi 6 mai en jour de pont, combien de jours lui décomptez-vous ? (niveau 2)
Même période que le salarié précédent mais cette fois en jours ouvrés. Il y a donc les 2 mêmes jours fériés, le jeudi 5 (Ascension) et le lundi 16 (Pentecôte). Mais l'entreprise donne le vendredi 6 mai en jour de pont. Si les deux jours fériés ne lui seront pas décomptés, l'attribution du pont n'est possible que pour les salariés censés travailler ce jour-là. On lui décomptera donc 15 jours – 2 jours fériés = 13 jours ouvrés.

5) Ayant un congé principal de 25 jours ouvrés, ne travaillant pas les jeudis, ce salarié part en congés payés du vendredi 1er au dimanche 24 juillet 2016 inclus. Combien de jours lui décomptez-vous ? (niveau 3)
Comme nous l'avons déjà vu précédemment, quand un salarié ne travaille que 4 jours sur 5, chaque jour de congé lui est décompté 1,25 jour ouvré (5/4). Ici, notre salarié est absent 3 lundis, 3 mardis, 3 mercredis, 2 jeudis (ne pas compter le 14 juillet) et 3 vendredis, soit 14 jours. Ces 14 jours x 1,25 font qu'on lui décomptera donc 17,5 jours ouvrés. 17,5 est bien le bon nombre de jours à décompter : il ne faut pas arrondir ce résultat ni à 17, ni à 18, sinon nous n'aurons jamais 25 jours à la fin de la période.

6) Ayant un congé principal de 30 jours ouvrables, ne travaillant pas les mercredis et les vendredis, ce salarié part en congés payés du lundi 1er au jeudi 18 août 2016 inclus. Combien de jours lui décomptez-vous ? (niveau 3)
En jours ouvrables, pour un salarié à temps partiel, quand un salarié ne travaille que 4 jours sur 6, chaque jour de congé lui est décompté 1,5 jour ouvrable (6/4). Ici notre salarié est absent 2 lundis (ne pas compter le lundi 15 août), 3 mardis, 3 jeudis, et 2 samedis, soit 10 jours ouvrables. Ces 10 jours x 1,5 font qu'on lui décomptera donc 15 jours ouvrables.
Si on compte autrement, pour un salarié à temps plein et la même période d'absence, on aurait décompté 18 jours ouvrables (en comptant les vendredi 19 et samedi 20) – 1 jour (le lundi 15 août), soit 17 jours. Quant à notre salarié à temps partiel, il « gagne » 2 jours : le lundi 15 août et le samedi 20 août. Chaque jour de congés payés décompté 1,5, il « gagne » 2 x 1,5, soit 3 jours. Or 18 jours ouvrables – 3 jours = 15 jours ouvrables. On trouve donc le même résultat !

8. Le fractionnement du congé principal (24 jours ouvrables)

Corrigé de l'exercice 20 (niveaux 1, 2 et 3)

1) Ayant un congé principal de 25 jours ouvrés, ce salarié part en congés payés du 21 juin au 18 juillet inclus. Combien de jours de fractionnement lui accordez-vous au 31 octobre ? (niveau 1)
Ce salarié part donc en congés payés 19 jours ouvrés (le 14 juillet, tombant un mercredi, ne lui est pas décompté). Son congé principal étant de 25 jours ouvrés, il lui reste 6 jours ouvrés au 31 octobre. Sachant qu'il faut enlever la cinquième semaine au congé principal, sur les 4 semaines de droit principal, il lui reste donc un jour. En conséquence, ce salarié n'a droit à aucun jour de fractionnement.

2) Ayant un congé principal de 30 jours ouvrables, l'entreprise de ce salarié ferme du 2 au 22 août inclus. Combien de jours de fractionnement lui accordez-vous au 31 octobre ? (niveau 1)
Du 2 au 22 août inclus, on lui a décompté 18 jours ouvrables. Sur les 24 jours qui correspondent aux 4 semaines de droit à fractionnement, il lui reste 6 jours ouvrables. On lui accorde donc : 2 jours de fractionnement.

3) Ayant un congé principal de 30 jours ouvrables, ce salarié part en congés payés du 7 au 13 juin inclus, puis du 5 au 19 juillet inclus. Combien de jours de fractionnement lui accordez-vous au 31 octobre ? (niveau 2)
Du 7 au 13 juin, on lui décompte 6 jours ouvrables. Du 5 au 19 juillet, on lui décompte 12 jours ouvrables de plus. Soit 18 jours ouvrables au total. Sur les 24 jours de droit à fractionnement, il lui reste 6 jours ouvrables. On lui accorde donc 2 jours de fractionnement.

4) Ayant un congé principal de 25 jours ouvrés, ce salarié part en congés payés du 28 juin au 18 juillet inclus, puis les 30 et 31 août. Combien de jours de fractionnement lui accordez-vous au 31 octobre ? (niveau 2)
Du 28 juin au 18 juillet, on lui décompte 14 jours ouvrés (le mercredi 14 juillet, férié, n'est pas compté). Les 30 et 31 août, on lui décompte 2 jours ouvrés de plus. Ce qui porte son décompte à 16 jours ouvrés. Sur les 20 jours correspondant aux 4 semaines de droit à fractionnement, il lui reste 4 jours ouvrés. On lui accorde donc un jour de fractionnement à prendre obligatoirement entre le 1er novembre et le 30 avril de l'année suivante.

5) Ayant un congé principal de 25 jours ouvrés, ce salarié part en congés payés du 3 au 9 mai, puis du 16 juillet au 1er août inclus. Combien de jours de fractionnement lui accordez-vous au 31 octobre ? (niveau 3)
Du 3 au 9 mai, on lui décompte 4 jours ouvrés (le samedi 8 mai lui permettant de « récupérer » un jour). Du 16 juillet au 1er août, on lui décompte 11 jours ouvrés de plus. Ce qui porte son décompte à 15 jours ouvrés. Sur les 20 jours correspondant aux 4 semaines de droit à fractionnement, il lui reste 5 jours ouvrés. On lui accorde donc : 2 jours de fractionnement.

6) Ayant un congé principal de 28 jours ouvrés, ce salarié part en congés payés du 21 au 31 mai inclus, puis du 9 au 23 août inclus. Combien de jours de fractionnement lui accordez-vous au 31 octobre ? (niveau 3)

Du 21 au 31 mai, on lui décompte 6 jours ouvrés (le lundi 24 mai est férié). Du 9 au 23 août, on lui décompte 11 jours ouvrés de plus. Ce qui porte son décompte à 17 jours ouvrés. Sur les 20 jours correspondant aux 4 semaines de droit à fractionnement, il lui reste 3 jours ouvrés. On lui accorde donc : un jour de fractionnement.

7) Ayant un congé principal de 15 jours ouvrés, ce salarié part en congés payés du 9 au 22 août inclus. Combien de jours de fractionnement lui accordez-vous au 31 octobre ?

Rappel du livre : Les jours de fractionnement sont accordés également aux salariés entrés en cours d'année dès lors qu'ils prennent des congés en dehors de la période légale. La prise de jours de congés par anticipation, en dehors de la période légale, ouvre droit aussi aux jours supplémentaires de fractionnement (Cass. soc., 7 mars 1990, n° 87-40.629, n° 1014 P, *Société des plâtres Lafarge c/ Louchon* : RJS 4/90 n° 309).

Si le salarié n'a « que » 15 jours de droit à congés payés c'est qu'il est entré dans l'entreprise en cours d'année. Comme la Cour le rappelle, il peut avoir droit aux congés de fractionnement s'il prend au moins deux semaines dans la période légale. Du 9 au 22 août, on lui a décompté 10 jours ouvrés. Sur les 15 jours correspondant à 3/5e de congés pour un salarié présent toute la période, la cinquième semaine (ne donnant pas droit à fractionnement) représente 3 jours. Donc sur les 12 jours de droit à fractionnement, il lui reste 2 jours ouvrés. On doit donc lui accorder un jour de fractionnement.

8) Ayant un congé principal de 30 jours ouvrables, ce salarié part en congés payés du 18 octobre au 31 octobre inclus. Combien de jours de fractionnement lui accordez-vous au 31 octobre ?

Le salarié a bien pris au moins 2 semaines (12 jours ouvrables) consécutives pendant la période « légale ». On lui accorde donc : 2 jours de fractionnement.

9) Ayant un congé principal de 30 jours ouvrables, ce salarié part en congés payés du 5 au 18 juillet et du 16 au 22 août inclus. Combien de jours de fractionnement lui accordez-vous au 31 octobre ?

Aucun ! En effet, ce salarié n'a pas pris au moins 12 jours ouvrables consécutifs (11 seulement du 5 au 18 juillet, car le mercredi 14 juillet est férié). C'est autant la faute du salarié que de l'entreprise, car c'est à cette dernière de bien vérifier d'être en conformité avec la loi et que chaque salarié a bien pris au moins 12 jours ouvrables (ou 10 jours ouvrés) consécutifs.

9. L'indemnisation des congés payés

Corrigé de l'exercice 21 (niveau 1)

Mois	Année	Salaire Brut	Brut pour Calcul du 10ème CP	Particularités
Juin	2015	1 500,00 €	**1 500,00 €**	
Juillet	2015	1 900,00 €	**1 500,00 €**	dont "prime de vacances" de 400 €
Août	2015	1 500,00 €	**1 500,00 €**	dont "congés payés" de 1000 €
Septembre	2015	2 000,00 €	**1 500,00 €**	dont "prime de rentrée scolaire" de 500 €
Octobre	2015	1 500,00 €	**1 500,00 €**	
Novembre	2015	1 500,00 €	**1 500,00 €**	dont "congés payés" de 300 €
Décembre	2015	3 000,00 €	**1 500,00 €**	Il y a un "13ème mois"
Janvier	2016	1 600,00 €	**1 600,00 €**	Le salarié est augmenté
Février	2016	2 000,00 €	**1 600,00 €**	dont "prime de froid" de 400 €
Mars	2016	2 300,00 €	**1 600,00 €**	dont "prime exceptionnelle" de 700 €
Avril	2016	1 600,00 €	**1 600,00 €**	
Mai	2016	1 600,00 €	**1 600,00 €**	dont "congés payés" de 300 €
Total			**18 500,00 €**	

Ce salarié part en congés du lundi 1er au lundi 22 août 2016 inclus. La société dans laquelle il travaille raisonne en jours ouvrables.

1) Déterminer la rémunération brute totale 2015/2016 (pour le calcul du dixième).

En juin, rien de spécial, il suffit de prendre son salaire brut (1 500 €).

En juillet, la prime de vacances censée rémunérer les périodes de travail et de congés payés ne rentre pas dans la rémunération brute totale. On n'ajoute que 1 500 €.

En août, en revanche, l'indemnité de congés payés est comprise dans la rémunération brute totale (RBT). On ajoute encore 1 500 €.

En septembre, la prime de rentrée scolaire ne rentre pas plus dans la RBT que la prime de vacances. On n'ajoute donc que 1 500 €.

En octobre, rien de spécial, il suffit d'ajouter son salaire brut (1 500 €).

En novembre, encore un peu de congés payés qui comme en août rentreront dans la RBT. On ajoute encore 1 500 €.

En décembre, en revanche, le treizième mois en est exclu. On n'ajoute donc que son salaire brut habituel (1 500 €).

En janvier, il faut tenir compte de son nouveau salaire, compte tenu de son augmentation. On ajoute donc son nouveau salaire (1 600 €).

En février, faisant exceptionnellement froid, il a eu une prime de froid. Ce n'est pas pour autant qu'elle entre dans sa RBT car elle ne fait pas partie de sa rémunération habituelle. On n'ajoute encore que 1 600 €.

En mars, la prime exceptionnelle ne correspondant pas à du temps de travail effectif est exclue. On n'ajoute encore que 1 600 €.

En mai, même solution qu'en août et novembre pour l'indemnité des C.P. qui entre dans la RBT. On ajoute donc pour le dernier mois de référence des C.P. encore 1 600 €.

Donc, la rémunération brute totale est : (1 500 x 7) + (1 600 x 5) = 18 500 €.

2) Déterminer le nombre de jours ouvrables d'absence congés payés.
Du lundi 1er au lundi 22 août 2016 inclus, on lui décompte 18 jours ouvrables (le lundi 15 août 2016 est un jour férié, lui permettant donc de prolonger ses congés d'un jour).

3) Calculer le montant de l'absence de ces jours ouvrables de congés payés.
(1 600 € x 18 jours)/26 = 1 107,69 €
Les congés payés étant donnés en jours ouvrables, il est logique de déduire du salaire cette absence en jours ouvrables (par rapport aux autres types de décompte : jours calendaires, jours ouvrés ou en heures). Ensuite, on avait le choix de raisonner en jours moyens ou en jours réels. Puisqu'on va comparer cette somme au dixième de la rémunération brute totale (donc calculé sur une moyenne annuelle), il est évident qu'il faut également raisonner en moyenne. Le nombre de jours ouvrables moyens par mois étant de 26 (6 jours ouvrables par semaines x 52 semaines/12 mois annuels), le diviseur est donc de 26.

4) Calculer le montant du paiement de cette absence.
Avec la règle du dixième :
(18 500/10) x (18/30) = 1 110 €

Nous partons de la rémunération brute totale perçue par le salarié au cours de la période de référence : 18 500 €. Il faut en prendre le dixième : 18 500/10 = 1 850 €. Cette somme correspond au paiement des 30 jours ouvrables. Pour trouver la valeur des 18 jours ouvrables de congés payés parmi les 30 jours ouvrables donnés par la loi, on ajoute une opération : (1 850 x 18)/30 = 1 110 €.

Avec la règle du maintien de salaire :
Le montant des congés payés calculé avec la règle du dixième est de 1 110 €, il faut maintenant comparer cette somme avec la règle du maintien de salaire. Le montant de l'absence de 18 jours ouvrables était de 1 107,69 €, donc le maintien de salaire serait égal à cette somme.
En conclusion, le calcul avec le dixième est le plus favorable pour le salarié et c'est donc cette somme (1 110 €) qui servira de paiement pour ces 18 jours ouvrables de congés payés.

5) Calculer son salaire brut du mois d'août 2016 (salaire – abs. C.P. + paiement C.P. = brut).
Pour trouver son salaire brut du mois d'août 2016, on part de son dernier salaire connu (1 600 €) auquel on enlève le montant de l'absence (1 107,69 €) et auquel on rajoute le montant du paiement (1 110 €). Son salaire brut sera alors de 1 602,31 €.
1 600 € (salaire) – 1 107,69 € (absence C.P.) + 1 110 € (paiement C.P.) = 1 602,31 € (total brut)

Corrigé de l'exercice 22 (niveau 1)

Ce salarié a quitté (démission) l'entreprise le vendredi 1er avril 2016 au soir. Les droits à C.P. dans cette entreprise sont la durée légale plus un jour ouvré (soit 26 jours ouvrés pour une année). Il n'a pas de solde de congé de l'année écoulée.

1) Déterminer la rémunération brute totale 2015/2016 (pour le calcul du dixième).
En avril 2016, il y a 21 jours ouvrés et notre salarié en a travaillé un.
Son salaire d'avril est donc : 2 100 € x (1/21) = 100 €.

Mois	Année	Salaire Brut	Brut pour Calcul du 10ème CP	Particularités
Juin	2015	2 000,00 €	**2 000,00 €**	
Juillet	2015	2 500,00 €	**2 000,00 €**	dont "prime de vacances" de 500 €
Août	2015	2 250,00 €	**2 250,00 €**	dont "congés payés" de 1.250 €
Septembre	2015	2 000,00 €	**2 000,00 €**	
Octobre	2015	2 400,00 €	**2 400,00 €**	dont "heures supp." de 400 €
Novembre	2015	2 150,00 €	**2 150,00 €**	dont "congés payés" de 950 €
Décembre	2015	4 000,00 €	**2 000,00 €**	Il y a un "13ème mois"
Janvier	2016	2 100,00 €	**2 100,00 €**	Le salarié est augmenté
Février	2016	2 100,00 €	**2 100,00 €**	
Mars	2016	2 100,00 €	**2 100,00 €**	
Avril	2016	100,00 €	**100,00 €**	Le salarié part le vendredi 1er avril 2016
Total			**21 200,00 €**	

Pour déterminer la rémunération brute totale, il suffit de cumuler ses salaires bruts mensuels en enlevant en juillet la prime de vacances et en décembre son treizième mois. Il ne faut pas oublier de lui rajouter son « petit » brut d'avril (100 €), ce qui donne une rémunération brute totale de 21 200 €.

2) Déterminer le nombre de jours ouvrés de droits à congés payés.
Ce salarié n'ayant pas travaillé toute l'année, il faut compter le nombre de « mois » de présence du 1er juin 2015 au 1er avril 2016. Sachant qu'un « mois » est égal à 4 semaines calendaires (ou 28 jours calendaires, ou 24 jours ouvrables, ou encore 20 jours ouvrés), il faut calculer sur le calendrier ce nombre de périodes de 4 semaines. Il a été présent 44 semaines complètes. Il a donc 11 périodes (de 4 semaines) ouvrant des droits à C.P. Mais, compte tenu de ses droits supplémentaires, il faut d'abord calculer combien de jours chaque période de 4 semaines lui donne droit. Soit : 26/12 = 2,16 jours. Il a donc gagné : 11 x 2,16 = 23,76 jours, obligatoirement arrondis à 24 jours ouvrés.

Nous allons calculer une indemnité compensatrice de congés payés. La différence par rapport à l'exercice précédent, c'est qu'il n'y a pas d'absence à déduire. Il faut simplement calculer le montant que représentent ces 24 jours ouvrés avec les deux règles : celle du maintien ou celle du dixième et on indemnisera ces jours avec la règle la plus favorable au salarié.

3) Calculer le montant de son indemnité compensatrice avec la règle du maintien de salaire.
Nous partons comme d'habitude de son dernier salaire connu (2 100 €) que l'on va diviser par 21,67 pour trouver la valeur d'une seule de ces journées. 21,67 est le nombre de jours ouvrés moyen par mois (5 jours ouvrés par semaine x 52 semaines/12 mois). Même réflexion que pour l'exercice précédent, il serait incohérent d'indemniser ces jours avec la méthode des jours ouvrés réels car le montant de l'indemnité fluctuerait alors selon le mois de départ du salarié. Il suffit ensuite de multiplier la valeur journalière par le nombre de jours à indemniser (24 dans notre exercice). Ce qui donne le résultat suivant : (2 100 € x 24)/21,67 = 2 325,80 €.

4) Calculer le montant de son indemnité compensatrice avec la règle du dixième.
Pour la règle du dixième, nous partons de la rémunération brute totale (21 200 €) qu'on va bien sûr diviser par 10 pour en avoir le dixième (21 200 €/10 = 2 120 €). Comme notre salarié a un jour supplémentaire, il ne faut pas oublier de revaloriser ce montant pour en tenir compte en le multipliant par le nombre de jours donnés par l'entreprise (26) et en le divisant par le nombre de jours donnés par la loi (25). Ce qui donne le résultat suivant : (21 200 €/10) x (26/25) = 2 204,80 €.

5) Calculer son salaire brut du mois d'avril 2016.
Comme notre salarié avait été considérablement augmenté (5 % au regard de notre économie actuelle, c'est assez conséquent !) en cours d'année, c'est sans surprise avec la règle du maintien de salaire que le montant de l'indemnité compensatrice est le plus avantageux pour le salarié. Le brut du mois d'avril 2016 est donc de : 100 € (salaire) + 2 325,80 € (ICCP) = 2 425,80 €.

Corrigé de l'exercice 23 (niveau 1)

Voici le tableau récapitulatif de la rémunération 2015/2016 de cette salariée :

Année	2015							2016				
Mois	**J**	**J**	**A**	**S**	**O**	**N**	**D**	**J**	**F**	**M**	**A**	**M**
Salaire de base	1 800,00	1 800,00	1 800,00	1 800,00	1 800,00	1 800,00	1 800,00	1 800,00	1 800,00	1 800,00	1 800,00	1 800,00
Pr. d'ancienneté	180,00	180,00	180,00	180,00	180,00	180,00	180,00	198,00	198,00	198,00	198,00	198,00
Pr. d'assiduité		120,00	120,00	120,00	120,00	120,00	120,00	120,00			120,00	120,00
Pr. d'équipe	34,00	44,00		44,00	42,00	40,00	44,00	40,00	42,00	44,00	32,00	40,00
Pr. de risque				80,00								
Pr. Exceptionnelle					1 000,00							
Pr. d'objectif		900,00										
Pr. de vacances		500,00										
Av. Nat. Nourriture	79,05	102,30		102,30	97,65					37,20	74,40	93,00
Abs. Congé Ss Solde	-450,00											
Abs. Maternité						-2 140,00	-2 144,00	-2 158,00	-1 477,24			
Abs. Maladie									-562,76	-1 317,42		
Paiem. Maladie									562,76	1 317,42		
Abs. Congés Payés			-1 938,46								-488,77	
Paiem. Congés Payés			1 938,46								815,54	
13ème mois							1 800,00					
Av. Nat. Logement	101,00	257,60	134,60	168,00	212,80	71,80	101,00	72,60	72,60	136,00	169,60	136,00
Ind. de transport	35,00	35,00		35,00	35,00					35,00	35,00	35,00
Montant retenu :	**1 643,05**	**3 146,30**	**2 100,00**	**2 246,30**	**2 239,65**	**2 140,00**	**2 144,00**	**2 158,00**	**1 477,24**	**761,78**	**2 551,17**	**2 251,00**

La Rémunération Brute Totale = 24 858,49

1) Calculer sa rémunération brute totale 2015/2016 (pour le calcul du dixième).

Ne rentrent dans le montant retenu que le salaire de base + la prime d'ancienneté + la prime d'assiduité (constante) + la prime d'équipe (constante) + la prime d'objectif (montant individuel) + les avantages en nature nourriture (dont elle ne bénéficie pas pendant ses absences).

La prime de risque (circonstances particulières), la prime exceptionnelle (ne rémunérant pas un travail effectif), la prime de vacances (pas un travail effectif), le treizième mois (pas un travail effectif), les avantages en nature logement (dont elle profite toute l'année, même pendant ses congés payés) et l'indemnité de transport (remboursement de frais professionnels) ne rentrent pas dans la rémunération brute totale.

Il convient, bien sûr, d'enlever les montants liés à ses absences congés sans solde et sa maladie (les congés pathologiques post-maternité sont de la maladie), même si elle est indemnisée par l'entreprise grâce à la convention collective (la maladie n'est jamais du travail effectif, sauf contre-indication de la part de la convention collective).

En revanche, il faut tenir compte de sa maternité (assimilée à du travail effectif) et de ses périodes de congés payés (l'indemnité entre dans la RBT).

La rémunération brute totale est donc de 24 858,49 €.

2) Déterminer le nombre de jours ouvrables auxquels elle aura droit pour la période 2016/2017.

Si ses absences « Congés payés » et « Maternité » sont bien assimilées à du temps de travail effectif, ses absences « Congé sans solde » (une semaine) et « Maladie » (quatre semaines) devraient la pénaliser puisque ces deux absences ne sont pas assimilées à du temps de travail effectif. Mais 52 semaines + 2 jours (l'année 2016 étant bissextile, il y a 366 jours au cours de cette période de référence 2015/2016) – 5 semaines = 47 semaines et 2 jours, soit un droit à congés de 29,75 jours ouvrables obligatoirement arrondis à 30 jours ouvrables.

Corrigé de l'exercice 24 (niveau 2)

Ce salarié est entré dans l'entreprise le 2 janvier 1992.
Il quitte l'entreprise le vendredi 9 décembre 2016 au soir.
Son salaire de base (pour 151,67 h), inchangé depuis le 1er juin 2015, est de 2 020 €.
Sa prime d'ancienneté (inchangée depuis le 1er juin 2015) est de 180 €.
Ses droits aux congés payés sont de 25 jours ouvrés.
Ses droits aux congés d'ancienneté sont de 2 jours ouvrés.
Il a droit à un treizième mois (au *prorata temporis*) avec la paie de novembre.
Il a droit aussi à une prime de vacances (au *prorata temporis*) de 450 €.
Au moment de son départ, il lui reste 4 jours de congés (période 2015/2016).
Quel sera le montant total de ses indemnités de congés payés sur son solde de tout compte ?

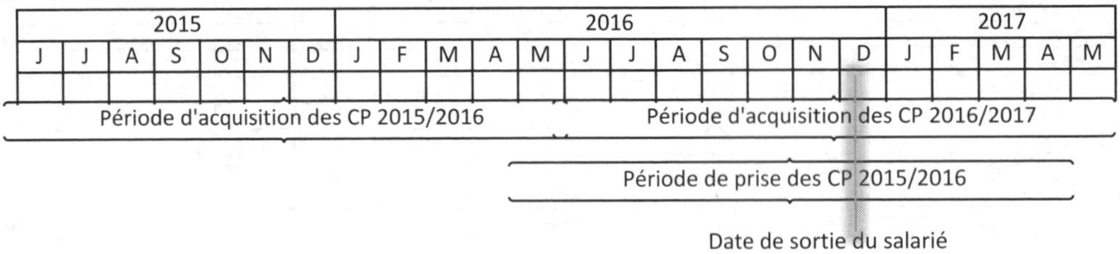

1) Déterminer la rémunération brute totale 2015/2016 (pour le calcul du dixième).
De juin 2015 à mai 2016, sa rémunération brute totale C.P. est (2 020 + 180) x 12 = 26 400 €.
Comme dans les exercices précédents, il ne faut pas tenir compte ni du treizième mois, ni de la prime de vacances !

2) Déterminer l'indemnité compensatrice 2015/2016.
Avec la règle du dixième : (26 400 €/10) x (27/25) x (4/27) = 422,40 €.
Avec la règle du maintien de salaire : (2 200 €/21,67) x 4 = 406,09 €.

3) Déterminer la rémunération brute totale 2016/2017 (pour le calcul du dixième).
Du 1er juin 2016 au 9 décembre 2016, sa rémunération brute totale C.P. est de : [(2 020 + 180) x 6] + [(2 020 + 180) x (7/22)] = 13 900 €.

4) Déterminer le nombre de jours de C.P. 2016/2017 acquis.
Du 1er juin 2016 au 9 décembre 2016, il y a très exactement 192 jours calendaires. Comme vu précédemment, 192 jours/28 x 2,08 = 14,26, obligatoirement arrondis à 15 jours ouvrés.

Attention : les jours d'ancienneté ne sont pas à prendre en considération car ils sont donnés (dans la majorité des conventions collectives) soit à date anniversaire, soit en fin de période de référence, et bien évidemment, ils ne se proratisent pas.

5) Déterminer l'indemnité compensatrice 2016/2017.
Avec la règle du dixième : 13 900 €/10 = 1 390 € pour 15 jours ouvrés.
Avec la règle du maintien de salaire : (2 200 €/21,67) x 15 = 1 522,84 €.
Conclusion : 422,40 € (indemnités compensatrices C.P. 2015/2016) + 1 522,84 € (indemnités compensatrices C.P. 2016/2017) = 1 945,24 €.

Corrigé de l'exercice 25 (niveau 2)

Ce salarié est entré dans l'entreprise le 2 juillet 1987.
Il passe à temps partiel (17,50 h/sem. 3,50 h tous les matins) le 1er juin 2016.
Établir son salaire brut du mois de juillet, en appliquant la règle la plus favorable, sachant :

- qu'il a 25 jours ouvrés de droit à C.P. ;
- qu'il gagnait 2 300 € à temps complet ;
- qu'il part en congés du lundi 4 au lundi 25 juillet 2016 inclus.

1) Déterminer la rémunération brute totale 2015-2016 (pour le calcul du dixième).
De juin 2015 à mai 2016, sa rémunération brute totale est de : 2 300 € x (35 h/35 h) x 12 = 27 600 €.

2) Déterminer le nombre de jours d'absence C.P.
Puisqu'il travaille tous les jours (5 jours sur 5), chaque jour d'absence C.P. ne vaut qu'un jour ouvré (comme ses collègues à temps plein). Du lundi 4 au lundi 25 juillet 2016 inclus, il y a 15 jours ouvrés (le jeudi 14 juillet étant un jour férié).

3) Déterminer le montant de l'absence C.P.
2 300 € x (17,50 h/35 h) x (15/21,67) = 796,03 €

4) Déterminer le montant de l'indemnité C.P.
Avec la règle du dixième : (27 600 €/10) x (15 j/25 j) = 1 656 €.

5) Calculer le salaire brut de ce salarié.
1 150 € (salaire) – 796,03 € (absence C.P. 15 jours) +1 656 € (paiement C.P. 15 jours) = 2 009,97 €

Corrigé de l'exercice 26 (niveau 3)

Ce salarié est entré dans l'entreprise le 2 juillet 1987.
Il passe à temps partiel (28 h/semaine : lundi, mardi, mercredi et jeudi, 7 h/jour) le 1er juin 2015.
Le 1er février 2016, il change d'horaire en passant à 17,50 h/semaine : chaque jour 3,50 h.
Le 1er juin 2016, il change encore d'horaire en passant à 21 h/semaine : lundi, mardi et jeudi.
Établir son salaire brut du mois de juillet, en appliquant la règle la plus favorable, sachant :

- qu'il a 27 jours ouvrés de droit à C.P. à temps plein ;
- qu'il gagnait 1 500 € à temps complet ;
- qu'il part en congés du lundi 4 au lundi 25 juillet 2016 inclus.

1) Déterminer la rémunération brute totale 2015/2016 (pour le calcul du dixième).
De juin 2015 à janvier 2016, sa rémunération brute totale est de :
1 500 € x (28 h/35 h) x 8 mois = 9 600 €.
De février 2016 à mai 2016, sa rémunération brute totale est de :
1 500 € x (17,5 h/35 h) x 4 mois = 3 000 €.
Soit au total, un salaire de référence de 12 600 € (9 600 € + 3 000 €).

2) Déterminer le nombre de jours d'absence C.P.
Chaque jour d'absence vaut pour lui : 35/21 = 1,666 jour.
Du 4 au 25 juillet, il s'absente 9 jours (4 lundis, 3 mardis et 2 jeudis).
Donc son absence vaut 9 x 1,666 = 15 jours de C.P.

3) Déterminer le montant de l'absence C.P.
1 500 € x (21 h/35 h) x (15 j/21,67 j) = 622,98 €

4) Déterminer le montant de l'indemnité C.P.
Avec la règle du dixième : (12 600 €/10) x (27/25) x (15/27) = 756 €.

5) Calculer le salaire brut de ce salarié en juillet 2016.
900 € (salaire) – 622,98 € (absence C.P. 15 jours) + 756 € (paiement C.P. 15 jours) = 1 033,02 €

Corrigé de l'exercice 27 (niveau 3)

Ce salarié est entré dans l'entreprise le 4 septembre 1999.
L'entreprise indemnise les absences C.P. au maintien toute l'année et régularise si besoin est au dixième sur la paie de mai.
Son salaire de base (151,67 h) est de 2 100 € du 1er juin 2014 au 31 décembre 2015, puis passe à 2 200 € le 1er janvier 2016.
Ses droits conventionnels à congés payés sont de 28 jours ouvrés au 1er juin 2015.
Il est parti en congés payés du lundi 3 au dimanche 23 août 2015 inclus, puis il est parti du lundi 28 décembre 2015 au lundi 4 janvier 2016 inclus, et enfin du lundi 11 au dimanche 24 avril 2016 inclus.
Quel est le montant de la rubrique « Régul. dixième » qui se déclenche sur la paie de mai 2016 ?

1) Déterminer la rémunération brute totale 2014/2015 (pour le calcul du dixième).
Cette question ne présente aucune difficulté : 2 100 € x 12 = 25 200 €.

2) Déterminer le montant des absences « congés payés ».
Le montant de ses absences congés payés du 3 au 23 août 2015 est de :
(2 100 € x 15)/21,67 = 1 453,62 €.

Du 28 décembre 2015 au 4 janvier 2016 :
(2 100 € x 4)/21,67 = 387,63 €
(2 200 € x 1)/21,67 = 101,52 €

Le montant de ses absences congés payés du 11 au dimanche 24 avril 2016 est de :
(2 200 € x 10)/21,67 = 1 015,23 €.

Le montant total des absences « congés payés » est de 2 958 €.

3) Déterminer l'indemnité dixième totale.
(25 200/10) x (30/25) = 3 024 €
Peut-être vous demandez-vous pourquoi le salarié s'est absenté 30 jours au total, alors que l'énoncé n'annonçait que 28 jours de droit ? La réponse est dans les jours de fractionnement bien sûr ! Puisque le salarié n'a pris que 15 jours ouvrés pendant la période d'été, il a droit à 2 jours de fractionnement. Son total de jours pris est donc 28 de droit principal + 2 de droit de fractionnement, soit 30 jours en tout.

4) Déterminer le montant de la régularisation dixième.
3 024 € (total dixième) – 2 958 € (total maintien) = 66 €
Il ne vous aura sans doute pas échappé que si l'entreprise avait payé, au moment de chaque prise de congés, le plus favorable entre le maintien et le dixième, l'entreprise aurait payé :
• en août : 15 j x ([(25 200/10) x (30/25)]/30) = 1 512 € (au dixième) par rapport à 1 453,62 € (maintien) ;
• en décembre : 4 j x 100,80 € = 403,20 € (au dixième) par rapport à 387,63 € (maintien) ;
• en janvier : un jour à 101,52 € (au maintien par rapport à 100,80 € (dixième) ;
• en avril : 10 jours à 1 015,23 € (au maintien) par rapport à 1 008 € (dixième).
Soit au total : 3 031,95 €.
Une somme supérieure de 7,95 € à ce que la loi impose, et ceci pour n'en tirer aucun avantage !

10. La régulation mensuelle progressive (A/B)

Corrigé de l'exercice 28 (niveau 1)

Remplir le tableau de régularisation mensuelle progressive avec les bruts mensuels indiqués.

Plafond 2016 : 3 218

Le brut cumulé est-il > ou < au plafond cumulé ? ⇒

Mois	Brut du mois	Brut cumulé	Tranche A cumulée	Tranche A du mois	>/<	Plafond cumulé	Tranche B cumulée	Tranche B du mois
Janvier	3 200	3 200	3 200	3 200	<	3 218		
Février	3 300	6 500	6 436	3 236	>	6 436	64	64
Mars	3 200	9 700	9 654	3 218	>	9 654	46	-18
Avril	3 200	12 900	12 872	3 218	>	12 872	28	-18
Mai	3 200	16 100	16 090	3 218	>	16 090	10	-18
Juin	3 200	19 300	19 300	3 210	<	19 308		-10
Juillet	3 300	22 600	22 526	3 226	>	22 526	74	74
Août	3 200	25 800	25 744	3 218	>	25 744	56	-18
Septembre	3 200	29 000	28 962	3 218	>	28 962	38	-18
Octobre	3 200	32 200	32 180	3 218	>	32 180	20	-18
Novembre	3 200	35 400	35 398	3 218	>	35 398	2	-18
Décembre	6 200	41 600	38 616	3 218	>	38 616	2 984	2 982

Le brut cumulé doit sur chaque ligne être égal à la somme Tranche A cumulée + Tranche B cumulée

Le brut du mois doit sur chaque ligne être égal à la somme Tranche A du mois + Tranche B du mois

Corrigé de l'exercice 29 (niveau 1)

Remplir le tableau de régularisation mensuelle progressive avec les bruts mensuels indiqués.

Plafond 2016 : 3 218

Le brut cumulé est-il > ou < au plafond cumulé ?

Mois	Brut du mois	Brut cumulé	Tranche A cumulée	Tranche A du mois	>/<	Plafond cumulé	Tranche B cumulée	Tranche B du mois
Janvier	3 300	3 300	3 218	3 218	>	3 218	82	82
Février	3 200	6 500	6 436	3 218	>	6 436	64	-18
Mars	3 300	9 800	9 654	3 218	>	9 654	146	82
Avril	3 200	13 000	12 872	3 218	>	12 872	128	-18
Mai	3 100	16 100	16 090	3 218	>	16 090	10	-118
Juin	3 200	19 300	19 300	3 210	<	19 308		-10
Juillet	3 200	22 500	22 500	3 200	<	22 526		
Août	3 300	25 800	25 744	3 244	>	25 744	56	56
Septembre	3 200	29 000	28 962	3 218	>	28 962	38	-18
Octobre	3 200	32 200	32 180	3 218	>	32 180	20	-18
Novembre	3 200	35 400	35 398	3 218	>	35 398	2	-18
Décembre	3 100	38 500	38 500	3 102	<	38 616		-2

Le brut cumulé doit sur chaque ligne être égal à la somme Tranche A cumulée + Tranche B cumulée

Le brut du mois doit sur chaque ligne être égal à la somme Tranche A du mois + Tranche B du mois

Corrigé de l'exercice 30 (niveau 1)

Remplir le tableau de régularisation mensuelle progressive avec les bruts mensuels indiqués.

Plafond 2016 : 3 218

Le brut cumulé est-il > ou < au plafond cumulé ? ⇓

Mois	Brut du mois	Brut cumulé	Tranche A cumulée	Tranche A du mois	>/<	Plafond cumulé	Tranche B cumulée	Tranche B du mois
Janvier	3 200	3 200	3 200	3 200	<	3 218		
Février	3 200	6 400	6 400	3 200	<	6 436		
Mars	3 200	9 600	9 600	3 200	<	9 654		
Avril	3 200	12 800	12 800	3 200	<	12 872		
Mai	3 400	16 200	16 090	3 290	>	16 090	110	110
Juin	3 200	19 400	19 308	3 218	>	19 308	92	-18
Juillet	3 200	22 600	22 526	3 218	>	22 526	74	-18
Août	3 000	25 600	25 600	3 074	<	25 744		-74
Septembre	3 400	29 000	28 962	3 362	>	28 962	38	38
Octobre	3 200	32 200	32 180	3 218	>	32 180	20	-18
Novembre	3 200	35 400	35 398	3 218	>	35 398	2	-18
Décembre	3 400	38 800	38 616	3 218	>	38 616	184	182

Le brut cumulé doit sur chaque ligne être égal à la somme Tranche A cumulée + Tranche B cumulée

Le brut du mois doit sur chaque ligne être égal à la somme Tranche A du mois + Tranche B du mois

Corrigé de l'exercice 31 (niveau 2)

Ce salarié a une base mensuelle de 3 780,00 € par mois.
Nous sommes en l'année **2016** où le plafond du 1er Janvier au 31 Décembre est de **3 218 €**
Déterminer en régularisation progressive sa tranche A et sa tranche B.

Le brut cumulé est-il <ou> au plafond cumulé ?

Mois	Brut du mois	**Brut Cumulé**	>/<	**Plafond Cumulé**	**Tranche A Cumulée**	Tranche A du mois	**Tranche B Cumulée**	Tranche B du mois
Janvier **Tps plein**	3 780,00	**3 780,00**	>	**3 218,00**	**3 218,00**	3 218,00	**562,00**	562,00
Février **: Congés ss solde à partir du 8**	900,00	**4 680,00**	<	**6 436,00**	**4 680,00**	1 462,00	**0,00**	-562,00
Mars **: Congés ss solde**	0,00	**4 680,00**	<	**6 436,00**	**4 680,00**	0,00	**0,00**	0,00
Avril **: revient le 11 et demande un tps partiel**	2 700,00	**7 380,00**	<	**9 654,00**	**7 380,00**	2 700,00	**0,00**	0,00
Mai **: Temps partiel accepté**	2 268,00	**9 648,00**	<	**11 584,80**	**9 648,00**	2 268,00	**0,00**	0,00
Juin **: Prime vacances 1000 € (Mt id. tt pers.)**	3 268,00	**12 916,00**	<	**13 784,89**	**12 916,00**	3 268,00	**0,00**	0,00
Juillet **: Congés Payés de 3 semaines**	2 268,00	**15 184,00**	<	**15 715,69**	**15 184,00**	2 268,00	**0,00**	0,00
Août **: Rien de particulier à signaler**	2 268,00	**17 452,00**	<	**17 646,49**	**17 452,00**	2 268,00	**0,00**	0,00
Septembre **: Prime de rentrée(1000 €/tps plein)**	2 868,00	**20 320,00**	>	**19 577,29**	**19 577,29**	2 125,29	**742,71**	742,71
Octobre **: 2 semaines de convenance personnelle**	1 188,00	**21 508,00**	<	**21 508,09**	**21 508,00**	1 930,71	**0,00**	-742,71
Novembre **: + 150 € H.C. (pose dém. le 9 Déc.)**	2 418,00	**23 926,00**	>	**23 566,59**	**23 566,59**	2 058,59	**359,41**	359,41
Décembre **: + 1200€ ind. CP et + 800€ 13è mois**	2 721,64	**26 647,64**	>	**24 145,83**	**24 145,83**	579,24	**2 501,81**	2 142,40

Le Brut Cumulé doit sur chaque ligne être égal à la somme Base A Cumulée + Base B Cumulée

Le Brut du mois doit sur chaque ligne être égal à la somme : Base A du mois + Base B du mois

En février, le salaire est de 3 780/21 (nombre de jours ouvrés) x 5 (21 – 16 j d'absence) = 900 €.
En février, le plafond est de 3 218 € (pas de réduction, il y a présence du salarié dans le mois considéré).

En mars, il n'y a pas de salaire, et donc pas de plafond.

En avril, le salaire est de 3 780 €/21 (nombre de jours ouvrés) x 15 (jours de présence) = 2 700 €.
En avril, le plafond est de 3 218 € (pas de réduction, il y a présence du salarié dans le mois considéré).

En mai, le plafond est de : 3 218 x 2 268/3 780 = 1 930,80 €.

En juin, le plafond est de : 3 268 x 3 218/4 780 = 2 200,09 €.

En septembre, le salaire est de : 2 268 + 600 (1 000 x 2 268/3 780) = 2 868 €.
En septembre, le plafond reste le même car la prime est proratisée, soit 1 930,80 €.

En octobre, le salaire est de : 2 268 €/21 (jours ouvrés) x 11 (jours travaillés) = 1 188 €.

En novembre, le plafond est : (3 218 x 2 418)/3 780 = 2 058,50 € (à temps complet, il n'y a pas d'H.C. !).

En décembre, le salaire est : 1 200 + 800 + (2 268 x 7/22) = 2 721,64 €.
En décembre, le plafond est : 3 218 x 2 268/3 780 x 9/30 = 579,24 €.

Corrigé de l'exercice 32 (niveau 3)

Remplir le tableau de régularisation mensuelle progressive avec les bruts mensuels indiqués.

Le brut cumulé est-il > ou < au plafond B cumulé ?

Le brut cumulé est-il > ou < au plafond cumulé ?

Mois	Brut du mois	Brut cumulé	Tranche A cumulée	Tranche A du mois	>/<	Plafond cumulé	Tranche B cumulée	Tranche B du mois	>/<	Plafond B cumulé	Tranche C cumulée	Tranche C du mois
Janvier	12 500	12 500	3 218	3 218	>	3 218	9 282	9 282	<	12 872		
Février	13 500	26 000	6 436	3 218	>	6 436	19 308	10 026	>	25 744	256	256
Mars	13 000	39 000	9 654	3 218	>	9 654	28 962	9 654	>	38 616	384	128
Avril	12 500	51 500	12 872	3 218	>	12 872	38 616	9 654	>	51 488	12	-372
Mai	12 500	64 000	16 090	3 218	>	16 090	47 910	9 294	<	64 360		-12
Juin	13 000	77 000	19 308	3 218	>	19 308	57 692	9 782	<	77 232		
Juillet	13 000	90 000	22 526	3 218	>	22 526	67 474	9 782	<	90 104		
Août	14 000	104 000	25 744	3 218	>	25 744	77 232	9 758	>	102 976	1 024	1 024
Septembre	13 000	117 000	28 962	3 218	>	28 962	86 886	9 654	>	115 848	1 152	128
Octobre	12 600	129 600	32 180	3 218	>	32 180	96 540	9 654	>	128 720	880	-272
Novembre	12 600	142 200	35 398	3 218	>	35 398	106 194	9 654	>	141 592	608	-272
Décembre	13 000	155 200	38 616	3 218	>	38 616	115 848	9 654	>	154 464	736	128

Le brut cumulé doit sur chaque ligne être égal à la somme Tranche A cumulée + Tranche B cumulée + Tranche C cumulée

Le brut du mois doit sur chaque ligne être égal à la somme Tranche A du mois + Tranche B du mois + Tranche C du mois

Corrigé de l'exercice 33 (niveau 3)

Remplir le tableau de régularisation mensuelle progressive avec les bruts mensuels indiqués.

Plafond 2016 3 218

Le brut cumulé est-il > ou < au plafond B cumulé ?

Le brut cumulé est-il > ou < au plafond cumulé ?

Mois	Brut du mois	Brut cumulé	Tranche A cumulée	Tranche A du mois	>/<	Plafond cumulé	Tranche B cumulée	Tranche B du mois	>/<	Plafond B cumulé	Tranche C cumulée	Tranche C du mois
Janvier	13 000	13 000	3 218	3 218	>	3 218	9 654	9 654	>	12 872	128	128
Février	13 500	26 500	6 436	3 218	>	6 436	19 308	9 654	>	25 744	756	628
Mars	13 800	40 300	9 654	3 218	>	9 654	28 962	9 654	>	38 616	1 684	928
Avril	12 000	52 300	12 872	3 218	>	12 872	38 616	9 654	>	51 488	812	-872
Mai	12 200	64 500	16 090	3 218	>	16 090	48 270	9 654	>	64 360	140	-672
Juin	12 000	76 500	19 308	3 218	>	19 308	57 192	8 922	<	77 232		-140
Juillet	13 500	90 000	22 526	3 218	>	22 526	67 474	10 282	<	90 104		
Août	13 500	103 500	25 744	3 218	>	25 744	77 232	9 758	>	102 976	524	524
Septembre	12 800	116 300	28 962	3 218	>	28 962	86 886	9 654	>	115 848	452	-72
Octobre	13 100	129 400	32 180	3 218	>	32 180	96 540	9 654	>	128 720	680	228
Novembre	12 400	141 800	35 398	3 218	>	35 398	106 194	9 654	>	141 592	208	-472
Décembre	12 800	154 600	38 616	3 218	>	38 616	115 848	9 654	>	154 464	136	-72

Le brut cumulé doit sur chaque ligne être égal à la somme Tranche A cumulée + Tranche B cumulée + Tranche C cumulée

Le brut du mois doit sur chaque ligne être égal à la somme Tranche A du mois + Tranche B du mois + Tranche C du mois

Corrigé de l'exercice 34 (niveau 1)

Ce salarié parisien, en CDI, est employé depuis le 1er janvier 2016 à temps plein dans une grande entreprise (effectif supérieur à 300 salariés) pour un salaire de base de 2 000 € brut par mois.
Sa rémunération n'a pas varié depuis son entrée (2 000 € brut chaque mois).
Le taux d'accident du travail pour cette entreprise est de 2,44 %.
Le montant des cotisations pour une mutuelle (prévoyance frais de santé) est de 50 €, aussi bien pour le salarié que pour l'employeur.
L'entreprise devançant l'obligation légale du 1er janvier 2017 a déjà une couverture prévoyance (complément des IJSS). Les taux sont de 1 % pour le salarié et de 2 % pour l'employeur sur la tranche A.

Bulletin de paie d'avril 2016 avec les taux de cotisation minimaux de la feuille précédente

Libellé des Rubriques	Base	Taux	Montant	Commentaires	
Salaire	151,67		2 000,00	Avril 2016	
				Date d'entrée : 01/01/2016	
				Plafond du mois : 3218 €	
Total Brut			**2 000,00**		
Cotisations	Base	Salariales		Patronales	
		Taux	Montant	Taux	Montant
Ass. Mal.Mat.Inv.décès	2 000,00	0,75	-15,00	12,84	256,80
Contribution Solidarité Autonom	2 000,00			0,30	6,00
Accident du Travail	2 000,00			2,44	48,80
Allocations Familiales	2 000,00			3,45	69,00
Ass. Vieillesse Plafonnée	2 000,00	6,90	-138,00	8,55	171,00
Ass. Vieillesse Déplafonnée	2 000,00	0,35	-7,00	1,85	37,00
F.N.A.L. sur Brut	2 000,00			0,50	10,00
Chômage sur Tr. A+Tr. B	2 000,00	2,40	-48,00	4,00	80,00
A.G.S. sur Tr. A+Tr. B	2 000,00			0,25	5,00
A.R.R.CO sur Tr. 1	2 000,00	3,10	-62,00	4,65	93,00
A.G.F.F. sur Tr. 1	2 000,00	0,80	-16,00	1,20	24,00
Mutuelle (Frais de Santé)			-50,00		50,00
Prévoyance sur Tr. A	2 000,00	1,00	-20,00	2,00	40,00
Forfait Social	90,00			8,00	7,20
C.S.G. déductible	2 055,00	5,10	-104,81		
Autres charges patronales	2 000,00			4,996	99,92
Total cotisations			-410,81		997,72
Net fiscal			**1 639,19**		
C.S.G. non déductible	2 055,00	2,40	-49,32		
C.R.D.S. non déductible	2 055,00	0,50	-10,28		
Net à payer			**1 529,60**		

Corrigés des exercices

Pour ce premier exercice sur les cotisations, j'ai voulu faire un bulletin « simple » pour recadrer tout ce qui a été écrit sur les tranches et les taux des cotisations.
Un salaire tout rond pour le brut. Aucune absence, aucun avantage en nature quelconque, aucune prime, aucune heure supplémentaire. Bref, on se concentre sur la logique des cotisations.
Le brut étant largement inférieur au plafond de la Sécurité sociale, il devient par conséquent également la tranche A (ou 1 pour la retraite complémentaire ARRCO).
Donc toutes les cotisations sur le brut ou la tranche A (ou 1) sont assises sur la même somme (2 000 €) et bien sûr il n'y a ni tranche B, ni tranche 2.
On « déroule » tranquillement toutes les cotisations énumérées dans le tableau récapitulatif avec comme base 2 000 € et le taux correspondant, aussi bien en cotisations salariales que patronales.
Arrive peut-être la première difficulté : la mutuelle frais de santé. L'énoncé demandait un forfait salarial de 50 € et la même somme en forfait patronal (pas de base, ni de taux, un « classique » pour cette ligne dans la plupart des entreprises). Au moment de calculer le net fiscal, il faudra bien penser à rajouter la part patronale à l'opération « brut – cotisations salariales ».
Ensuite, il a été rajouté une prévoyance sur tranche A (donc sur 2 000 €) aux taux de 1 % pour le salarié et de 2 % pour l'employeur (là aussi, la répartition un tiers deux tiers pour cette cotisation est un grand « classique »).
Sur ces deux lignes précédentes va se calculer un « forfait social ». Il faut cumuler l'ensemble des cotisations patronales de la mutuelle (50 €) et de la prévoyance (40 €) pour avoir la base du forfait social : soit 90 €. Ces 90 € sont soumis à un taux de 8 % qui viennent alourdir les charges patronales.
Pour le calcul de la base des CSG et de la CRDS, il faut prendre 98,25 % du brut (2 000 € x 98,25 % = 1 965 €) et rajouter le montant des cotisations patronales de mutuelle et de prévoyance (90 €) : 1 965 € + 90 € = 2 055 €.
Quant aux autres charges, comme expliqué dans l'énoncé, n'étant pas obligatoires sur le bulletin, de nombreuses entreprises, soit ne les mettent pas sur le bulletin, soit les regroupent en une seule ligne. Le 4,996 % est la somme de la taxe transport (2,85 % à Paris), de l'effort construction (0,45 %), de la taxe d'apprentissage (0,68 %), de la formation professionnelle continue (1 %) et de la contribution au financement des organisations syndicales (0,016 %).
Le « Total cotisations » est l'addition de toutes les cotisations (ici, toutes négatives, c'est-à-dire se retranchant du brut).
Le net fiscal est égal au brut, moins les cotisations salariales, plus le montant patronal de la mutuelle frais de santé.
Pour la CSG et la CRDS non déductibles, on reprend la même base que la CSG déductible sur laquelle on applique respectivement 2,40 % et 0,50 %.
Enfin, le net à payer est égal au net fiscal, moins la CSG non déductible, moins la CRDS non déductible, moins la part patronale de la mutuelle frais de santé.

Corrigé de l'exercice 35 (niveau 1)

Ce salarié parisien, en CDI, est cadre depuis le 5 octobre 2015 à temps plein dans une grande entreprise (effectif supérieur à 300 salariés) pour un salaire forfaitaire de 6 000 € brut par mois.
Sa rémunération n'a pas varié depuis son entrée (6 000 € brut chaque mois).
Le taux d'accident du travail pour cette entreprise est de 2,44 %.
Le montant des cotisations pour une mutuelle (prévoyance frais de santé) est de 60 €, aussi bien pour le salarié que pour l'employeur.
L'entreprise n'applique que le minimum de la prévoyance décès obligatoire.

Bulletin de paie d'avril 2016 avec les taux de cotisation minimaux de la feuille récapitulative

Libellé des Rubriques	Base	Taux	Montant	Commentaires	
Salaire Forfaitaire			**6 000,00**	avril 2016	
				Date d'entrée : 5 Octobre 2015	
				Plafond : 3.218 €	
Total Brut			**6 000,00**		
Cotisations	**Base**	**Salariales**		**Patronales**	
		Taux	**Montant**	**Taux**	**Montant**
Ass. Mal.Mat.Inv.décès	6 000,00	0,75	-45,00	12,84	770,40
Contribution Solidarité Autonomie	6 000,00			0,30	18,00
Accident du Travail	6 000,00			2,44	146,40
Allocations Familiales	6 000,00			3,45	207,00
Allocations Familiales Supplém.	6 000,00			1,80	108,00
Ass. Vieillesse Plafonnée	3 218,00	6,90	-222,04	8,55	275,14
Ass. Vieillesse Déplafonnée	6 000,00	0,35	-21,00	1,85	111,00
F.N.A.L. sur Brut	6 000,00			0,50	30,00
Chômage sur Tr. A+Tr. B	6 000,00	2,40	-144,00	4,00	240,00
A.G.S. sur Tr. A+Tr. B	6 000,00			0,25	15,00
A.R.R.CO sur Tr. A	3 218,00	3,10	-99,76	4,65	149,64
A.G.F.F. sur Tr. A	3 218,00	0,80	-25,74	1,20	38,62
A.G.I.R.C. sur Tr. B	2 782,00	7,80	-217,00	12,75	354,71
A.G.F.F. sur Tr. B + Tr. C	2 782,00	0,90	-25,04	1,30	36,17
A.P.E.C. sur Tr. A + Tr. B	6 000,00	0,024	-1,44	0,036	2,16
C.E.T. sur Tr. A + B + C	6 000,00	0,13	-7,80	0,22	13,20
Mutuelle Frais de Santé			-60,00		60,00
Prévoyance Décès sur Tr. A	3 218,00			1,50	48,27
Forfait Social	108,27			8,00	8,66
C.S.G. déductible	6 003,27	5,10	-306,17		
Autres charges patronales	6 000,00			4,996	299,76
Total cotisations			**-1 174,99**		**2 932,13**
Net fiscal			**4 885,01**		
C.S.G. non déductible	6 003,27	2,40	-144,08		
C.R.D.S. non déductible	6 003,27	0,50	-30,02		
Net à payer			**4 650,92**		

Pour ce premier bulletin d'un cadre, j'ai encore voulu faire un bulletin « simple » pour bien visualiser les différences entre le bulletin précédent (employé) et celui-ci (cadre).
Toujours pas de complications, on se concentre sur la logique des cotisations.
Le brut étant largement supérieur au plafond de la Sécurité sociale et ce depuis le début de l'année (pas encore de régularisation mensuelle progressive), la tranche A est égale au plafond de la Sécurité sociale.
Les cotisations sur le brut, sur tranche A + B ou sur tranche A + B + C sont assises sur la même somme (5 000 €).
Les cotisations sur tranche B ou sur tranche B + C sont assises sur la différence entre le brut et le plafond, soit : 2 782 € (6 000 € – 3 218 € = 2 782 €).
La première difficulté est peut-être de bien penser à rajouter une ligne par rapport à l'exercice précédent : les allocations familiales supplémentaires au taux de 1,8 % (uniquement taux patronal) toujours sur le brut. En effet, notre cadre dépasse non seulement les 1,6 SMIC mensuel prévus de janvier à mars inclus, mais également la base de 3,5 SMIC mensuel qui doit entrer en vigueur le 1er avril 2016 (9,67 € x 151,67 h x 3,5 = 5 133,27 €).
Pour la retraite cadre AGIRC sur tranche B, la base est « simplement » la « vraie » tranche B. Pas encore de GMP, le salaire de notre cadre étant là aussi, largement supérieur au plafond GMP (3 549,24 € par mois).
Pour la mutuelle frais de santé, il faut prendre simplement les montants indiqués dans l'énoncé (60 € en cotisations salariales et en cotisations patronales).
La prévoyance décès obligatoire pour tous les cadres est au minimum sur la tranche A (donc sur 3 218 €) au taux de 1,5 % (soit : 3 218 € x 1,5 % = 48,27 €). Additionnée à la mutuelle frais de santé, ce sera la base du forfait social à 8 %.
Pour le calcul de la base des CSG et de la CRDS, il faut prendre 98,25 % du brut (6 000 € x 98,25 % = 5 895 €) et rajouter le montant des cotisations patronales de mutuelle et de prévoyance (60 € + 48,27 €) : 5 8 95 € + 60 € + 48,27 € = 6 003,27 €.
Pour les autres charges, comme dans l'exercice du salarié employé, il suffit de prendre le brut et de le multiplier par 4,996 %.
Le « Total cotisations » est l'addition de toutes les cotisations (ici, toutes négatives, c'est-à-dire se retranchant du brut).
Le net fiscal est égal au brut, moins les cotisations salariales, plus le montant patronal de la mutuelle frais de santé.
Pour la CSG et la CRDS, on reprend la même base que la CSG déductible sur laquelle on applique respectivement 2,40 % et 0,50 %.
Enfin, le net à payer est égal au net fiscal, moins la CSG non déductible, moins la CRDS non déductible, moins la part patronale de la mutuelle frais de santé.

Corrigé de l'exercice 36 (niveau 2)

Le salarié de l'exercice précédent a un collègue dans la même entreprise, entré en CDI le même jour, mais ce collègue est cadre supérieur pour un salaire forfaitaire de 16 000 € brut par mois. Sa rémunération n'a pas varié non plus depuis son entrée (16 000 € brut chaque mois). Le taux d'accident du travail pour cette entreprise est toujours de 2,44 %. Le montant des cotisations pour une mutuelle (prévoyance frais de santé) est également de 60 €, aussi bien pour le salarié que pour l'employeur. Même pour ses cadres supérieurs, l'entreprise n'applique que le minimum de la prévoyance décès obligatoire.

Bulletin de paie d'avril 2016 avec les taux de cotisation minimaux de la feuille récapitulative

Libellé des Rubriques	Base	Taux	Montant	Commentaires	
Salaire Forfaitaire			**16 000,00**	avril 2016	
				Date d'entrée : 5 Octobre 2015	
				Plafond : 3.218 €	
Total Brut			**16 000,00**		
Cotisations	**Base**	**Salariales**		**Patronales**	
		Taux	**Montant**	**Taux**	**Montant**
Ass. Mal.Mat.Inv.décès	16 000,00	0,75	-120,00	12,84	2 054,40
Contribution Solidarité Autonomie	16 000,00			0,30	48,00
Accident du Travail	16 000,00			2,44	390,40
Allocations Familiales	16 000,00			3,45	552,00
Allocations Familiales Supplém.	16 000,00			1,80	288,00
Ass. Vieillesse Plafonnée	3 218,00	6,90	-222,04	8,55	275,14
Ass. Vieillesse Déplafonnée	16 000,00	0,35	-56,00	1,85	296,00
F.N.A.L. sur Brut	16 000,00			0,50	80,00
Chômage sur Tr. A+Tr. B	12 872,00	2,40	-308,93	4,00	514,88
A.G.S. sur Tr. A+Tr. B	12 872,00			0,25	32,18
A.R.R.CO sur Tr. A	3 218,00	3,10	-99,76	4,65	149,64
A.G.F.F. sur Tr. A	3 218,00	0,80	-25,74	1,20	38,62
A.G.I.R.C. sur Tr. B	9 654,00	7,80	-753,01	12,75	1 230,89
A.G.I.R.C. sur Tr. C	3 128,00	7,80	-243,98	12,75	398,82
A.G.F.F. sur Tr. B + Tr. C	12 782,00	0,90	-115,04	1,30	166,17
A.P.E.C. sur Tr. A + Tr. B	12 872,00	0,024	-3,09	0,036	4,63
C.E.T. sur Tr. A + B + C	16 000,00	0,13	-20,80	0,22	35,20
Mutuelle Frais de Santé			-60,00		60,00
Prévoyance Décès sur Tr. A	3 218,00			1,50	48,27
Forfait Social	108,27			8,00	8,66
C.S.G. déductible	15 883,01	5,10	-810,03		
Autres charges patronales	16 000,00			4,996	799,36
Total cotisations			**-2 838,42**		**7 471,26**
Net fiscal			**13 221,58**		
C.S.G. non déductible	15 883,01	2,40	-381,19		
C.R.D.S. non déductible	15 883,01	0,50	-79,42		
Net à payer			**12 700,97**		

Pour ce deuxième bulletin d'un cadre, on commence les « complications ».
Cette fois, le brut est non seulement supérieur au plafond de la Sécurité sociale mais également au plafond B. En revanche, il est inférieur au plafond C.
Les cotisations assises sur le brut ou sur la tranche A + B + C sont sur les 16 000 €.
Les cotisations assises sur la tranche A sont sur le plafond de la Sécurité sociale, soit 3 218 €.
Les cotisations assises sur la tranche B sont sur le plafond B (12 872 €), moins le plafond de la Sécurité sociale (3 218 €), soit 9 654 €.
Les cotisations assises sur la tranche C sont sur la différence entre le brut (16 000 €) et le plafond B (12 872 €), soit 3 128 €.
Les cotisations assises sur la tranche A + B sont sur la somme tranche A (3 218 €) + tranche B (9 654 €), soit 12 872 €.
Les cotisations assises sur la tranche B + C sont sur la somme tranche B (9 654 €) + tranche C (3 128 €), soit 12 782 €.

J'espère que vous n'êtes pas dyslexique car il y a une certaine similitude entre les chiffres de la tranche A (3 218 €) et ceux de la tranche C (3 128 €), ainsi qu'entre ceux de la tranche A + B (12 872 €) et ceux de la tranche B + C (12 782 €). Le hasard des chiffres !

Par rapport à l'exercice précédent, il faut rajouter une ligne : l'AGIRC sur tranche C. (Si les entreprises peuvent répartir le taux global de 20,55 % différemment de la tranche B, j'ai noté que beaucoup d'entre elles se « contentaient » de reproduire la même répartition qu'en tranche B, soit 7,80 % pour le salarié et 12,75 % pour l'employeur.)
Pour la mutuelle frais de santé, la prévoyance décès obligatoire, le forfait social à 8 %, c'est la même logique que pour l'exercice précédent.

La « grosse complication » arrive avec le calcul de la base des CSG et du CRDS. En effet, notre salarié dépasse le plafond B. Or, l'abattement de 1,75 % du brut est limité à ce plafond B. Il faut prendre 98,25 % du plafond B (12 872 € x 98,25 % = 12 646,74 €) et rajouter la différence entre le brut et ce plafond B (16 000 € – 12 872 € = 3 128 €) ainsi que le montant des cotisations patronales de mutuelle et de prévoyance (60 € + 48,27 €). Ce qui donne au final : 12 646,74 € + 3 128 € + 60 € + 48,27 € = 15 883,01 €.

Pour les autres charges, comme dans l'exercice du salarié employé, il suffit de prendre le brut et de le multiplier par 4,996 %.
Le « Total cotisations » est l'addition de toutes les cotisations (ici, toutes négatives, c'est-à-dire se retranchant du brut).
Le net fiscal est égal au brut, moins les cotisations salariales, plus le montant patronal de la mutuelle frais de santé.
Pour la CSG et la CRDS non déductibles, on reprend la même base que la CSG déductible sur laquelle on applique respectivement 2,40 % et 0,50 %.
Enfin, le net à payer est égal au net fiscal – la CSG non déductible – la CRDS non déductible – la part patronale de la mutuelle frais de santé.

Corrigé de l'exercice 37 (niveau 2)

Notre entreprise parisienne de plus de 300 salariés embauche une personne en CDD (non cadre) pour surcroît temporaire d'activité très qualifié âgé de 25 ans pour faire face à une commande exceptionnelle ce lundi 4 avril 2016 avec une fin de contrat prévue le vendredi 29 avril 2016. Son salaire de base est de 2 940 € pour 151,67 heures (7 heures quotidiennes). Il fait des heures supplémentaires : 12 dont 9 sont majorées à 25 % et trois à 50 %. La mutuelle frais de santé mise en place par accord collectif est de 50 €, pour le salarié et l'employeur. L'entreprise a aussi une prévoyance complémentaire des IJSS au taux de 1 % pour le salarié et de 2 % pour l'employeur sur la tranche A. Le taux de la cotisation accident du travail est toujours de 2,44 %.

Bulletin de paie d'avril 2016 avec les taux de cotisation minimaux de la feuille récapitulative

Libellé des Rubriques	Base	Taux	Montant	Commentaires	
Salaire	151,67		**2 940,00**	Avril 2016	
Retenue Entrée / Sortie	7,00	20,00	-140,00	Date d'entrée : 04/04/2016	
Heures Supplémentaires	12,00	19,384	232,61	Plafond du mois : 2.788,93 €	
Heures Suppl. Majoration 25%	9,00	4,846	43,61	Date de sortie : 29/04/2016	
Heures Suppl. Majoration 50%	3,00	9,692	29,08		
Total Brut			**3 105,30**		
Cotisations	Base	Salariales		Patronales	
		Taux	Montant	Taux	Montant
Ass. Mal.Mat.Inv.décès	3 105,30	0,75	-23,29	12,84	398,72
Contribution Solidarité Autonom	3 105,30			0,30	9,32
Accident du Travail	3 105,30			2,44	75,77
Allocations Familiales	3 105,30			3,45	107,13
Ass. Vieillesse Plafonnée	2 788,93	6,90	-192,44	8,55	238,45
Ass. Vieillesse Déplafonnée	3 105,30	0,35	-10,87	1,85	57,45
F.N.A.L. sur Brut	3 105,30			0,50	15,53
Chômage sur Tr. A+Tr. B	3 105,30	2,40	-74,53	7,00	217,37
A.G.S. sur Tr. A+Tr. B	3 105,30			0,25	7,76
A.R.R.CO sur Tr. 1	2 788,93	3,10	-86,46	4,65	129,69
A.R.R.CO sur Tr. 2	316,37	8,10	-25,63	12,15	38,44
A.G.F.F. sur Tr. 1	2 788,93	0,80	-22,31	1,20	33,47
A.G.F.F. sur Tr. 2	316,37	0,90	-2,85	1,30	4,11
Mutuelle (Frais de Santé)					0,00
Prévoyance sur Tr. A	2 788,93	1,00	-27,89	2,00	55,78
Forfait Social	55,78			8,00	4,46
C.S.G. déductible	3 106,74	5,10	-158,44		
Autres charges patronales	3 105,30			5,996	186,19
Total cotisations			**-624,71**		**1 579,64**
Net fiscal			**2 480,59**		
C.S.G. non déductible	3 106,74	2,40	-74,56		
C.R.D.S. non déductible	3 106,74	0,50	-15,53		
Net à payer			**2 390,50**		

Les difficultés commencent ! Puisque ce salarié est un CDD embauché pour moins d'un mois pour surcroît temporaire d'activité, c'est le moment de se souvenir que le taux de la cotisation patronale de chômage est augmentée à 7 % (et non plus 4 %, comme habituellement). De plus, il entre et sort de l'entreprise le même mois : il faut donc « proratiser » son salaire mensuel et le plafond de la Sécurité sociale.

Commençons par la retenue entrée/sortie. Dans ce cas précis d'absence, la chambre sociale de la Cour de cassation considère depuis longtemps qu'il convient de retenir la méthode des heures réelles (Cass. soc., 11 février 1982, n° 80-40.359 ; Cass. soc., 4 février 1988, n° 84-45.300 ; et surtout Cass soc., 24 juin 1992, n° 89-41.387, *Bull. civ.* V, n° 412). Le mois d'avril 2016 comportant 21 jours théoriquement travaillés, notre salarié aurait dû travailler 21 j x 7 h = 147 heures. Puisqu'il n'est absent qu'un seul jour (le vendredi 1er avril) et qu'il effectue théoriquement 7 heures par jour ouvré, il faut donc lui enlever 7 heures de 147, soit 140 € [(2 940 € x 7 heures)/147 heures = 140 €].

Pour le plafond, la règle est différente : pour la Sécurité sociale, en cas de mois incomplet, le plafond a autant de trentièmes que de jours calendaires de présence du salarié dans l'entreprise dans le mois considéré. Le mois d'avril a 30 jours calendaires. Notre salarié en CDD est absent le 1er, le 2, le 3 et le samedi 30, soit 4 jours. Le plafond du mois est donc pour lui égal à : 3 218 € x (30 – 4)/30 = 2 788,93 €.

Mais au niveau du brut, ce n'est pas fini puisqu'il a également des heures supplémentaires. Le taux horaire de notre salarié dans ce cas est de 2 940 € (son salaire mensuel)/151,67 h (son horaire mensualisé), soit : 2 940 €/151,67 h = 19,384 €. (Dans l'immense majorité des logiciels informatiques, il y a trois décimales pour les taux.) On va donc lui payer ses 12 heures supplémentaires d'abord au taux normal : 12 h x 19,384 € = 232,61 €, puis les majorations, soit 9 HS x (19,384 à 25 %) = 43,61 € et 3 HS x (19,384 à 50 %) = 29,08 €.

Vous vous demandez peut-être pourquoi il n'y a plus la ligne « indemnité précarité emploi ». C'est parce que l'entreprise lui a proposé un CDI aux mêmes conditions. Qu'il l'ait accepté ou qu'il l'ait refusé n'aurait rien changé : il la perdait dans les deux cas.

Le total brut est donc de : 2 940 € – 140 € + 232,61 € + 43,61 € + 29,08 € = 3 105,30 €.

Le brut étant supérieur au plafond de la Sécurité sociale, il y a une tranche 2 de 316,37 € (3 105,30 € – 2 788,93 €).
À l'heure où je conçois cet exercice, le taux supplémentaire des allocations familiales ne doit se déclencher en avril 2016 qu'au-delà de 3,5 SMIC mensuel (5 133,27 €), montant qu'il n'atteint pas. Donc pas de ligne supplémentaire pour cette cotisation.

L'autre piège concerne la mutuelle frais de santé. Comme cette dernière a été signée par accord collectif, les salariés en CDD de moins de 12 mois n'ont pas l'obligation d'y cotiser.

La base des CSG et de la CRDS est le brut à 98,25 % (3 105,30 € x 98,25 %) = 3 050,96 €, montant auquel on rajoute le montant de la cotisation patronale de prévoyance, soit 55,78 € (2 788,93 € x 2 %). La base des CSG et de la CRDS est donc égale à la somme suivante : 3 050,96 € + 55,78 € = 3 106,74 €.

Pour les autres charges, il y a une différence dans le taux : 5,996 % au lieu de 4,996 %. Cela s'explique par le supplément (de 1 %) dû à la formation professionnelle continue pour chaque CDD.

Enfin, le reste du bulletin commence à être habituel. Le « Total cotisations » est l'addition de toutes les cotisations (ici, toutes négatives, c'est-à-dire se retranchant du brut).
Le net fiscal est égal au brut, moins les cotisations salariales, plus le montant patronal de la mutuelle frais de santé.
Pour la CSG et la CRDS non déductibles, on reprend la même base que la CSG déductible sur laquelle on applique respectivement 2,40 % et 0,50 %.
Enfin, le net à payer est égal au net fiscal, moins la CSG non déductible, moins la CRDS non déductible, moins la part patronale de la mutuelle frais de santé.

Corrigé de l'exercice 38 (niveau 2)

L'entreprise a donc embauché notre ancien CDD (non cadre) en CDI (âgé de 25 ans et un mois) ce lundi 2 mai 2016. Elle a estimé généreusement que son CDD faisait office de période d'essai et notre « nouveau » CDI n'en a donc pas pour ce contrat. Son salaire de base reste inchangé à 2 940 € pour 151,67 heures (7 heures quotidiennes). La commande exceptionnelle étant passée, il ne fait plus d'heures supplémentaires. La mutuelle frais de santé, la prévoyance complémentaire et la cotisation accident du travail sont identiques à l'énoncé précédent.

Bulletin de paie de mai 2016 avec les taux de cotisation minimaux de la feuille récapitulative

Libellé des Rubriques	Base	Taux	Montant	Commentaires	
Salaire	151,67		**2 940,00**	mai 2016	
				Date d'entrée : 04/04/2016	
				Plafond du mois : 3.218 €	
Total Brut			**2 940,00**		
Cotisations	Base	Salariales		Patronales	
		Taux	Montant	Taux	Montant
Ass. Mal.Mat.Inv.décès	2 940,00	0,75	-22,05	12,84	377,50
Contribution Solidarité Autonom	2 940,00			0,30	8,82
Accident du Travail	2 940,00			2,44	71,74
Allocations Familiales	2 940,00			3,45	101,43
Ass. Vieillesse Plafonnée	3 218,00	6,90	-222,04	8,55	275,14
Ass. Vieillesse Déplafonnée	2 940,00	0,35	-10,29	1,85	54,39
F.N.A.L. sur Brut	2 940,00			0,50	14,70
Chômage sur Tr. A+Tr. B	2 940,00	2,40	-70,56	0,00	0,00
Chômage sur Tr. A+Tr. B	-3 105,30	0,00	0,00	3,00	-93,16
A.G.S. sur Tr. A+Tr. B	2 940,00			0,25	7,35
A.R.R.CO sur Tr. 1	3 218,00	3,10	-99,76	4,65	149,64
A.R.R.CO sur Tr. 2	-278,00	8,10	22,52	12,15	-33,78
A.G.F.F. sur Tr. 1	3 218,00	0,80	-25,74	1,20	38,62
A.G.F.F. sur Tr. 2	-278,00	0,90	2,50	1,30	-3,61
Mutuelle (Frais de Santé)			-50,00		50,00
Prévoyance sur Tr. A	3 218,00	1,00	-32,18	2,00	64,36
Forfait Social	114,36			8,00	9,15
C.S.G. déductible	3 002,91	5,10	-153,15		
Autres charges patronales	2 940,00			4,996	146,88
Total cotisations			**-610,75**		**1 239,17**
Net fiscal			**2 379,25**		
C.S.G. non déductible	3 002,91	2,40	-72,07		
C.R.D.S. non déductible	3 002,91	0,50	-15,01		
Net à payer			**2 242,17**		

Les difficultés continuent ! Ce salarié passe de CDD à CDI. C'est le moment de se souvenir que la cotisation patronale de chômage est non seulement exonérée (embauche d'un salarié de moins de 26 ans) mais en plus le supplément du mois dernier est remboursé ! (Le taux supplémentaire était de 3 %. ; voir l'article 44 de l'arrêté du 17 juillet 2013, inclus dans la circulaire n° 2013-17 du 29 juillet 2013 de l'UNEDIC.)

Mais commençons par le début.
Notre « nouveau » CDI est embauché le lundi 2 mai 2016. Le mois n'est pas complet (il manque le 1er mai) mais comme ce jour est un dimanche, il n'est pas censé travailler ce jour-là, donc il n'y a pas de retenue entrée/sortie.

Pour le plafond, comme vu dans l'exercice précédent, en cas de mois incomplet, le plafond a autant de trentièmes que de jours calendaires de présence du salarié dans l'entreprise dans le mois considéré. Le mois de mai a 31 jours calendaires. Notre salarié en CDD est absent le 1er, soit un jour. Le plafond du mois est donc pour lui égal à : 3 218 € x (31 – 1)/30 = 3 218 €. Autrement dit, bien que le mois ne soit pas complet, dans ce cas précis, cela ne change rien au plafond !

En revanche, il va falloir pratiquer une petite régularisation mensuelle progressive. En effet, le cumul des bruts avril (3 105,30 €) + mai (2 940 €) = 6 045,30 €. Tandis que le cumul des plafonds d'avril (2 788,93 €) et de mai (3 218 €) est de 6 006,93 €. Notre cumul en tranche 2 est encore positif (6 045,30 € – 6 006,93 € = 38,37 €) mais inférieur à la tranche 2 du mois dernier (316,37 €). La tranche 2 du mois est donc de 278 € (316,37 € – 38,37 €), tandis que la tranche 1 est encore égale au plafond (3 218 €).

En résumé, les cotisations assises sur :
- le brut ou tranche A + B sont sur 2 940 € ;
- la tranche A ou tranche 1 sont sur 3 218 € ;
- la tranche 2 est sur -278 € (remboursement du trop-pris en tranche 2 du mois dernier).

Comme signalé dans le premier paragraphe, il va falloir deux lignes de chômage sur le bulletin :
- Avec la base tranche A + B du mois (2 940 €) pour la cotisation salariale (à 2,40 %) mais sans partie patronale, car l'embauche d'un jeune de moins de 26 ans ouvre droit à une exonération des cotisations patronales de chômage pendant 3 mois dans les entreprises de 50 salariés et plus (4 mois dans les entreprises de moins de 50 salariés).
- Avec la base tranche A + B du mois dernier (3 105,30 €) pour le remboursement du supplément de la cotisation chômage (3 % pour une embauche d'un CDD de moins d'un mois) et sans partie salariale (le salarié n'est concerné ni par le supplément de cotisation, ni par l'exonération de cotisation).

En ce qui concerne la mutuelle frais de santé, comme le « nouveau » CDI n'est plus un CDD de moins de 12 mois par définition, il est maintenant obligé d'y cotiser aux montants indiqués dans l'énoncé (soit 50 €).

La base des CSG et de la CRDS est le brut à 98,25 %, soit 2 888,55 € (2 940 € x 98,25 %), montant auquel on rajoute le montant des cotisations patronales de mutuelle frais de santé (50 €) et de prévoyance (3 218 € x 2 % = 64,36 €). La base des CSG et de la CRDS est donc égale :
2 888,55 € + 50 € + 64,36 € = 3 002,91 €.

Pour les autres charges, on revient au taux habituel : 4,996 % (au lieu des 5,996 % du mois précédent car le supplément de 1 % de la formation professionnelle continue pour chaque CDD n'est plus dû).

Enfin, le reste du bulletin est classique. Le « Total cotisations » est l'addition de toutes les cotisations. Il faut faire attention aux cotisations « normales » négatives et à celles qui sont positives (le chômage patronal sur la base du mois dernier et celles assises sur la tranche 2 (ARRCO et AGFF).
Le net fiscal est égal au brut, moins les cotisations salariales, plus le montant patronal de la mutuelle frais de santé.
Pour la CSG et la CRDS non déductibles, on reprend la même base que la CSG déductible sur laquelle on applique respectivement 2,40 % et 0,50 %. Enfin, le net à payer est égal au net fiscal, moins la CSG non déductible, moins la CRDS non déductible, moins la part patronale de la mutuelle frais de santé.

Corrigé de l'exercice 39 (niveau 3)

Mois d'avril 2016

Il y a 21 jours ouvrés, soit pour un horaire légal 147 heures théoriques. Or, le salarié a été absent 6 jours (42 heures) puisqu'il est entré dans l'entreprise le 11 avril. Sa retenue entrée/sortie est donc : 3 171 €/147 h x 42 h = 906 €. Si on raisonne en jours ouvrés réels, le résultat est identique (3 171 €/21 j x 6 j = 906 €). Soit un total brut de 2 265 € (3 171 € – 906 €).
En ce qui concerne le plafond de la Sécurité sociale, étant présent du 11 au 30 inclus, il est égal à 20/30e du plafond (3 218 € du 1er janvier 2016 au 31 décembre 2016), soit 3 218 € x 20/30 = 2 145,34 €. Le brut étant supérieur au plafond, le plafond devient la tranche A et 1. La tranche 1 est de 2 145,34 €. Notre salarié a donc une tranche 2 égale à 119,66 € (3 171 € – 906 € – 2 145,34 €).

Ce qui nous donne le bulletin suivant :

Libellé des Rubriques	Base	Taux	Montant	Commentaires	
Salaire	151,67		**3 171,00**	Avril 2016	
				Date d'entrée : 11 Avril 2016	
Retenue "Entrée-Sortie"	6,00	151,000	-906,00	Plafond du mois : 2145,34 €	
Total Brut			**2 265,00**		
Cotisations	Base	Salariales		Patronales	
		Taux	Montant	Taux	Montant
Ass. Mal.Mat.Inv.décès	2 265,00	0,75	-16,99	12,84	290,83
Contribution Solidarité Autonom	2 265,00			0,30	6,80
Accident du Travail	2 265,00			2,44	55,27
Allocations Familiales	2 265,00			3,45	78,14
Ass. Vieillesse Plafonnée	2 145,34	6,90	-148,03	8,55	183,43
Ass. Vieillesse Déplafonnée	2 265,00	0,35	-7,93	1,85	41,90
F.N.A.L. sur Brut	2 265,00			0,50	11,33
Chômage sur Tr. A+Tr. B	2 265,00	2,40	-54,36	4,00	90,60
A.G.S. sur Tr. A+Tr. B	2 265,00			0,25	5,66
A.R.R.CO sur Tr. 1	2 145,34	3,10	-66,51	4,65	99,76
A.R.R.CO sur Tr. 2	119,66	8,10	-9,69	12,15	14,54
A.G.F.F. sur Tr. 1	2 145,34	0,80	-17,16	1,20	25,74
A.G.F.F. sur Tr. 2	119,66	0,90	-1,08	1,30	1,56
Mutuelle "Frais de Santé"			-40,00		40,00
Prévoyance sur Tr. A	2 145,34	1,00	-21,45	2,00	42,91
Forfait Social	82,91			8,00	6,63
C.S.G. déductible	2 308,27	5,10	-117,72		
Autres charges patronales	2 265,00			4,996	113,16
Total cotisations			-500,92		1 108,26
Net fiscal			**1 804,08**		
C.S.G. non déductible	2 308,27	2,40	-55,40		
C.R.D.S. non déductible	2 308,27	0,50	-11,54		
Net à payer			**1 697,14**		

La base des CSG et de la CRDS est de 2 308,27 € [(2 265 x 0,9825) + 40 + 52,91 (montants des cotisations patronales de mutuelle et de prévoyance)]. Le net fiscal se calcule depuis la loi de finances du 30 décembre 2013 en rajoutant le montant de la cotisation patronale de prévoyance frais de santé au montant du total brut, moins les cotisations. Néanmoins, il ne faut pas oublier de l'enlever pour le net à payer !

Mois de mai 2016

Il a travaillé le mois entier, ce qui lui fait un salaire brut de 3 171 €.
En ce qui concerne le plafond de la Sécurité sociale, ce mois-ci il est entier, mais qu'en est-il de la tranche 2 ?
Salaires d'avril + mai = 2 265 € + 3 171 € = 5 436 €
Plafonds d'avril + mai = 2 145,34 € + 3 218 € = 5 363,34 €
Soit une tranche 2 cumulée de 72,66 € et une tranche 2 du mois de – 47 € (72,66 € – 119,66 €).
Soit une tranche 1 du mois de 3 218 € (5 363,34 € – 2 145,34 €).

Ce qui nous donne le bulletin suivant :

Libellé des Rubriques	Base	Taux	Montant	Commentaires
Salaire	151,67		3 171,00	Mai 2016
				Plafond du mois : 3218 €
Total Brut			3 171,00	

Cotisations	Base	Salariales Taux	Salariales Montant	Patronales Taux	Patronales Montant
Ass. Mal.Mat.Inv.décès	3 171,00	0,75	-23,78	12,84	407,16
Contribution Solidarité Autonom	3 171,00			0,30	9,51
Accident du Travail	3 171,00			2,44	77,37
Allocations Familiales	3 171,00			3,45	109,40
Ass. Vieillesse Plafonnée	3 218,00	6,90	-222,04	8,55	275,14
Ass. Vieillesse Déplafonnée	3 171,00	0,35	-11,10	1,85	58,66
F.N.A.L. sur Brut	3 171,00			0,50	15,86
Chômage sur Tr. A+Tr. B	3 171,00	2,40	-76,10	4,00	126,84
A.G.S. sur Tr. A+Tr. B	3 171,00			0,25	7,93
A.R.R.CO sur Tr. 1	3 218,00	3,10	-99,76	4,65	149,64
A.R.R.CO sur Tr. 2	-47,00	8,10	3,81	12,15	-5,71
A.G.F.F. sur Tr. 1	3 218,00	0,80	-25,74	1,20	38,62
A.G.F.F. sur Tr. 2	-47,00	0,90	0,42	1,30	-0,61
Mutuelle "Frais de Santé"			-40,00		40,00
Prévoyance sur Tr. A	3 218,00	1,00	-32,18	2,00	64,36
Forfait Social	104,36			8,00	8,35
C.S.G. déductible	3 219,87	5,10	-164,21		
Autres charges patronales	3 171,00			4,996	158,42
Total cotisations			-690,68		1 540,94
Net fiscal			2 520,32		
C.S.G. non déductible	3 219,87	2,40	-77,28		
C.R.D.S. non déductible	3 219,87	0,50	-16,10		
Net à payer			2 386,94		

Mois de juin 2016

Il y a 22 jours ouvrés. Or, il n'a travaillé que 18 jours. La retenue entrée/sortie est donc de 4 jours x 3 171 €/22, soit 576,55 €. En plus, il faut rajouter à son salaire du mois les deux indemnités compensatrices de congés payés (la première du 11 avril au 31 mai et la seconde qui part du 1er juin au 24 juin).
Pour l'indemnité de la période écoulée (appelée souvent ICCP 2), le dixième est : 5 436/10 = 543,60 €.
Pour le calcul du maintien de salaire : 3 171 €/26 = 121,96 € x 5 (nombre de jours de C.P. acquis) = 609,81 €.
Pour l'indemnité de la période en cours (appelée ICCP 1), le dixième est de : (3 171 € – 576,55)/10 = 259,45 €. Pour le calcul du maintien de salaire : 3 171 €/26 = 121,96 € x 3 (2,25 arrondis à l'entier supérieur) = 365,88 €.
Le brut est donc de 3 570,15 €. Le plafond est bien sûr de 24/30e de 3 218 €, soit 2 574,40 €.
Salaires d'avril + mai + juin = 2 265 € + 3 171 € + 3 570,15 € = 9 006,15 €.
Plafonds d'avril + mai + juin = 2 145,34 € + 3 218 € + 2 574,40 € = 7 937,74 €.
Soit un cumul tranche 2 de 1 068,41 €.
Soit une tranche 2 du mois (cumul M – cumul M-1) de : 1 068,41 € – 72,66 € = 995,75 €.
La tranche A (ou 1) est bien sûr égale au plafond puisque le cumul brut est supérieur au cumul plafond.

Ce qui nous donne le bulletin suivant :

Libellé des Rubriques	Base	Taux	Montant	Commentaires	
Salaire	151,67		**3 171,00**	Juin 2016	
Retenue "Entrée-Sortie"	4,00	144,136	-576,55	Date de sortie : 24 Juin 2016	
Ind. Comp. Congés Payés 2	5,00	121,962	609,81	Plafond du mois : 2574,4 €	
Ind. Comp. Congés Payés 1	3,00	121,962	365,88		
Total Brut			**3 570,15**		
Cotisations	**Base**	**Salariales**		**Patronales**	
		Taux	**Montant**	**Taux**	**Montant**
Ass. Mal.Mat.Inv.décès	3 570,15	0,75	-26,78	12,84	458,41
Contrib. Solidarité Autonomie	3 570,15			0,30	10,71
Accident du Travail	3 570,15			2,44	87,11
Allocations Familiales	3 570,15			3,45	123,17
Ass. Vieillesse Plafonnée	2 574,40	6,90	-177,63	8,55	220,11
Ass. Vieillesse Déplafonnée	3 570,15	0,35	-12,50	1,85	66,05
F.N.A.L. sur Brut	3 570,15			0,50	17,85
Chômage sur Tr. A+Tr. B	3 570,15	2,40	-85,68	4,00	142,81
A.G.S. sur Tr. A+Tr. B	3 570,15			0,25	8,93
A.R.R.CO sur Tr. 1	2 574,40	3,10	-79,81	4,65	119,71
A.R.R.CO sur Tr. 2	995,75	8,10	-80,66	12,15	120,98
A.G.F.F. sur Tr. 1	2 574,40	0,80	-20,60	1,20	30,89
A.G.F.F. sur Tr. 2	995,75	0,90	-8,96	1,30	12,94
Mutuelle "Frais de Santé"			-40,00		40,00
Prévoyance sur Tr. A	2 574,40	1,00	-25,74	2,00	51,49
Forfait Social	91,49			8,00	7,32
C.S.G. déductible	3 599,16	5,10	-183,56		
Autres charges patronales	3 570,15			4,996	178,36
Total cotisations			**-741,92**		**1 696,84**
Net fiscal			**2 868,23**		
C.S.G. non déductible	3 599,16	2,40	-86,38		
C.R.D.S. non déductible	3 599,16	0,50	-18,00		
Net à payer			**2 723,85**		

11. La garantie minimale de points (GMP)

Corrigé de l'exercice 40 (niveau 3)

Mois d'octobre 2016

Ce salarié travaille à 60 % (21 h/35 h). Il faut donc lui retenir 40 % en réduction temps partiel soit : 3 360 € x 40 % = 1 344 €. En octobre 2016, il y a 21 jours ouvrés, or il n'a travaillé que 16 jours. Nous devons donc lui retenir : (3 360 € – 1 344 €) x (21 j – 16 j)/21j = 480 €. Donc le brut de notre salarié est pour ce mois : 3 360 € – 1 344 € – 480 € = 1 536 €.
En ce qui concerne le plafond de la Sécurité sociale, étant présent du 10 au 31 inclus, il est égal à 22/30e du plafond, soit 3 218 € x 22/30 = 2 359,87 €, montant réduit, comme pour le salaire à 60 %, soit : 2 359,87 € x 60 % = 1 415,92 €. La tranche B est : 1 536 € – 1 415,92 € = 120,08 €.
Quant au plafond GMP, il est de 22/30e de 3 549,24 € (soit 2 602,78 €) à 60 %, soit 1 561,67 €. La base GMP du mois est donc : 1 561,67 € (le plafond GMP) – 1 415,92 € (le plafond de la Sécurité sociale) = 145,75 €. Ce montant sert donc de tranche B à la cotisation AGIRC.

Ce qui nous donne le bulletin suivant :

Libellé des Rubriques	Base	Taux	Montant	Commentaires	
Salaire	151,67		3 360,00	octobre 2016	
Réduction pour temps partiel			-1 344,00	Salarié à 60%	
Retenue "Entrée-Sortie"			-480,00	Date d'entrée : 10 Octobre 2016	
				Plafond du mois : 1415,92 €	
Total Brut			**1 536,00**		
Cotisations	Base	Salariales		Patronales	
		Taux	Montant	Taux	Montant
Ass. Mal.Mat.Inv.décès	1 536,00	0,75	-11,52	12,84	197,22
Contribution Solidarité Autonomie	1 536,00			0,30	4,61
Accident du Travail	1 536,00			2,44	37,48
Allocations Familiales	1 536,00			3,45	52,99
Ass. Vieillesse Plafonnée	1 415,92	6,90	-97,70	8,55	121,06
Ass. Vieillesse Déplafonnée	1 536,00	0,35	-5,38	1,85	28,42
F.N.A.L. sur Brut	1 536,00			0,50	7,68
Chômage sur Tr. A+Tr. B	1 536,00	2,40	-36,86	4,00	61,44
A.G.S. sur Tr. A+Tr. B	1 536,00			0,25	3,84
A.R.R.CO. sur Tr. A	1 415,92	3,10	-43,89	4,65	65,84
A.G.F.F. sur Tr. A	1 415,92	0,80	-11,33	1,20	16,99
A.G.I.R.C. sur Tr. B (GMP)	145,75	7,80	-11,37	12,75	18,58
A.G.F.F. sur Tr. B + Tr. C	120,08	0,90	-1,08	1,30	1,56
A.P.E.C. sur Tr. A + Tr. B	1 536,00	0,024	-0,37	0,036	0,55
C.E.T. sur Tr. A + B + C	1 536,00	0,13	-2,00	0,22	3,38
Mutuelle "Frais de Santé"			-60,00		60,00
Prévoyance sur Tr. A	1 415,92	2,00	-28,32	3,00	42,48
Forfait Social / Prévoyances	102,48			8,00	8,20
C.S.G. déductible	1 611,60	5,10	-82,19		
Autres charges patronales	1 536,00			4,996	76,74
Total cotisations			**-392,01**		**809,06**
Net fiscal			**1 203,99**		
C.S.G. non déductible	1 611,60	2,40	-38,68		
C.R.D.S. non déductible	1 611,60	0,50	-8,06		
Net à payer			**1 097,25**		

Mois de novembre 2016

Ce salarié travaille à 60 % (21 h/35 h). Il faut donc lui retenir 40 % en réduction temps partiel soit 1 344 € (3 360 x 40 %). Le brut de notre salarié est pour ce mois : 3 360 – 1 344 = 2 016 €. En ce qui concerne le plafond de la Sécurité sociale, il est réduit, comme pour le salaire à 60 %, soit : 3 218 € x 60 % = 1 930,80 €. La tranche B cumulée est de 205,28 € [cumul salaire (1 536 € + 2 016 €) = 3 552 € – cumul plafond (1 415,92 € + 1 930,80 € = 3 346,72 €)]. Quand on enlève la tranche B du mois précédent, on a la tranche B du mois, soit 85,20 € (205,28 € – 120,08 €). Le plafond GMP du mois est de 3 549,24 €, proratisé à 60 %, soit 2 129,54 €. Le plafond GMP cumulé est de : 1 561,67 € + 2 129,54 € = 3 691,21 €. La base GMP cumulée est donc de : 3 691,21 – 3 346,72 (valeur du cumul plafond de la Sécurité sociale) = 344,49 €. La base GMP du mois est donc la base GMP cumulée du mois (344,49 €) – la base GMP cumulée du mois précédent (145,75 €), soit 198,74 €.

Ce qui nous donne le bulletin suivant :

Libellé des Rubriques	Base	Taux	Montant	Commentaires	
Salaire	151,67		3 360,00	novembre 2016	
Réduction pour temps partiel			-1 344,00	Salarié à 60%	
				Plafond du mois : 1930,8 €	
Total Brut			2 016,00		
Cotisations	Base	Salariales		Patronales	
		Taux	Montant	Taux	Montant
Ass. Mal.Mat.Inv.décès	2 016,00	0,75	-15,12	12,84	258,85
Contribution Solidarité Autonomie	2 016,00			0,30	6,05
Accident du Travail	2 016,00			2,44	49,19
Allocations Familiales	2 016,00			3,45	69,55
Ass. Vieillesse Plafonnée	1 930,80	6,90	-133,23	8,55	165,08
Ass. Vieillesse Déplafonnée	2 016,00	0,35	-7,06	1,85	37,30
F.N.A.L. sur Brut	2 016,00			0,50	10,08
Chômage sur Tr. A+Tr. B	2 016,00	2,40	-48,38	4,00	80,64
A.G.S. sur Tr. A+Tr. B	2 016,00			0,25	5,04
A.R.R.CO. sur Tr. A	1 930,80	3,10	-59,85	4,65	89,78
A.G.F.F. sur Tr. A	1 930,80	0,80	-15,45	1,20	23,17
A.G.I.R.C. sur Tr. B (GMP)	198,74	7,80	-15,50	12,75	25,34
A.G.F.F. sur Tr. B + Tr. C	85,20	0,90	-0,77	1,30	1,11
A.P.E.C. sur Tr. A + Tr. B	2 016,00	0,024	-0,48	0,036	0,73
C.E.T. sur Tr. A + B + C	2 016,00	0,13	-2,62	0,22	4,44
Mutuelle "Frais de Santé"			-60,00		60,00
Prévoyance sur Tr. A	1 930,80	2,00	-38,62	3,00	57,92
Forfait Social / Prévoyances	117,92			8,00	9,43
C.S.G. déductible	2 098,64	5,10	-107,03		
Autres charges patronales	2 016,00			4,996	100,72
Total cotisations			-504,11		1 054,42
Net fiscal			1 571,89		
C.S.G. non déductible	2 098,64	2,40	-50,37		
C.R.D.S. non déductible	2 098,64	0,50	-10,49		
Net à payer			1 451,03		

Mois de décembre 2016

Ce salarié travaille à 60 %. Il faut donc lui retenir 40 % en réduction temps partiel soit : (3 360 € x 40 %) = 1 344 €. En décembre, il y a 22 jours ouvrés. Comme il part le 9, il en a travaillé 7. La retenue entrée/sortie sera de : (3 360 € – 1 344 €) x (22 – 7)/22 = 1 374,55 €. Il a aussi droit à une indemnité compensatrice de congés payés qui est, comparée au dixième du brut perçu, de : 1 536 € (octobre) + 2 016 € (novembre) + 3 360 € – 1 344 € – 1 374,55 € (décembre), soit 4 193,45 €/10 = 419,35 €. Calculé avec la règle du maintien de salaire, on obtient : [(3 360 – 1 344)/26 x 6 jours] = 465,23 €. Le brut de notre salarié est donc pour ce mois : 3 360 € – 1 344 € – 1 374,55 € + 465,23 € = 1 106,68 €. En ce qui concerne le plafond de la Sécurité sociale, il est réduit pour temps partiel, soit : 3 216 € x 60 % = 1 930,80 €, et pour entrée/sortie, on a : 1 930,80 € x 9/30, soit 579,24 €.
Il y a encore une régularisation de la tranche B à faire : le cumul salaire est de 4 658,68 € (1 536 € + 2 016 € + 1 106,68 €) – le cumul plafond de 3 925,96 € (1 415,92 € + 1 930,80 € + 579,24 €) = cumul tranche B (732,72 €). Ce nouveau cumul tranche B – le cumul tranche B du mois précédent (205,28 €) = la tranche B du mois, soit 527,44 €.
Le plafond GMP du mois est de 3 549,24 €, montant proratisé à 60 % soit 2 129,54 € et E/S= 638,86 € (2 129,54 € x 9/30). Le plafond GMP cumulé est de : 1 561,67 € + 2 129,54 € + 638,86 € = 4 330,07 €. La base GMP cumulée est donc de : 4 330,07 € – 3 925,96 € = 404,11 €. La tranche B cumulée (732,72 €) étant supérieure, c'est donc ce montant (732,72 €) – les GMP mensuelles déjà prélevées (145,75 € + 198,74 €) qui devient la tranche B de l'AGIRC, soit 388,23 €.

Ce qui nous donne le bulletin suivant :

Libellé des Rubriques	Base	Taux	Montant	Commentaires	
Salaire	151,67		3 360,00	décembre 2016	
Réduction pour temps partiel			-1 344,00	Salarié à 60%	
Retenue "Entrée-Sortie"			-1 374,55	Date de sortie : 9 Décembre 2016	
Indemn. Comp. Congés Payés	6,00	77,538	465,23	Plafond du mois : 579,24 €	
Total Brut			**1 106,68**		
Cotisations	**Base**	**Salariales**		**Patronales**	
		Taux	**Montant**	**Taux**	**Montant**
Ass. Mal.Mat.Inv.décès	1 106,68	0,75	-8,30	12,84	142,10
Contribution Solidarité Autonomie	1 106,68			0,30	3,32
Accident du Travail	1 106,68			2,44	27,00
Allocations Familiales	1 106,68			3,45	38,18
Ass. Vieillesse Plafonnée	579,24	6,90	-39,97	8,55	49,53
Ass. Vieillesse Déplafonnée	1 106,68	0,35	-3,87	1,85	20,47
F.N.A.L. sur Brut	1 106,68			0,50	5,53
Chômage sur Tr. A+Tr. B	1 106,68	2,40	-26,56	4,00	44,27
A.G.S. sur Tr. A+Tr. B	1 106,68			0,25	2,77
A.R.R.CO. sur Tr. A	579,24	3,10	-17,96	4,65	26,93
A.G.F.F. sur Tr. A	579,24	0,80	-4,63	1,20	6,95
A.G.I.R.C. sur Tr. B	388,23	7,80	-30,28	12,75	49,50
A.G.F.F. sur Tr. B + Tr. C	527,44	0,90	-4,75	1,30	6,86
A.P.E.C. sur Tr. A + Tr. B	1 106,68	0,024	-0,27	0,036	0,40
C.E.T. sur Tr. A + B + C	1 106,68	0,13	-1,44	0,22	2,43
Mutuelle "Frais de Santé"			-60,00		60,00
Prévoyance sur Tr. A	579,24	2,00	-11,58	3,00	17,38
Forfait Social / Prévoyances	77,38			8,00	6,19
C.S.G. déductible	1 164,70	5,10	-59,40		
Autres charges patronales	1 106,68			4,996	55,29
Total cotisations			**-269,01**		**565,10**
Net fiscal			**897,67**		
C.S.G. non déductible	1 164,70	2,40	-27,95		
C.R.D.S. non déductible	1 164,70	0,50	-5,82		
Net à payer			**803,90**		

12. La réduction des charges sociales

Corrigé de l'exercice 41 (niveau 1)

Quel est le montant de la réduction des charges sociales Fillon du mois de février 2016 pour un salarié embauché le 1er février en CDI à temps complet dans une entreprise de plus de 100 salariés, toujours présent en fin de mois et qui a un salaire brut de 1 500 € ?

Si le brut du mois =	**1 500,00**
et le nombre d'heures rémunérées =	**151,67**
(0,2842 / 0,6) =	**0,47367**
SMIC x nombre d'heures rémunérées =	**1 466,65**
1466,65 / 1500 =	**0,97777**
0,9777667 x 1,6 =	**1,56443**
1,5644267 -1 =	**0,56443**
0,5644267 x 0,473666666666667 =	**0,2674**
Le coefficient est donc =	0,2674
Et la réduction (1500 x 0,2674) =	401,10

Corrigé de l'exercice 42 (niveau 2)

Un salarié est embauché le 4 janvier 2016 à temps plein dans une entreprise de plus de 100 salariés pour un salaire de base de 1 800 €. L'entreprise lui faisant généreusement cadeau du 1er janvier, le brut de ce mois est de 1 800 €. Les mois suivants, il n'a aucune absence.

1) Quel est le montant de la réduction Fillon de janvier 2016 ?

Si le brut de Janvier =	**1 800,00**
et le nombre d'heures rémunérées =	**151,67**
(0,2842 / 0,6) =	**0,47367**
SMIC x nombre d'heures rémunérées =	**1 466,65**
1466,65 / 1800 =	**0,81481**
0,8148056 x 1,6 =	**1,30369**
1,303689 -1 =	**0,30369**
0,303689 x 0,473666666666667 =	**0,1438**
Le coefficient est donc =	0,1438
Et la réduction (1800 x 0,1438) =	258,84

2) Quel est le montant de la réduction Fillon de février 2016 alors qu'il a 8 heures supplémentaires majorées à 25 % et 4 heures supplémentaires majorées à 50 % ?

Son salaire de base étant de 1 800 €, son taux horaire est de : (1 800 €/151,67 h) = 11,868 €.
8 heures supplémentaires majorées à 25 % donnent : (8 x 11,868 € x 125 %) = 118,68 €.
4 heures supplémentaires majorées à 50 % donnent : (4 x 11,868 € x 150 %) = 71,21 €.
Notre salarié a donc un salaire brut pour février de : 1 800 € + 118,68 € + 71,21 € = 1 989,89 €.

Si le brut Janvier + Février =	**3 789,89**	
et le nombre d'heures rémunérées =	**315,34**	
(0,2842 / 0,6) =	**0,47367**	
SMIC x nombre d'heures rémunérées =	**3 049,34**	
3049,34 / 3789,89 =	**0,8046**	
0,8045986 x 1,6 =	**1,28736**	
1,2873578 -1 =	**0,28736**	
0,2873578 x 0,473666666666667 =	**0,1361**	
Le coefficient est donc =	**0,1361**	
Et la réduction (3789,89 x 0,1361) =	**515,80**	Moins la réduction de Janvier (258,84) = 256,96

3) Quel est le montant de la réduction Fillon de mars 2016, alors qu'il a une prime trimestrielle d'assiduité de 200 € et une prime exceptionnelle de 500 € ?

Si le brut Janvier + Février + Mars =	**6 289,89**	
et le nombre d'heures rémunérées =	**467,01**	
(0,2842 / 0,6) =	**0,47367**	
SMIC x nombre d'heures rémunérées =	**4 515,99**	
4515,99 / 6289,89 =	**0,71798**	
0,717976 x 1,6 =	**1,14876**	
1,1487616 -1 =	**0,14876**	
0,1487616 x 0,473666666666667 =	**0,0705**	
Le coefficient est donc =	**0,0705**	
Et la réduction (6289,89 x 0,0705) =	**443,44**	Moins Janvier + Février (258,84 + 256,96) = -72,36

Le montant de la réduction des charges sociales Fillon en cumulé depuis janvier est de 443,44 €, mais si l'entreprise déduit la réduction Fillon tous les mois sur sa déclaration mensuelle, le montant à indiquer pour le mois de mars 2016 est bien de : – 72,36 €. (Le salarié étant passé au-dessus de 1,6 SMIC mensuel, il faut rembourser la réduction déduite des mois précédents.)

13. La reconstitution du salaire brut à partir du salaire net

Corrigé de l'exercice 43 (niveau 3)

Reconstituer le salaire brut d'un salarié cadre ayant un salaire net de 6 000 € avec un montant de mutuelle frais de santé de 50 €, pour le salarié et l'employeur.

En appliquant les taux en vigueur, nous devrions avoir :
- T1 = 0,75 % (ass. mal.) + 6,90 % (ass. vieil. plaf.) + 0,35 % (ass. vieil. déplaf.) + 2,40 % (chômage/A) + 0,024 % (APEC/A + B) + 3,10 % (retr./A) + 0,80 % (AGFF/A) + 0,13 % (CET/A + B + C) + 7,86 % [CSG + CRDS = (5,10 % + 2,40 % + 0,50 %) x 98,25 %}] + 0,12 % (part patronale de prévoyance 1,5 % par le taux CSG+CRDS à 8 %) = 22,434 % ;
- T2 = 0,75 % (ass. mal.) + 0,35 % (ass. vieil. déplaf.) + 2,40 % (chômage/B) + 0,90 % (AGFF/B) + 0,024 % (APEC/B) + 7,80 % (retr./B) + 0,13 % (CET/B) + 7,86 % (CSG + CRDS) = 20,214 %.

Le plafond de la Sécurité sociale est de 3 218 €. La tranche A est donc de 3 218 €.
Le montant salarial de la mutuelle frais de santé est de 50 €.
La part des CSG/CRDS supplémentaires engendrée par le montant patronal de la mutuelle est de : 50 € x 8 % = 4 €.

En appliquant la formule, nous avons :
tranche B = [(6 000 € + 50 € + 4 €) – 3 218 € x (1 – 0,22434)]/(1 – 0,20214)
= [6 054 € – (3 218 € x 0,77566)]/0,79786 = 4 459,33 €.
Le salaire brut est donc : 3 218 € + 4 459,33 € = 7 677,33 €.

Libellé des Rubriques	Base	Taux	Montant	Commentaires	
Salaire	151,67		7 677,33		
Total Brut			**7 677,33**		
Cotisations	Base	Salariales		Patronales	
		Taux	Montant	Taux	Montant
Ass. Mal.Mat.Inv.décès	7 677,33	0,75	-57,58	12,84	985,77
Contribution Solidarité Auton.	7 677,33			0,30	23,03
Accident du Travail	7 677,33			2,44	187,33
Allocations Familiales	7 677,33			3,45	264,87
Ass. Vieillesse Plafonnée	3 218,00	6,90	-222,04	8,55	275,14
Ass. Vieillesse Déplafonnée	7 677,33	0,35	-26,87	1,85	142,03
F.N.A.L. sur Brut	7 677,33			0,50	38,39
Chômage sur A+B	7 677,33	2,40	-184,26	4,00	307,09
A.G.S. sur A+B	7 677,33			0,25	19,19
A.P.E.C. sur A+B	7 677,33	0,024	-1,84	0,036	2,76
A.R.R.CO sur Tr. A	3 218,00	3,10	-99,76	4,65	149,64
A.G.F.F. sur Tr.A	3 218,00	0,80	-25,74	1,20	38,62
A.G.I.R.C. sur Tr. B	4 459,33	7,80	-347,83	12,75	568,56
A.G.F.F. sur Tr.B	4 459,33	0,90	-40,13	1,30	57,97
C.E.T. sur A+B+C	7 677,33	0,13	-9,98	0,22	16,89
Mutuelle "Frais de Santé"			-50,00		50,00
Prévoyance sur A	3 218,00	0,00	0,00	1,50	48,27
Prévoyance sur B	4 459,33	0,00	0,00	0,00	0,00
Forfait Social	98,27			8,00	7,86
C.S.G. déductible	7 641,24	5,10	-389,70		
Autres charges patronales	7 677,33			4,996	383,56
Total cotisations			-1 455,73		**3 566,97**
Net fiscal			**6 271,60**		
C.S.G. non déductible	7 641,24	2,40	-183,39		
C.R.D.S. non déductible	7 641,24	0,50	-38,21		
Net à payer			**6 000,00**		

Dans ce bulletin « modèle », j'indique qu'il peut y avoir aussi des prévoyances salariales et patronales sur tranche A et sur tranche B. Si tel est le cas dans votre entreprise, il faut penser à rajouter le taux salarial prévoyance sur A au T1, le taux salarial prévoyance sur B au T2 et 8 % du taux patronal prévoyance au T2.

Corrigé de l'exercice 44 (niveau 3)

Reconstituer le salaire brut d'un salarié non cadre ayant un salaire net de 1 600 € avec un montant de mutuelle frais de santé de 50 €, pour le salarié et l'employeur.

En appliquant les taux en vigueur, nous devrions avoir : T1 = 0,75 % (ass. mal.) + 6,90 % (ass. vieil. plaf.) + 0,35 % (ass. vieil. déplaf.) + 2,40 % (chômage/A) + 0,80 % (AGFF/A) + 3,10 % (ret./A) + 7,86 % [CSG + CRDS (5,10 % + 2,40 % + 0,50 %) x 98,25 %)] = 22,16 %.

Le montant de la mutuelle salariale (M.S.) frais de santé est de 50 €.
La part des CSG/CRDS supplémentaires engendrée par le montant de la mutuelle patronale (M.P.) est de : 50 € x 8 % = 4 €.

En appliquant la formule, nous avons : salaire brut = [Net + M.S. + (M.P. x 8 %)]/(1 – T1) = (1 600 € + 50 € + 4 €)/(1 – 0,2216) = 1 654/0,7784 = 2 124,88 €.

Bulletin de démonstration

Libellé des Rubriques	Base	Taux	Montant	Commentaires	
Salaire	151,67		2 124,88	2016	
Total Brut			**2 124,88**		
Cotisations	Base	Salariales		Patronales	
		Taux	Montant	Taux	Montant
Ass. Mal.Mat.Inv.décès	2 124,88	0,75	-15,94	12,84	272,83
Contribution Solidarité Auton.	2 124,88			0,30	6,37
Accident du Travail	2 124,88			2,44	51,85
Allocations Familiales	2 124,88			3,45	73,31
Ass. Vieillesse Plafonnée	2 124,88	6,90	-146,62	8,55	181,68
Ass. Vieillesse Déplafonnée	2 124,88	0,35	-7,44	1,85	39,31
F.N.A.L. sur Brut	2 124,88			0,50	10,62
Chômage sur A+B	2 124,88	2,40	-51,00	4,00	85,00
F.N.G.S. sur A+B	2 124,88			0,25	5,31
A.R.R.CO sur Tr. 1	2 124,88	3,10	-65,87	4,65	98,81
A.R.RCO. sur Tr. 2	0,00	0,00	0,00	12,15	0,00
A.G.F.F. sur Tr.1	2 124,88	0,80	-17,00	1,20	25,50
A.G.F.F. sur Tr.2	0,00	0,00	0,00	1,30	0,00
Mutuelle Frais de Santé			-50,00		50,00
Prévoyance sur A	2 124,88	0,00	0,00	0,00	0,00
Prévoyance sur B	0,00	0,00	0,00	0,00	0,00
Forfait Social	50,00			8,00	4,00
C.S.G. déductible	2 137,70	5,10	-109,02		
Autres charges patronales	2 124,88			4,996	106,16
Total cotisations			-462,89		**1 010,75**
Net fiscal			**1 611,99**		
C.S.G. non déductible	2 137,70	2,40	-51,30		
C.R.D.S. non déductible	2 137,70	0,50	-10,69		
Net à payer			**1 600,00**		

14. Le bulletin de paie des apprentis

Corrigé de l'exercice 45 (niveau 2)

Établir le bulletin du mois de janvier 2016 d'un apprenti né le 22 février 1996 dont c'est la troisième année d'apprentissage au sein d'une entreprise de la Région parisienne qui comporte 100 salariés, qui a une mutuelle frais de santé de 100 € en part salariale et en part patronale, à l'aide du bulletin ci-après.

Notre apprenti a 19 ans. Puisque c'est sa troisième année d'apprentissage, sa rémunération est donc de 65 % du SMIC soit : 1 466,65 € x 65 % = 953,32 €. Son entreprise est exonérée d'assurance maladie, d'allocations familiales et d'assurance vieillesse. En revanche, elle cotise à toutes les autres cotisations sur la base du SMIC x 151,67 heures [9,67 € x 151,67 h = 1 466,65 €, montant diminuée du pourcentage du jeune – 11 %, soit 54 % (65 – 11), soit (1 466,65 x 54 %) = 791,99 €]. Le taux des autres charges patronales correspond au seul versement transport de la Région parisienne (soit 2,85 % en janvier 2016). La rémunération d'un apprenti ne donne pas lieu à l'allégement Fillon. Quant à la mutuelle frais de santé, son montant dépassant les 10 % de son brut, le salarié en est dispensé (et l'employeur également, ainsi que du forfait social).

Bulletin de paie de l'apprenti

Libellé des Rubriques	Base	Taux	Montant	Commentaires	
Salaire	151,67		953,32	Janvier	
				Paie Apprenti	
				Plafond du mois : 3218 €	
Total Brut			**953,32**		
Cotisations	**Base**	**Salariales**		**Patronales**	
		Taux	**Montant**	**Taux**	**Montant**
Ass. Mal.Mat.Inv.décès		0,75		12,84	
Contribution Solidarité Autonomie	791,99			0,30	2,38
Accident du Travail	791,99			2,44	19,32
Allocations Familiales				3,45	
Ass. Vieillesse Plafonnée		6,90		8,55	
Ass. Vieillesse Déplafonnée		0,35		1,85	
F.N.A.L. sur Brut	791,99			0,50	3,96
Chômage sur Tr. A + Tr. B	791,99	2,40		4,00	31,68
A.G.S. sur Tr. A + Tr. B	791,99			0,25	1,98
Retraite sur Tr. 1	791,99	3,10		4,65	36,83
A.G.F.F. sur Tr. 1	791,99	0,80		1,20	9,50
Mutuelle "Frais de Santé"					
Forfait Social					
C.S.G. déductible		5,10			
Autres charges patronales	791,99			2,85	22,57
Allègement FILLON					
Total cotisations			**0,00**		**128,22**
Net fiscal			**953,32**		
C.S.G. non déductible		2,40			
C.R.D.S. non déductible		0,50			
Net à payer			**953,32**		

15. Le bulletin de paie des salariés en contrat de professionnalisation

Corrigé de l'exercice 46 (niveau 2)

Établir le bulletin de paie du mois de février 2016 d'un salarié en contrat de professionnalisation, né le 19 novembre 1965 qui prépare un examen supérieur au baccalauréat au sein d'une entreprise de la Région parisienne, ayant 100 salariés, qui a une mutuelle frais de santé de 80 € (parts salariale et patronale) et dont le minimum conventionnel est de 1 825 €, à l'aide du bulletin ci-après.

Notre salarié a 50 ans. Il est donc payé 85 % du minimal conventionnel, soit 1 551,25 € (1 825 € x 85 %), base sur laquelle il cotisera « normalement » à toutes les cotisations obligatoires. Son entreprise bénéficie d'une exonération sur toutes les cotisations de Sécurité sociale (sauf FNAL, CSA et AT) dans la limite du SMIC mensuel. Il reste donc pour ces cotisations une base de 84,60 € (1 551,25 € – 1 466,65 €). Quant aux autres cotisations patronales, elles sont sur le salaire brut. Ce salarié (âgé de plus de 45 ans) bénéficiant déjà d'une réduction de charges patronales, il ne peut pas bénéficier en plus de l'allégement Fillon, contrairement aux autres contrats de professionnalisation.

Bulletin de paie du contrat de professionnalisation

Libellé des Rubriques	Base	Taux	Montant	Commentaires	
Salaire	151,67		1 551,25	Février	
				Salarié âgé de plus de 45 ans	
				Paie Contrat de Professionnalisation	
Total Brut			**1 551,25**		
Cotisations	Base	Salariales		Patronales	
		Taux	Montant	Taux	Montant
Ass. Mal.Mat.Inv.décès	1 551,25	0,75	-11,63		
Ass. Mal.Mat.Inv.décès	84,60			12,84	10,86
Contribution Solidarité Autonomie	1 551,25			0,30	4,65
Accident du Travail	1 551,25			2,44	37,85
Allocations Familiales	84,60			3,45	2,92
Ass. Vieillesse Plafonnée	1 551,25	6,90	-107,04		
Ass. Vieillesse Plafonnée	84,60			8,55	7,23
Ass. Vieillesse Déplafonnée	1 551,25	0,35	-5,43		
Ass. Vieillesse Déplafonnée	84,60			1,85	1,57
F.N.A.L. sur Brut	1 551,25			0,50	7,76
Chômage sur Tr. A + Tr. B	1 551,25	2,40	-37,23	4,00	62,05
A.G.S. sur Tr. A+Tr. B	1 551,25			0,25	3,88
Retraite sur Tr. 1	1 551,25	3,10	-48,09	4,65	72,13
A.G.F.F. sur Tr. 1	1 551,25	0,80	-12,41	1,20	18,62
Mutuelle "Frais de Santé"			-80,00		80,00
Forfait Social	80,00			8,00	6,40
C.S.G. déductible	1 604,10	5,10	-81,81		
Autres charges patronales	1 551,25			2,85	44,21
Allègement FILLON					
Total cotisations			-383,64		**360,13**
Net fiscal			**1 247,61**		
C.S.G. non déductible	1 604,10	2,40	-38,50		
C.R.D.S. non déductible	1 604,10	0,50	-8,02		
Net à payer			**1 121,09**		

16. Le bulletin de paie des stagiaires

Corrigé de l'exercice 47 (niveau 2)

Établir le bulletin de paie d'un stagiaire effectuant un stage supérieur à 3 mois au sein d'une entreprise parisienne qui a une mutuelle frais de santé de 50 € (part salariale et part patronale). Son indemnité de stage est de 30 € par jour. Comme il est entré en cours de mois, il n'a travaillé que 15 jours ouvrés ce mois de juin 2016.

L'indemnité de stage est égale à : 15 jours x 30 € = 450 €.
La limite d'exonération pour 15 jours de travail est fixée à : 24 € x 15 % x (7 h x 15 j) = 378 €.
Il faut donc soumettre aux cotisations Urssaf l'excédent soit 72 € (450 € – 378 €), y compris les CSG et CRDS à 98,25 %. Il n'y a pas de mutuelle frais de santé pour un stagiaire (et pas de forfait social par conséquent), ni d'allégement Fillon.

Bulletin de paie du stagiaire

Libellé des Rubriques	Base	Taux	Montant	Commentaires	
Indemnités de Stage	15	30,00	450,00	juin 2016	
				Paie d'un Stagaire	
Total Brut			450,00		
Cotisations	Base	Salariales		Patronales	
		Taux	Montant	Taux	Montant
Ass. Mal.Mat.Inv.décès	72,00	0,75	-0,54	12,84	9,24
Contribution Solidarité Autonomie	72,00			0,30	0,22
Accident du Travail	72,00			2,44	1,76
Allocations Familiales	72,00			3,45	2,48
Ass. Vieillesse Plafonnée	72,00	6,90	-4,97	8,55	6,16
Ass. Vieillesse Déplafonnée	72,00	0,35	-0,25	1,85	1,33
F.N.A.L. sur Brut	72,00			0,50	0,36
Chômage sur Tr. A + Tr. B	0,00	2,40	0,00	4,00	0,00
A.G.S. sur Tr. A + Tr. B	0,00			0,25	0,00
Retraite sur Tr. 1	0,00	3,10	0,00	4,65	0,00
A.G.F.F. sur Tr. 1	0,00	0,80	0,00	1,20	0,00
Mutuelle "Frais de Santé"					
Forfait Social				8,00	
C.S.G. déductible	70,74	5,10	-3,61		
Autres charges patronales	72,00			2,85	2,05
Allègement FILLON					
Total cotisations			-9,37		23,60
Net fiscal			440,63		
C.S.G. non déductible	70,74	2,40	-1,70		
C.R.D.S. non déductible	70,74	0,50	-0,35		
Net à payer			438,58		

17. Le calcul des indemnités journalières de Sécurité sociale (IJSS) : maladie et maternité

Corrigé de l'exercice 48 (niveau 1)

Première approche de la maladie par le calcul des IJSS. D'abord, trois exercices simples à condition de se rappeler de la formule, de faire attention au montant maximal des IJSS (SMIC mensuel x 1,8), soit globalement dans le deuxième exercice, mois par mois dans le troisième.

1) Un salarié ayant 10 ans d'ancienneté dans une entreprise perçoit un salaire inchangé depuis un an de 1 800 €. Calculer le montant de ses indemnités journalières de Sécurité sociale (IJSS) brutes et nettes s'il est malade 15 jours ce mois-ci.

Le montant des IJSS brutes est de : [(1 800 € x 3)/91,25] x 50 % x (15 j – 3 j de carence) = 355,07 €.
La CSG de 355,07 € est de : 355,07 € x 6,20 % = 22,01 €.
La CRDS de 355,07 € est de : 355,07 € x 0,50 % = 1,78 €.
Le montant des IJSS nettes est donc de : 355,07 € – 22,01 € – 1,78 € = 331,28 €.

Nota bene : La CPAM pratique ainsi : une première ligne pour la CSG et une seconde pour la CRDS, les deux montants étant arrondis au centime supérieur.

2) Un salarié ayant 10 ans d'ancienneté dans une entreprise perçoit un salaire inchangé depuis un an de 3 500 €. Calculer le montant de ses indemnités journalières de Sécurité sociale (IJSS) brutes et nettes s'il est malade 12 jours ce mois-ci.

Le montant des IJSS brutes est de : [(2 639,97 x 3)/91,25] x 50 % x (12 j – 3 j de carence) = 390,60 €.

Le salaire mensuel de 3 500 € dépasse largement les 1,8 SMIC mensuel, donc c'est ce montant qu'il faut prendre (9,67 € x 151,67 h x 1,8 = 2 639,97 €). À noter que le résultat aurait été le même si nous avions simplifié notre calcul en prenant directement le montant maximal des IJSS 2016 (43,40 €) x 9 jours.

La CSG de 390,60 € est de : 390,60 € x 6,20 % = 24,22 €.
La CRDS de 390,60 € est de : 390,60 € x 0,50 % = 1,96 €.
Le montant des IJSS nettes est donc de : 390,60 € – 24,22 € – 1,96 € = 364,42 €.

3) Un salarié ayant 10 ans d'ancienneté dans une entreprise a perçu un salaire de 2 500 € en janvier et février et de 3 000 € en mars, suite à une prime trimestrielle. Son médecin lui fait un arrêt de travail pour maladie du 1er au 19 avril inclus. Calculer le montant de ses indemnités journalières de Sécurité sociale (IJSS).

Du 1er au 19 avril, il y a 19 jours. Attention, le lundi de Pâques (6 avril 2016) compte dans les jours à indemniser.

Le montant des IJSS brutes est de : [(2 500 € + 2 500 € + 2 639,97 €)/91,25] x 50 % x (19 j – 3 j de carence) = 669,81 €.
La CSG de 669,81 € est de : 669,81 € x 6,20 % = 41,53 €.
La CRDS de 669,81 € est de : 669,81 € x 0,50 % = 3,35 €.
Le montant des IJSS nettes est donc de : 669,81 € – 41,53 € – 3,35 € = 624,93 €.

Corrigé de l'exercice 49 (niveau 1)

Une salariée, ayant six ans d'ancienneté dans une entreprise qui ne pratique pas la subrogation et percevant un salaire inchangé depuis un an de 3 500 €, va s'absenter pour maternité (sachant qu'elle a déjà deux enfants à charge et qu'elle attend des jumeaux pour le 1er juillet 2016). Elle vous demande de calculer le montant total des I.J. maternité qu'elle va percevoir chez elle.

Suivant le tableau de la durée d'indemnisation de la part de la Sécurité sociale, cette salariée a droit à 12 semaines avant l'accouchement et à 22 semaines après. Soit 34 semaines au total.
Ces 34 semaines (soit 238 jours car 34 semaines x 7 jours = 238) seront indemnisées sur la base calculée avec son salaire de référence limité au plafond (sa rémunération mensuelle de 3 500 € est supérieure au plafond de la Sécurité sociale, soit 3 218 € en 2016), diminué de 21 % (forfait global au titre des cotisations salariales) soit : 83,58 € x 238 j = 19 892,04 € – 6,7 % = 18 559,27 €.

18. La garantie conventionnelle

Corrigé de l'exercice 50 (niveau 2)

Pour ce mois de juin 2016, établir les bulletins de salaire d'un salarié ayant une rémunération de 2 400 € mensuelle (constante depuis plusieurs mois) quand il a un arrêt maladie indemnisé à 100 % de 13 jours avec une régularisation sur le net (à gauche) et quand il travaille normalement (à droite) pour vérifier que vous avez bien le même net à payer. La mutuelle frais de santé est de 40 €, pour le salarié et pour l'employeur.

	Salarié Absent			Salarié Présent			Sans régul / net		
	Base	Tx sal.	Montant	Base	Tx sal.	Montant	Base	Tx sal.	Montant
Salaire			2 400,00			2 400,00			2 400,00
Absence Maladie		80,00	-1 040,00					80,00	-1 040,00
Paiement Maladie		80,00	1 040,00					80,00	1 040,00
I.J.S.S. "Brutes"	10,00	39,45	-394,52				10,00	39,45	-394,52
Régul. sur le net			-78,36						
Net fiscal			1 927,12			2 400,00			2 005,48
Ass. Mal, Mat, Inv,Décès	1 927,12	0,75	-14,45	2 400,00	0,75	-18,00	2 005,48	0,75	-15,04
Ass. Vieillesse / Plaf.	1 927,12	6,90	-132,97	2 400,00	6,90	-165,60	2 005,48	6,90	-138,38
Ass. Vieillesse / Déplaf.	1 927,12	0,35	-6,74	2 400,00	0,35	-8,40	2 005,48	0,35	-7,02
Chômage / Tr. A+B	1 927,12	2,40	-46,25	2 400,00	2,40	-57,60	2 005,48	2,40	-48,13
Retraite compl. / Tr. 1	1 927,12	3,10	-59,74	2 400,00	3,10	-74,40	2 005,48	3,10	-62,17
A.G.F.F. / Tr. 1	1 927,12	0,80	-15,42	2 400,00	0,80	-19,20	2 005,48	0,80	-16,04
Mutuelle "Frais de Santé"			-40,00			-40,00			-40,00
C.S.G. Déductible	1 933,40	5,10	-98,60	2 398,00	5,10	-122,30	2 010,38	5,10	-102,53
Net fiscal			1 552,94			1 934,50			1 616,17
C.S.G.	1 933,40	2,40	-46,40	2 398,00	2,40	-57,55	2 010,38	2,40	-48,25
C.R.D.S.	1 933,40	0,50	-9,67	2 398,00	0,50	-11,99	2 010,38	0,50	-10,05
I.J.S.S. "Nettes"	10,00	36,81	368,09				10,00	36,81	368,09
Net à payer			*1 824,96*			*1 824,96*			*1 885,95*

La différence = 0,00

La différence = 60,99

Il faut calculer le T1 de la formule : 0,75 % (ass. mal.) + 6,90 % (ass. vieil. plaf.) + 0,35 % (ass. vieil. déplaf.) + 2,40 % (chômage) + 3,10 % (retraite compl.) + 0,80 % (AGFF) + 8 % x 98,25 % [CSG (5,10 %+2,40 %) + CRDS (0,50 %)] = 22,16 %, soit 0,2216.

Ensuite, il faut calculer 1 – T1 (1 – 0,2216) = 0,7784.
Les IJSS sont calculées comme vu précédemment : [([(2 400 € x 3)/91,25] x 50 %) x (13 j – 3 j de carence)] = 394,52 €.

Puis, on applique tout simplement la formule pour trouver le montant de la régularisation sur le net : 394,52 € x [(0,2216 – 0,067)/0,7784] = 78,36 €.

Corrigé de l'exercice 51 (niveau 2)

Pour ce mois de juin 2016, établir les bulletins de salaire d'un salarié cadre ayant une rémunération de 5 000 € mensuelle (constante depuis plusieurs mois) quand il a un arrêt maladie indemnisé à 100 % de 15 jours avec une régularisation sur le net (à gauche) et quand il travaille normalement (à droite) pour vérifier que vous avez bien le même net à payer. La mutuelle frais de santé est de 40 €, pour le salarié et pour l'employeur.

	Salarié Absent			Salarié Présent			Sans régul / net		
	Base	Tx sal.	Montant	Base	Tx sal.	Montant	Base	Tx sal.	Montant
Salaire			5 000,00			5 000,00			5 000,00
Absence Maladie		166,67	-1 166,67					166,67	-1 166,67
Paiement Maladie		166,67	1 166,67					166,67	1 166,67
I.J.S.S. "Brutes"	4,00	43,40	-173,60				4,00	43,40	-173,60
Régul. sur le net			-29,40						
Brut			4 797,00			5 000,00			4 826,40
Ass. Mal,Mat,Inv,Décès	4 797,00	0,75	-35,98	5 000,00	0,75	-37,50	4 826,40	0,75	-36,20
Ass. Vieillesse / Plaf.	3 218,00	6,90	-222,04	3 218,00	6,90	-222,04	3 218,00	6,90	-222,04
Ass. Vieillesse / Déplaf.	4 797,00	0,35	-16,79	5 000,00	0,35	-17,50	4 826,40	0,35	-16,89
Chômage / A+B	4 797,00	2,40	-115,13	5 000,00	2,40	-120,00	4 826,40	2,40	-115,83
A.P.E.C. / A+B	4 797,00	0,024	-1,15	5 000,00	0,024	-1,20	4 826,40	0,024	-1,16
Retraite compl. / A	3 218,00	3,10	-99,76	3 218,00	3,10	-99,76	3 218,00	3,10	-99,76
A.G.F.F. / A	3 218,00	0,80	-25,74	3 218,00	0,80	-25,74	3 218,00	0,80	-25,74
Retraite compl. / B	1 579,00	7,80	-123,16	1 782,00	7,80	-139,00	1 608,40	7,80	-125,46
A.G.F.F. / B+C	1 579,00	0,90	-14,21	1 782,00	0,90	-16,04	1 608,40	0,90	-14,48
C.E.T. / A+B+C	4 797,00	0,13	-6,24	5 000,00	0,13	-6,50	4 826,40	0,13	-6,27
Mutuelle "Frais de Santé"			-40,00			-40,00			-40,00
Prévoyance (Décès patr.)	3 218,00			3 218,00			3 218,00		
C.S.G. Déductible	4 801,32	5,10	-244,87	5 000,77	5,10	-255,04	4 830,21	5,10	-246,34
Net fiscal			3 891,93			4 059,68			3 916,23
C.S.G.	4 801,32	2,40	-115,23	5 000,77	2,40	-120,02	4 830,21	2,40	-115,92
C.R.D.S.	4 801,32	0,50	-24,01	5 000,77	0,50	-25,00	4 830,21	0,50	-24,15
I.J.S.S. "Nettes"	4,00	40,49	161,97				4,00	40,49	161,97
Net à payer			*3 874,66*			*3 874,66*			*3 898,12*

La différence = 0,00

La différence = 23,46

Il faut calculer le T2 de la formule : 0,75 % (ass. mal.) + 0,35 % (ass. vieil. déplaf.) + 2,40 % (chômage) + 7,80 % (retraite compl./B) + 0,90 % (AGFF/B) + 0,024 % (APEC/B) + 0,13 % (CET/B) + 8 % x 98,25 % [CSG (5,10 % + 2,40 %) + CRDS (0,50 %)] = 20,214 %, soit 0,20214.

Ensuite, il faut calculer 1 – T2 (1 – 0,20214) = 0,79786.
Les IJSS sont calculées comme vu précédemment [([(2 639,97 € x 3)/91,25] x 50 %) x (15 j – 3 j de carence)] = 520,80 €.
Puis on applique tout simplement la formule pour trouver le montant de la régularisation sur le net : 520,80 € x [(0,20214 – 0,067)/0,79786]= 88,21 €.

Corrigé de l'exercice 52 (niveau 3)

Pour ce mois de juin 2016, établir les bulletins de salaire d'un salarié cadre ayant une rémunération de 3 400 € mensuelle (constante depuis plusieurs mois) quand il a un arrêt maladie indemnisé à 100 % de 13 jours avec une régularisation sur le net (à gauche) et quand il travaille normalement (à droite) pour vérifier que vous avez bien le même net à payer. La mutuelle frais de santé est de 40 €, pour le salarié et pour l'employeur.

	Salarié Absent			Salarié Présent			Sans régul / net		
	Base	Tx sal.	Montant	Base	Tx sal.	Montant	Base	Tx sal.	Montant
Salaire			3 400,00			3 400,00			3 400,00
Absence Maladie		113,33	-1 473,33					113,33	-1 473,33
Paiement Maladie		113,33	1 473,33					113,33	1 473,33
I.J.S.S. "Brutes"	10,00	43,40	-434,00				10,00	43,40	-434,00
Régul. sur le net			-64,52						
Brut			2 901,48			3 400,00			2 966,00
Ass. Mal,Mat,Inv,Décès	2 901,48	0,75	-21,76	3 400,00	0,75	-25,50	2 966,00	0,75	-22,25
Ass. Vieillesse / Plaf.	2 901,48	6,90	-200,20	3 218,00	6,90	-222,04	2 966,00	6,90	-204,65
Ass. Vieillesse / Brut	2 901,48	0,35	-10,16	3 400,00	0,35	-11,90	2 966,00	0,35	-10,38
Chômage / A+B	2 901,48	2,40	-69,64	3 400,00	2,40	-81,60	2 966,00	2,40	-71,18
A.P.E.C. / A+B	2 901,48	0,024	-0,70	3 400,00	0,024	-0,82	2 966,00	0,024	-0,71
Retraite compl. / A	2 901,48	3,10	-89,95	3 218,00	3,10	-99,76	2 966,00	3,10	-91,95
A.G.F.F. / A	2 901,48	0,80	-23,21	3 218,00	0,80	-25,74	2 966,00	0,80	-23,73
Retraite compl. / B (GMP)	331,24	7,80	-25,84	331,24	7,80	-25,84	331,24	7,80	-25,84
A.G.F.F. / B+C	0,00	0,90	0,00	182,00	0,90	-1,64	0,00	0,90	0,00
C.E.T. / A+B+C	2 901,48	0,13	-3,77	3 400,00	0,13	-4,42	2 966,00	0,13	-3,86
Mutuelle "Frais de Santé"			-40,00			-40,00			-40,00
Prévoyance (Décès patr.)	2 901,48			3 218,00			2 966,00		
C.S.G. Déductible	2 934,23	5,10	-149,65	3 428,77	5,10	-174,87	2 998,59	5,10	-152,93
Net fiscal			2 306,62			2 725,88			2 358,53
C.S.G. Non Déductible	2 934,23	2,40	-70,42	3 428,77	2,40	-82,29	2 998,59	2,40	-71,97
C.R.D.S. Non Déductible	2 934,23	0,50	-14,67	3 428,77	0,50	-17,14	2 998,59	0,50	-14,99
I.J.S.S. "Nettes"	10,00	40,49	404,92				10,00	40,49	404,92
Net à payer			*2 586,45*			*2 586,44*			*2 636,49*

La différence = 0,01

La différence = 50,04

Il faut calculer le T1 de la formule : 0,75 % (ass. mal.) + 6,90 % (ass. vieil. plaf.) + 0,35 % (ass. vieil. déplaf.) + 2,40 % (chômage) + 0,024 % (APEC/A) + 3,10 % (retraite compl./A) + 0,80 % (AGFF/A) + 0,13 % (CET/A) 8 % x 98,25 % [CSG (5,10 %+2,40 %) + CRDS (0,50 %)] + 1,50 % (pourcentage de la cotisation patronale de prévoyance décès obligatoire pour les cadres x 8 % des CSG et CRDS) = 22,434 %, soit 0,22434. Ensuite, il faut calculer 1 – T1 (1 – 0,22434) = 0,77566.
Ensuite, il faut calculer le T2 de la formule : 0,75 % (ass. mal.) + 0,35 % (ass. vieil. déplaf.) + 2,40 % (chômage) + 0,024 % (APEC/B) + 0,90 % (AGFF/B) + 0,13 % (CET/B) + 8 % x 98,25 % [CSG (5,10 %+2,40 %) + CRDS (0,50 %)] = 12,414 %, soit 0,12414. Il ne faut pas prendre la retraite complémentaire car qu'il soit malade ou pas, la base est la même : la GMP (331,24 €) !
Les IJSS sont calculées comme vu précédemment [([(2 639,97 € x 3)/91,25] x 50 %) x (13 j – 3 j de carence)] = 434 €.
La tranche B pour un salarié qui perçoit habituellement 3 400 € est de 182 € (3 400 € – 3 218 €).
Enfin, on applique la formule pour trouver le montant de la régularisation sur le net : [434 x (0,22434 – 0,067) – 182 x (0,22434 – 0,12414)]/0,77566 = 64,52 €.

19. Le temps partiel thérapeutique

Corrigé de l'exercice 53 (niveau 3)

Notre entreprise a un salarié cadre (10 ans d'ancienneté) qui a été absent pour maladie. Début janvier 2016, il est revenu en temps partiel thérapeutique. Ses horaires aménagés sont relativement simples : il ne vient travailler que les matins 3 heures et demies du lundi au vendredi. Depuis son retour, il est très assidu et n'a eu aucune absence. Mais ce mois de juin 2016, il a pris une semaine de congés payés (du lundi 6 au dimanche 12) et a fait une petite rechute maladie d'une semaine également (du lundi 20 au dimanche 26). Son salaire forfaitaire à temps plein est de 3 520 €. La convention collective lui octroie une prime d'ancienneté de 10 % assise sur sa rémunération. La mutuelle frais de santé est de 40 €, pour le salarié et pour l'employeur. L'entreprise maintient le salaire à 100 % sans carence et pratique la subrogation pendant la maladie (pendant 90 jours). Elle calcule les congés payés en jours ouvrés et applique la règle du maintien au moment de l'absence (le dixième étant éventuellement régularisé en fin de période de prise des congés payés). Pour vous aider, voici son calendrier :

Libellé des Rubriques	Base	Taux	Montant	Commentaires
Salaire Forfaitaire	151,67		3 520,00	Juin 2016
Prime d'ancienneté	3520,00	10,000	352,00	Plafond : 3.218 €
Absence Temps Partiel Thérap.	42,00	25,143	-1 056,00	
Absence Congés Payés	5,00	178,680	-893,40	
Indemnité Congés Payés	5,00	178,680	893,40	
Absence Maladie	7,00	129,067	-903,47	
Paiement Maladie	7,00	129,067	903,47	
I.J.S.S. "Brutes"	4,00	43,400	-173,60	
Garantie sur le net			-29,40	
Total Brut			**2 613,00**	

Cotisations	Base	Salariales		Patronales	
		Taux	Montant	Taux	Montant
Ass. Mal.Mat.Inv.décès	2 613,00	0,75	-19,60	12,84	335,51
Contribution Solidarité Auton.	2 613,00			0,30	7,84
Accident du Travail	2 613,00			2,44	63,76
Allocations Familiales	2 613,00			3,45	90,15
Ass. Vieillesse Plafonnée	2 613,00	6,90	-180,30	8,55	223,41
Ass. Vieillesse Déplafonnée	2 613,00	0,35	-9,15	1,85	48,34
F.N.A.L. sur Brut	2 613,00			0,50	13,07
Chômage sur Tr. A + B	2 613,00	2,40	-62,71	4,00	104,52
F.N.G.S. sur Tr. A + B	2 613,00			0,25	6,53
A.P.E.C. sur Tr. A + B	2 613,00	0,024	-0,63	0,036	0,94
A.R.R.CO sur Tr. A	2 613,00	3,10	-81,00	4,65	121,50
A.G.F.F. sur Tr. A	2 613,00	0,80	-20,90	1,20	31,36
A.G.I.R.C. sur Tr. B (GMP)	331,24	7,80	-25,84	12,75	42,23
C.E.T. sur Tr. A + B + C	2 613,00	0,13	-3,40	0,22	5,75
Mutuelle Frais de Santé			-40,00		40,00
Prévoyance Décès	2 613,00			1,50	39,20
Forfait Social	79,20			8,00	6,34
C.S.G. déductible	2 646,47	5,10	-134,97		
Autres charges patronales	2 613,00			4,996	130,55
Total cotisations			**-578,50**		**1 311,00**
Net fiscal			**2 074,50**		
I.J.S.S. "Nettes"	4,00	40,49	161,97		
C.S.G. non déductible	2 646,47	2,40	-63,52		
C.R.D.S. non déductible	2 646,47	0,50	-13,23		
Net à payer			**2 119,72**		

Corrigés des exercices

Commençons par le début : y a-t-il réduction du plafond pour temps partiel ? Réponse : non ! Son plafond du mois est et reste 3 218 € (et non pas 1 609 € comme l'aurait été celui pour un « vrai » temps partiel à mi-temps).

La première ligne est donnée : Salaire forfaitaire = 3 520 €. Bien évidemment, le fait qu'il soit en temps partiel thérapeutique ne lui fait pas changer de salaire ! Il faut toujours prendre le même salaire contractuel. Il est également hors de question de lui changer de salaire à chaque changement d'aménagement d'horaire pour suivre son traitement médical.
La deuxième ligne n'est guère plus compliquée : Prime d'ancienneté : 3 520 € x 10 % = 352 €.

Arrive l'absence pour son temps partiel thérapeutique : Nombre de jours = 12. Soit 12 j x 3 h 50 = 42 heures (les jours de C.P. et de maladie suspendent le temps partiel thérapeutique). Pour la valorisation de ces 42 heures, il faut prendre la méthode indiquée par la Cour de cassation (et expressément recommandée par la CPAM) : la méthode des heures réelles. Le mois de juin 2016 comporte 22 jours théoriquement travaillés, donc il faut retenir par heures (3 520 € + 352 €)/154 heures (22 jours x 7 heures théoriquement travaillées) = 25,143 €. Ces 42 heures réduisent donc le brut de 1 056 € (42 h x 25,143 €).

Pour les congés payés, on compte en jours ouvrés moyens (21,67^{e}). Son absence C.P., interrompant le temps partiel thérapeutique (il ne peut pas être « en reprise d'activité » et absent toute une semaine !), est de 5 jours ouvrés, soit une absence valorisée à : 5 jours x ([3 520 €+ 352 €]/21,67) = 893,40 €. Si besoin était de le repréciser, un salarié en TPT a les mêmes droits en matière de congés payés qu'en salarié à temps plein. Pour le paiement, il suffit de repayer la même somme.

Pour la maladie, il faut compter en jours calendaires (comme l'a ordonné le médecin), même s'il ne travaille pas les samedis et dimanches. Son absence est donc de 7 jours. Quant à son taux journalier, c'est la méthode des jours calendaires réels qu'il faut appliquer, soit : (3 520 € + 352 €)/30 (nombre de jours calendaires de juin) = 129,067 €. Son absence et son paiement (puisque l'entreprise applique le maintien de salaire à 100 %) sont donc valorisés à : 7 j x 129,067 € = 903,47 €.

Pour les IJSS, l'entreprise a reconstitué son salaire brut à temps plein, soit 3 872 € (3 520 € + 352 €). Notre salarié dépassant largement 1,8 SMIC mensuel, les IJSS sont donc calculées en prenant le montant maximal (43,40 € par jour) indemnisé par la CPAM. Soit [7 j – 3 j (carence)] x 43,40 € = 173,60 €. À noter que c'est l'entreprise qui indemnise la maladie sans carence, la Sécurité sociale applique toujours les trois jours de carence (sauf en cas de prolongation).

La garantie du net est calculée sur un salaire brut théorique de 3 872 € puisque les IJSS sont calculées ainsi, soit, selon les formules déjà vue dans l'exercice 51 : 29,40 €.

Les cotisations assises sur le brut, la tranche A, la tranche A + B et la tranche A + B + C sont sur son salaire brut du mois, soit 2 613 €.

Notre salarié étant cadre et son plafond de la Sécurité sociale non réduit, se déclenche donc forcément la GMP pour l'AGIRC tranche B, qui a donc une base de 331,24 €.

Ne pas oublier, bien sûr, de lui « rendre » les IJSS nettes, soit : 173,60 € – 6,7 % = 161,97 €.

Le reste du bulletin est devenu classique.

Voici le bulletin que notre salarié reçoit pour juin 2016 :

Libellé des Rubriques	Base	Taux	Montant	Commentaires
Salaire Forfaitaire	151,67		3 520,00	Juin 2016
Prime d'ancienneté	3520,00	10,000	352,00	
Absence Temps Partiel Thérap	42,00	25,143	-1 056,00	
Absence Congés Payés	5,00	178,680	-893,40	
Indemnité Congés Payés	5,00	178,680	893,40	
Absence Maladie	7,00	129,067	-903,47	
Paiement Maladie	7,00	129,067	903,47	
I.J.S.S.	4,00	43,400	-173,60	
Garantie sur le net			-88,21	
Total Brut			**2 554,19**	

Cotisations	Base	Salariales		Patronales	
		Taux	Montant	Taux	Montant
Ass. Mal.Mat.Inv.décès	2 554,19	0,75	-19,16	12,84	327,96
Contribution Solidarité Auton.	2 554,19			0,30	7,66
Accident du Travail	2 554,19			2,44	62,32
Allocations Familiales	2 554,19			3,45	88,12
Ass. Vieillesse Plafonnée	2 554,19	6,90	-176,24	8,55	218,38
Ass. Vieillesse Déplafonnée	2 554,19	0,35	-8,94	1,85	47,25
F.N.A.L. sur Brut	2 554,19			0,50	12,77
Chômage sur Tr. A + B	2 554,19	2,40	-61,30	4,00	102,17
F.N.G.S. sur Tr. A + B	2 554,19			0,25	6,39
A.P.E.C. sur Tr. A + B	2 554,19	0,024	-0,61	0,036	0,92
A.R.R.CO sur Tr. A	2 554,19	3,10	-79,18	4,65	118,77
A.G.F.F. sur Tr. A	2 554,19	0,80	-20,43	1,20	30,65
A.G.I.R.C. sur Tr. B	331,24	7,80	-25,84	12,75	42,23
C.E.T. sur Tr. A + B + C	2 554,19	0,13	-3,32	0,22	5,62
Mutuelle Frais de Santé			-40,00		40,00
Prévoyance Décès	2 554,19			1,50	38,31
Forfait Social	78,31			8,00	6,26
C.S.G. déductible	2 587,80	5,10	-131,98		
Autres charges patronales	2 554,19			4,996	127,61
Total cotisations			**-567,00**		**1 283,39**
Net fiscal			**2 027,19**		
I.J.S.S. Nettes	4,00	40,49	161,97		
C.S.G. non déductible	2 587,80	2,40	-62,11		
C.R.D.S. non déductible	2 587,80	0,50	-12,94		
Net à payer			**2 074,11**		

20. La saisie-arrêt

Corrigé de l'exercice 54 (niveau 1)

1) Quel est le montant de la saisie-arrêt pour un salarié ayant une personne à charge, une dette de 2 000 € et une somme soumise à saisie-arrêt de 1 500 € ?
Il y a deux façons de calculer le montant de la saisie-arrêt de ce salarié :

Avec le tableau de simplification :
Dans ce tableau, on se projette dans la partie « avec une personne à charge ».
Ensuite on cherche le niveau où se situe le net fiscal : 1 500 € se trouve sur la quatrième ligne entre 1 319,17 et 1 615,83. Dans la deuxième colonne, il est écrit que le montant de la saisie-arrêt sera de 184,70 € + un tiers au-delà de 1 319,17 (et forcément jusqu'à 1 500 €). 1 500 € – 1 319,17 € = 180,83 €. On en prend donc le tiers (180,83 €/3 = 60,28 €) qu'on rajoute à 184,70 €.
Le montant de la saisie-arrêt est donc de : 184,70 € + 60,28 € = 244,98 €.

En découpant le net fiscal en tranches comme le demande l'administration fiscale :
Une personne à charge signifie qu'il faut augmenter la première tranche de 118,33 € (soit : 310,83 € + 118,33 € = 429,16 €) et laisser ensuite cette augmentation sur toutes les tranches.
De 0,01 € à 429,16 €, on prend 1/20, soit : 21,46 €.
De 429,17 € à 724,99 €, on prend 1/10, soit : 29,58 €.
De 725 € à 1 022,49 €, on prend 1/5, soit : 59,50 €.
De 1 022,50 € à 1 319,16 €, on prend 1/4, soit : 74,16 €.
De 1 319,17 € à 1 500 €, on prend 1/3, soit : 60,28 €.
Le total saisi est donc de 244,98 € (21,46 € + 29,58 € + 59,50 € + 74,16 € + 60,28 €).

2) Quel est le montant de la saisie-arrêt pour un salarié ayant trois personnes à charge, une dette de 2 000 € et une somme soumise à saisie-arrêt de 2 000 € ?
Selon la méthode que vous avez choisie, vous devez trouver une saisie-arrêt d'un montant de 393,75 €.

3) Quel est le montant de la saisie-arrêt pour un salarié sans personne à charge, une dette de 2 000 € et une somme soumise à saisie-arrêt de 2 500 € ?
Selon la méthode que vous avez choisie, vous devez trouver une saisie-arrêt d'un montant de 1 179,61 €.

Corrigé de l'exercice 55 (niveau 3)

Le service Paie vient de sortir les bulletins de paie « premier jet » (c'est-à-dire les bulletins à vérifier avant le passage définitif qui éditera les « vrais » bulletins de paie) quand la DRH l'informe qu'une saisie-arrêt d'un montant de 3 000 € concernant un salarié (avec deux personnes à charge) vient d'arriver.
Déterminer la somme soumise à saisie-arrêt et le montant de sa saisie-arrêt pour ce mois de juin 2016.

Selon l'article L. 3252-3, alinéa 1 du code du travail : « Pour la détermination de la fraction insaisissable, il est tenu compte du montant de la rémunération, de ses accessoires ainsi que, le cas échéant, de la valeur des avantages en nature, après déduction des cotisations sociales obligatoires. »

Sa rémunération habituelle est de : 3 000 € (salaire) + 150 € (prime d'ancienneté) = 3 150 €.

Ce mois-ci, il est malade mais l'entreprise pratiquant le maintien de salaire à 100 % (et la subrogation avec le maintien du net), il faut rester sur son salaire brut habituel. En effet, si on part de son salaire brut de ce mois (2 629,80 €), la saisie-arrêt se trouverait diminuée du fait de ses IJSS. Or, la circulaire du 23 décembre 1992 indique clairement qu'entrent dans le champ de la saisie « les prestations ayant vocation à remplacer le salaire (allocations de chômage, indemnités journalières de maladie et de maternité, indemnités journalières de l'incapacité temporaire due à un accident de travail) ».
Il faut donc déduire les cotisations sociales obligatoires de son salaire brut de 3 150 €.
Grâce au tableau des cotisations sociales, nous connaissons le taux applicable en tranche A (et 1) : 22,16 %. Mais il faut corriger légèrement ce taux pour tenir compte de la prévoyance patronale à 1 %, soit 22,16 % + 1 % = 23,16 %. Si on applique ce taux global de cotisations à sa rémunération brute, on trouve un montant de cotisations égal à 698,04 € (3 150 € x 22,16 %). Montant auquel on ajoute la part patronale de la mutuelle qui est de : 50 € x 8 % = 4 €, soit 702,04 € (698,04 € + 4 €). Enfin, il faut encore ajouter le montant de la part salariale de la mutuelle frais de santé de 50 €. Ce qui nous amène au montant total de 752,04 € (702,04 € + 50 €).

On pourrait en déduire que la fraction saisissable est : 3 150 € – 752,04 € = 2 397,96 €.
Mais il y a encore un point qui ne vous a pas échappé : notre salarié a en plus une pension alimentaire prélevée directement sur son salaire de 250 €. Or, cette pension alimentaire est insaisissable (Cass. civ. du 22 mai 1995, n° 93-13941, inédit) car elle est la première dette du salarié. Il faut donc retirer ces 250 € des 2 397,96 € pour enfin trouver la fraction saisissable. Soit : 2 397,96 € – 250 € = 2 147,96 €. Bien sûr, il y a une autre méthode plus simple : au net à payer (1 647,96 €), on rajoute l'acompte (500 €), soit : 1 647,96 € + 500 € = 2 147,96 €.

Pour connaître le montant de sa saisie-arrêt, comme vu précédemment, on se reporte au tableau « avec deux personnes à charges ». Sur la dernière ligne (puisque les 2 147,96 € dépassent les 2 035,82 €), on prend 490,60 € + (2 147,96 € – 2 035,82 €), soit : 490,60 € + 112,14 € = 602,74 €.

21. L'indemnité de précarité d'emploi (CDD)

Corrigé de l'exercice 56 (niveau 3)

Un salarié de 25 ans est embauché en CDD pour surcroît temporaire d'activité le lundi 2 mai 2016 dans une entreprise de plus de 100 salariés. Son salaire de base mensuel est de 3 100 €. Ses droits à congés payés sont de 27 jours ouvrés par an. Il acquiert 0,5 jour de RTT toutes les quatre semaines. Il a droit à des titres-restaurants d'une valeur faciale de 10 € pour une participation salariale de 3 €. Les jours fériés sont non travaillés mais lui sont payés normalement. L'entreprise a une mutuelle frais de santé de 50 € (part salariale et part patronale) ainsi qu'une prévoyance complémentaire basée sur la tranche A au taux de 1 % pour le salarié et de 2 % pour l'employeur. Son contrat se termine le vendredi 24 juin 2016.
Faire les deux bulletins de paie avec les modèles suivants :

Bulletin de paie de mai 2016

Libellé des Rubriques	Base	Taux	Montant	Commentaires
Salaire	151,67		3 100,00	mai 2016
Retenue Entrée-Sortie	0,00	140,91	0,00	Date d'entrée : 2 mai 2016
Avantage Nature Titres-Restau	20,00	7,000	140,00	Plafond du mois : 3218 €
Total Brut			**3 240,00**	

Cotisations	Base	Salariales		Patronales	
		Taux	Montant	Taux	Montant
Ass. Mal.Mat.Inv.décès	3 240,00	0,75	-24,30	12,84	416,02
Contribution Solidarité Autonomie	3 240,00			0,30	9,72
Accident du Travail	3 240,00			2,44	79,06
Allocations Familiales	3 240,00			3,45	111,78
Ass. Vieillesse Plafonnée	3 218,00	6,90	-222,04	8,55	275,14
Ass. Vieillesse Déplafonnée	3 240,00	0,35	-11,34	1,85	59,94
F.N.A.L. sur Brut	3 240,00			0,50	16,20
Chômage sur Tr. A+Tr. B	3 240,00	2,40	-77,76	5,50	178,20
A.G.S. sur Tr. A+Tr. B	3 240,00			0,25	8,10
A.R.R.CO sur Tr. 1	3 218,00	3,10	-99,76	4,65	149,64
A.G.F.F. sur Tr. 1	3 218,00	0,80	-25,74	1,20	38,62
A.R.R.CO sur Tr. 2	22,00	8,10	-1,78	12,15	2,67
A.G.F.F. sur Tr. 2	22,00	0,90	-0,20	1,30	0,29
Mutuelle "Frais de Santé"			-50,00		50,00
Prévoyance sur Tr. A	3 218,00	1,00	-32,18	2,00	64,36
Forfait Social	114,36			8,00	9,15
C.S.G. déductible	3 297,66	5,10	-168,18		
Autres charges patronales	3 240,00			4,996	161,87
Total cotisations			**-713,28**		**1 630,76**
Net fiscal			**2 576,72**		
Avantage Nature Titres-Resto	20,00	7,00	-140,00		
Retenue Titres-Resto	20,00	3,00	-60,00		
C.S.G. non déductible	3 297,66	2,40	-79,14		
C.R.D.S. non déductible	3 297,66	0,50	-16,49		
Net à payer			**2 231,09**		

Premier « piège » : il n'y a pas de retenue entrée/sortie puisque notre salarié est présent tous les jours ouvrés du mois.

Deuxième « piège » : le plafond de la Sécurité sociale est entier (31 jours calendaires – le 1er mai = 30), et donc égal à 3 218 €.

Troisième « piège » : le montant de la participation patronale aux titres restaurant, étant supérieur à la fois à 60 % de la valeur faciale et à 5,37 €, est à intégrer en avantage en nature.

Il n'y a « que » 20 titres-restaurants car ce mois de mai 2016 comporte deux jours fériés en plus du 1er mai (le jeudi 5, jeudi de l'Ascension, et le lundi 16, lundi de Pentecôte), soit 22 jours ouvrés – 2 = 20 titres-restaurants.

Le brut du salarié (3 240 €) étant supérieur au plafond (3 218 €), c'est le plafond qui est la tranche A (et la différence est bien sûr la tranche 2 de l'ARRCO et de l'AGFF = 3 240 € – 3 218 € = 22 €).

Quatrième « piège » : le taux de la cotisation patronale de chômage qui est de 5,50 % (et non pas 4 % comme d'habitude) car notre salarié est en CDD supérieur à un mois mais inférieur à trois mois.

Bulletin de paie de juin 2016

Libellé des Rubriques	Base	Taux	Montant	Commentaires
Salaire	151,67		3 100,00	juin 2016
Retenue Entrée-Sortie	4,00	140,909	-563,64	Date sortie : 24 juin 2016
Avantage Nature Titres-Restau	18,00	7,000	126,00	Plafond du mois : 2574,4 €
Indemnité Compensatrice RTT	1,00	143,055	143,05	
Indemnité Précarité Emploi	6 045,42	10,000	604,54	
Indemnité Compensatrice CP	5,00		718,20	
Total Brut			**4 128,16**	

Cotisations	Base	Salariales		Patronales	
		Taux	Montant	Taux	Montant
Ass. Mal.Mat.Inv.décès	4 128,16	0,75	-30,96	12,84	530,06
Contribution Solidarité Autonomie	4 128,16			0,30	12,38
Accident du Travail	4 128,16			2,44	100,73
Allocations Familiales	4 128,16			3,45	142,42
Ass. Vieillesse Plafonnée	2 574,40	6,90	-177,63	8,55	220,11
Ass. Vieillesse Déplafonnée	4 128,16	0,35	-14,45	1,85	76,37
F.N.A.L. sur Brut	4 128,16			0,50	20,64
Chômage sur Tr. A + Tr. B	4 128,16	2,40	-99,08	5,50	227,05
A.G.S. sur Tr. A + Tr. B	4 128,16			0,25	10,32
A.R.R.CO sur Tr. 1	2 574,40	3,10	-79,81	4,65	119,71
A.G.F.F. sur Tr. 1	2 574,40	0,80	-20,60	1,20	30,89
A.R.R.CO sur Tr. 2	1 553,76	8,10	-125,85	12,15	188,78
A.G.F.F. sur Tr. 2	1 553,76	0,90	-13,98	1,30	20,20
Mutuelle "Frais de Santé"			-50,00		50,00
Prévoyance sur Tr. A	2 574,40	1,00	-25,74	2,00	51,49
Forfait Social	101,49			8,00	8,12
C.S.G. déductible	4 157,40	5,10	-212,03		
Autres charges patronales	4 128,16			4,996	206,24
Total cotisations			-850,13		2 015,51

Libellé des Rubriques	Base	Taux	Montant
Net fiscal			**3 328,03**
Avantage Nature Titres-Resto	18,00	7,00	-126,00
Retenue Titres-Resto	18,00	3,00	-54,00
C.S.G. non déductible	4 157,40	2,40	-99,78
C.R.D.S. non déductible	4 157,40	0,50	-20,79
Net à payer			**2 977,46**

Le petit tableau de régularisation mensuelle progressive donne ce résultat :

Plafond : 3 218,00

Le brut cumulé est-il <ou> au plafond cumulé ?

Mois	Brut du mois	**Brut Cumulé**	>/<	Nb 30èmes	Plafond du mois	**Plafond Cumulé**	**Tranche 1 Cumulée**	Tranche 1 du mois	**Tranche 2 Cumulée**	Tranche 2 du mois
Mai	3 240,00	**3 240,00**	>	30,00	**3 218,00**	**3 218,00**	**3 218,00**	3 218,00	**22,00**	22,00
Juin	4 128,16	**7 368,16**	>	24,00	**2 574,40**	**5 792,40**	**5 792,40**	2 574,40	**1 575,76**	1 553,76

La retenue entrée/sortie est de 4 jours (les 27, 28, 29, 30 juin) sur 22 théoriquement travaillés. Son taux est de 3 100 €/22 = 140,909 €. Donc, la retenue E/S = 4 j x 140,909 € = 563,64 €.
Pour les avantages en nature, même logique qu'en mai (22 jours ouvrés – 4 jours d'absence = 18 jours).
Si le salarié a droit à 0,5 jour de RTT toutes les quatre semaines, son indemnité compensatrice sera d'un jour, indemnité calculée avec la méthode des jours ouvrés moyens (21,67). Le montant de l'indemnité précarité emploi est tout simplement 10 % de tout ce qu'il gagné depuis le 2 mai. Quant à l'indemnité compensatrice de congés payés, il a droit à 4,50 jours arrondis à 5 jours [(27 jours/12) x 2,25 x 2]. Avec la règle du maintien, cela aurait fait 715,27 €. Le dixième (qui comprend l'indemnité de précarité emploi) est plus avantageux. Donc l'ICCP correspond à 718,20 €. Étant présent du 1er au 24 juin, le plafond de la Sécurité sociale est bien sûr de 24/30e de 3 218 €, soit 2 574,40 €. Quant à la tranche 2, selon notre tableau de régularisation, elle est de 1 553,76 €. Le reste du bulletin est « classique ».

22. L'indemnité légale de licenciement

Corrigé de l'exercice 57 (niveau 3)

Un salarié a été embauché en CDI le 1er octobre 2000 dans une entreprise de plus de 100 salariés. Son licenciement pour motif économique lui a été notifié le 1er juillet 2016. Il doit bénéficier de trois mois de préavis mais il est dispensé par son employeur de l'effectuer à partir du 1er août. Son salaire de base depuis le 1er janvier 2015 est de 2 300 €. Depuis cette date, il n'a eu aucune absence et hormis la prime de vacances (équivalente à son salaire de base) habituellement versée fin juillet, il n'a bénéficié d'aucune autre prime. Au 1er juillet 2016, suite à des négociations salariales signées en avril, son salaire de base passe à 2 400 €. Son entreprise donne 2 jours ouvrés de plus que la loi. Au moment de son départ (le 31 juillet), ses droits aux congés payés 2015/2016, calculés en jours ouvrés, n'étaient pas consommés.

Bulletin de paie « solde de tout compte » de juillet 2016

Libellé des Rubriques	Base	Taux	Montant	Commentaires
Salaire de base	151,67		2 400,00	juillet 2016
Prime de vacances			2 400,00	Date de sortie : 30 Septembre 2016
Préavis non effectué payé			4 800,00	Plafond du mois : 9654 €
Ind. Comp. C.P. "écoulés"	27,00	110,752	2 990,31	
Ind. Comp. C.P. "en cours"	10,00	110,752	1 107,52	
Total Brut			**13 697,83**	

Cotisations	Base	Salariales		Patronales	
		Taux	Montant	Taux	Montant
Ass. Mal.Mat.Inv.décès	13 697,83	0,75	-102,73	12,84	1 758,80
Cont. Solidarité Autonomie	13 697,83			0,30	41,09
Accident du Travail	13 697,83			2,44	334,23
Allocations Familiales	13 697,83			3,45	472,58
Ass. Vieillesse Plafonnée	13 697,83	6,90	-945,15	8,55	1 171,16
Ass. Vieillesse Déplafonnée	13 697,83	0,35	-47,94	1,85	253,41
F.N.A.L. sur Brut	13 697,83			0,50	68,49
Chômage sur Tr. A+Tr. B	13 697,83	2,40	-328,75	4,00	547,91
A.G.S. sur Tr. A+Tr. B	13 697,83			0,25	34,24
A.R.R.CO sur Tr. 1	13 697,83	3,10	-424,63	4,65	636,95
A.G.F.F. sur Tr. 1	13 697,83	0,80	-109,58	1,20	164,37
A.R.R.CO sur Tr. 2	0,00	8,10	0,00	12,15	0,00
A.G.F.F. sur Tr.2	0,00	0,90	0,00	1,30	0,00
Mutuelle "Frais de Santé"			-150,00		150,00
Prévoyance sur Tr. A	13 697,83	1,00	-136,98	2,00	273,96
Forfait social	423,96			8,00	33,92
C.S.G. déductible	13 882,08	5,10	-707,99		
Allègement "Fillon"					132,48
Autres charges patronales	13 697,83			4,996	684,34
Total cotisations			**-2 953,75**		**6 757,93**
Net fiscal			**10 894,08**		
Indemnité de licenciement			10 400,00		
C.S.G. non déductible	13 882,08	2,40	-333,17		
C.R.D.S. non déductible	13 882,08	0,50	-69,41		
Net à payer			**20 741,50**		

L'augmentation de son salaire ayant été négociée bien avant son départ, notre salarié doit bien sûr en bénéficier. Son salaire de base est donc de 2 400 €.
Chaque année, avec la paie de juillet, il a droit à une prime de vacances dont le montant est égal à son salaire de base. La deuxième ligne du bulletin est donc : « Prime de vacances » d'un montant de 2 400 €.
Son entreprise le dispense d'effectuer ses deux derniers mois de préavis, mais il faut les lui payer. La troisième ligne est donc : « Préavis non effectué payé » avec le montant des deux mois. Soit : 2 400 € x 2 = 4 800 €.
Devant certainement partir en congés payés à partir du mois d'août, ses droits sont entiers, soit les 27 jours ouvrés prévus. Avec la règle du maintien, chaque jour de congé correspond à 110,752 € (2 400 €/21,67). Les 27 jours représentent donc : 27 j x 110,752 € = 2 990,31 €. Avec la règle du dixième, ils valent : [(2 300 € x 12)/10] x (27/25) = 2 980,80 €. La prime de vacances n'est pas du travail effectif et ne rentre pas par conséquent dans la rémunération brute totale servant au calcul. Ne pas oublier aussi la revalorisation du dixième, compte tenu des jours supplémentaires de C.P. La règle du maintien de salaire étant plus favorable, l'indemnité compensatrice des congés payés « période écoulée » est de 2 990,31 €.
Le fait qu'il soit en préavis non effectué payé lui fait « gagner » des droits à congés jusqu'à sa date « réelle » de sortie des effectifs, soit jusqu'au 30 septembre 2016. Il y a 88 jours ouvrés du 1er juin au 30 septembre. Ses droits à congés en cours d'acquisition sont donc de : [(27/25) x 2,08] x (88/20) = 9,88 jours, arrondis obligatoirement à 10 jours. Ces 10 jours calculés avec la règle du maintien donnent : 10 j x 110,752 € = 1 107,52 € et avec la règle du dixième : [2 300 € (juin) + 2 400 € (juillet) + 2 400 € (août) + 2 400 € (septembre)]/10 x (27/25) = 1 026 €. La règle du maintien de salaire étant plus favorable, l'indemnité compensatrice des congés payés « période en cours » est de 1 107,52 €.

Son total brut est donc de : 2 400 € + 2 400 € + 4 800 € + 2 990,31 € + 1 107,52 € = 13 697,83 €.

Il est l'heure de se poser la question à propos du plafond : les deux mois de préavis non effectué payé sont considérés comme du travail effectif et doivent bénéficier d'un plafond de la Sécurité sociale chacun. Le plafond du mois de juillet est donc dans ce cas : 3 218 € x 3 (juillet + août + septembre) = 9 654 €.
Est-ce que, pour autant, notre salarié a une tranche 2 ? Le tableau de régularisation mensuelle progressive nous répond : non !

		Le brut cumulé est-il <ou> au plafond cumulé ?									
Mois	Brut du mois	**Brut Cumulé**	>/<	Nb 30èmes	Plafond du mois	**Plafond Cumulé**	**Tranche A Cumulée**	Tranche A du mois	**Tranche B Cumulée**	Tranche B du mois
Janvier	2 300,00	**2 300,00**	<	30,00	3 218,00	3 218,00	2 300,00	2 300,00	**0,00**	0,00
Février	2 300,00	**4 600,00**	<	30,00	3 218,00	6 436,00	4 600,00	2 300,00	**0,00**	0,00
Mars	2 300,00	**6 900,00**	<	30,00	3 218,00	9 654,00	6 900,00	2 300,00	**0,00**	0,00
Avril	2 300,00	**9 200,00**	<	30,00	3 218,00	12 872,00	9 200,00	2 300,00	**0,00**	0,00
Mai	2 300,00	**11 500,00**	<	30,00	3 218,00	16 090,00	11 500,00	2 300,00	**0,00**	0,00
Juin	2 300,00	**13 800,00**	<	30,00	3 218,00	19 308,00	13 800,00	2 300,00	**0,00**	0,00
Juillet	13 697,83	**27 497,83**	<	90,00	9 654,00	28 962,00	27 497,83	13 697,83	**0,00**	0,00

Pendant les six premiers mois de l'année, notre salarié bénéficiait de l'allégement Fillon pour un montant mensuel de 22,08 €. Hélas, vu les sommes de ce mois, il faut rendre : 22,08 € x 6 mois = 132,48 €.

Quant à son indemnité de licenciement, il faut faire deux calculs et prendre le plus favorable des deux : soit le douzième de la rémunération des 12 derniers mois précédant le licenciement, soit le tiers des 3 derniers mois.
Calcul du salaire brut moyen des 3 derniers mois : 1/3 x [(2 400 € x 3) + (3/12 x 2 400 €)] = 2 600 €.
Calcul du salaire brut moyen des 12 derniers mois : 1/12 x (2 300 € x 13) = 2 491,67 €.
Donc le salaire brut moyen des 3 derniers mois est celui qu'il faut prendre. Enfin, ce salarié a 16 ans d'ancienneté le 30 septembre. Il a donc droit à 2/10 de mois par année d'ancienneté plus un supplément de 2/15e de mois par année d'ancienneté au-delà de 10 ans. Cela donne : (16 x 2/10) + (6 x 2/15), soit 4 mois de salaire. Son indemnité de licenciement est donc de 2 600 € x 4 = 10 400 €. Cette indemnité étant calculée sur la base des règles du code du travail (indemnité légale), elle est exonérée de cotisations sociales, de CSG et CRDS et est exonérée d'impôt sur le revenu. Elle apparaît donc en bas de bulletin. Le reste du bulletin est du « classique ».

Nota bene : Pour être tout à fait complet sur ce sujet, il faut savoir que la Cour de cassation dans un unique arrêt (Cass. soc., 11 mars 2009, n° 07-40.146, inédit) semblerait indiquer qu'il ne faut pas tenir compte de l'indemnité compensatrice de préavis dans l'assiette de calcul de l'indemnité de licenciement.
Jusqu'à cet arrêt, les règles étaient claires ; « traditionnellement » on prenait le brut des 12 derniers mois précédant la notification de licenciement, ou bien celui des 3 derniers mois précédant la sortie de l'effectif si ce dernier calcul était plus favorable pour le salarié.
De plus, en cas de réduction du salaire au cours de la période de référence de calcul (exemple : la maladie), l'employeur doit toujours retenir le salaire théorique qui aurait été perçu en l'absence de cessation ou réduction d'activité et non le salaire réduit (Cass. soc., 3 novembre 1993, n° 92-40365 D).
En effet, l'article L. 1234-5 indique que : « L'inexécution du préavis, notamment en cas de dispense par l'employeur, n'entraîne aucune diminution des salaires et avantages que le salarié aurait perçus s'il avait accompli son travail jusqu'à l'expiration du préavis, indemnité de congés payés comprise. L'indemnité compensatrice de préavis se cumule avec l'indemnité de licenciement et avec l'indemnité prévue à l'article L. 1235-2. »
La jurisprudence confirme également que :
- le préavis non effectué est du temps de travail effectif (Cass. soc., 24 novembre 1992, n° 90-42.764) ;
- il doit être pris en compte dans le calcul de l'ancienneté du salarié pour la détermination du nombre de mois ;
- il doit être pris en compte dans le calcul des congés payés ;
- il doit être pris en compte pour l'acquisition de jour de RTT (Cass. soc., 8 avril 2009, n° 07-44.068) ;
- et il n'entraîne pas automatiquement la disparition des avantages en nature dont bénéficiait le salarié (Cass. soc., 25 octobre 2007, n° 04-43.320 D).

Alors comment expliquer rationnellement que le préavis ne serait plus du temps de travail effectif pour le calcul du brut perçu par le salarié afin de déterminer le montant de son indemnité de licenciement ?
Ne pouvant pas trouver d'explication à cet illogisme, et en attendant que la Cour de cassation clarifie son propos, j'ai donc effectué le calcul « traditionnel ».

23. L'indemnité contractuelle de licenciement

Corrigé de l'exercice 58 (niveau 3)

Un salarié cadre embauché le 1er septembre 2005 a été licencié le 30 octobre 2015.
Suite à un accord, il a soldé ses congés payés au cours des trois mois de préavis qu'il a effectué du 1er novembre au 31 janvier 2016.
Son salaire forfaitaire est de 3 500 € par mois depuis le 1er janvier 2015 (soit une rémunération brute annuelle de 42 000 €).
Son indemnité de licenciement conventionnelle est d'un mois de salaire par année complète d'ancienneté.
Une indemnité transactionnelle lui a été accordée pour un montant de 45 000 €, en supplément de son indemnité de licenciement conventionnelle.

Avant de voir le bulletin corrigé, quelques explications :

Son indemnité de licenciement conventionnelle est de : 3 500 € x 10 (ans) = 35 000 €.
D'abord calculer la limite fiscale.
Il faut prendre le plus élevé entre :
• soit 50 % du montant versé au salarié (35 000 € + 45 000 € = 80 000 €), soit 80 000 € x 50 % = 40 000 € ;
• ou deux fois la rémunération annuelle brute perçue par le salarié l'année civile précédant la rupture : 42 000 € x 2 = 84 000 € ;
• soit le montant de l'indemnité légale ou conventionnelle, soit 35 000 €.
La limite fiscale retenue est de 84 000 € et donc l'indemnité totale (35 000 € + 45 000 € = 80 000 €) est exonérée d'impôt. C'est pourquoi on retrouvera la partie soumise à cotisations Sécurité sociale entre le total des cotisations et le net fiscal. Cette ligne est assez inhabituelle et c'est sans doute la raison pour laquelle certains logiciels de paie déduisent directement cette partie soumise du net fiscal, mais je trouve que c'est moins compréhensible pour le salarié.

Il faut ensuite calculer la limite sociale.
Il faut prendre la plus petite des limites suivantes :
• soit la limite fiscale retenue (84 000 €) ;
• soit deux plafonds annuels de Sécurité sociale, soit 77 232 €.
La limite sociale d'exonération retenue est donc 77 232 € et sa différence avec le montant total des indemnités est soumise à cotisations, soit : 80 000 € – 77 232 € = 2 768 €.

Enfin, il faut calculer la limite d'exonération des CSG/CRDS.
Il faut prendre la plus petite des limites suivantes :
• soit la limite sociale retenue (77 232 €) ;
• soit le montant de l'indemnité légale ou conventionnelle de licenciement (35 000 €).
La limite d'exonération des CSG/CRDS est donc 35 000 € et sa différence avec le montant total des indemnités est soumise à CSG/CRDS, soit : 80 000 € – 35 000 € = 45 000 €.

Pour les lignes de cotisations, il faut prendre le montant du préavis (3 500 €) et le montant des indemnités soumises à cotisations (2 768 €), soit : 6 268 €. Celles sur la tranche A sont sur 3 218 € et celles sur la tranche B sont sur 3 050 €.

Enfin, la CSG/CRDS à 8 % porte sur (45 000 € – 2 768 €) 42 232 € et est intégralement non déductible, même pour la partie qui l'est habituellement (2 768 € à 5,10 %).

Bulletin de paie « solde de tout compte » de janvier 2016

Libellé des Rubriques	Base	Taux	Montant	Commentaires	
Préavis	151,67		3 500,00	janvier 2016	
Indemnité de rupture soumise			2 768,00	Date de sortie : 31 janvier 2016	
Total Brut			**6 268,00**		
Cotisations	**Base**	**Salariales**		**Patronales**	
		Taux	**Montant**	**Taux**	**Montant**
Ass. Mal.Mat.Inv.décès	6 268,00	0,75	-47,01	12,84	804,81
Contribution Solidarité Autonomie	6 268,00			0,30	18,80
Accident du Travail	6 268,00			2,44	152,94
Allocations Familiales	6 268,00			3,45	216,25
Allocations Familiales Suppl.	6 268,00			1,80	112,82
Ass. Vieillesse Plafonnée	3 218,00	6,90	-222,04	8,55	275,14
Ass. Vieillesse Déplafonnée	6 268,00	0,35	-21,94	1,85	115,96
F.N.A.L. sur Brut	6 268,00			0,50	31,34
Chômage sur Tr. A+Tr. B	6 268,00	2,40	-150,43	4,00	250,72
A.G.S. sur Tr. A+Tr. B	6 268,00			0,25	15,67
A.R.R.CO. sur Tr. A	3 218,00	3,10	-99,76	4,65	149,64
A.G.F.F. sur Tr. A	3 218,00	0,80	-25,74	1,20	38,62
A.G.I.R.C. sur Tr. B	3 050,00	7,80	-237,90	12,75	388,88
A.G.F.F. sur Tr. B + Tr. C	3 050,00	0,90	-27,45	1,30	39,65
A.P.E.C. sur Tr. A + Tr. B	6 268,00	0,024	-1,50	0,036	2,26
C.E.T. sur Tr. A + B + C	6 268,00	0,13	-8,15	0,22	13,79
Mutuelle "Frais de Santé"			-50,00		50,00
Prévoyance sur Tr. A	3 218,00	2,00	-64,36	3,00	96,54
Forfait Social	146,54			8,00	11,72
C.S.G. déductible (sur salaire)	3 585,29	5,10	-182,85		
C.S.G. déductible (sur Ind. Rupt.)	2 768,00	5,10	-141,17		
Autres charges patronales	6 268,00			4,996	313,15
Total cotisations			**-1 280,30**		**3 098,70**
Reprise Ind. de rupture soumise			-2 768,00		
Net fiscal			**2 269,70**		
C.S.G. non déd. (sur salaire)	3 585,29	2,40	-86,05		
C.S.G. non déd. (sur Ind. Rupt.)	2 768,00	2,40	-66,43		
C.R.D.S. non déd. (sur salaire)	3 585,29	0,50	-17,93		
C.R.D.S. non déd. (sur Ind. Rupt.)	2 768,00	0,50	-13,84		
CSG/CRDS non déd. (Ind. Rupt.)	42 232,00	8,00	-3 378,56		
Indemnité de rupture (soumise à cot.)			2 768,00		
Indemnité de rupture (non soum. à cot.)			77 232,00		
Net à payer			**78 656,89**		

Corrigés des exercices

Calendrier 2015

Janvier			Février			Mars			Avril			Mai			Juin		
J	1	*Jour de l'an*	D	1	Ella	D	1	Aubin	M	1	Hugues	V	1	*Fête du Travail*	L	1	Justin
V	2	Basile	L	2	Présent.	L	2	Charles le bon	J	2	Sandrine	S	2	Boris	M	2	Blandine
S	3	Geneviève	M	3	Blaise	M	3	Guénolé	V	3	Richard	D	3	Jacques / Philippe	M	3	Kévin
D	4	Odilon	M	4	Véronique	M	4	Casimir	S	4	Isidore	L	4	Sylvain	J	4	Clothilde
L	5	Edouard	J	5	Agathe	J	5	Olive	D	5	Irène	M	5	Judith	V	5	Igor
M	6	Mélaine	V	6	Gaston	V	6	Colette	L	6	Marcellin / Pâques	M	6	Prudence	S	6	Norbert
M	7	Raymond	S	7	Eugénie	S	7	Félicité	M	7	J.B. de la Salle	J	7	Gisèle	D	7	Gilbert
J	8	Lucien	D	8	Jacqueline	D	8	Jean de Dieu	M	8	Julie	V	8	*Victoire 1945*	L	8	Médard
V	9	Alix	L	9	Apolline	L	9	Françoise	J	9	Gautier	S	9	Pacôme	M	9	Diane
S	10	Guillaume	M	10	Arnaud	M	10	Vivien	V	10	Fulbert	D	10	Solange	M	10	Landry
D	11	Paulin	M	11	N.D.de L.	M	11	Rosine	S	11	Stanislas	L	11	Jeanne d'Arc	J	11	Barnabé
L	12	Baptiste	J	12	Félix	J	12	Justine	D	12	Jules	M	12	Achille	V	12	Guy
M	13	Yvette	V	13	Béatrice	V	13	Rodrigue	L	13	Ida	M	13	Rolande	S	13	Antoine
M	14	Nina	S	14	Valentin	S	14	Mathilde	M	14	Maxime	J	14	Matthias / Ascensio	D	14	Elisée
J	15	Rémi	D	15	Claude	D	15	Louise	M	15	Paterne	V	15	Denise	L	15	Germaine
V	16	Marcel	L	16	Julienne	L	16	Bénédicte	J	16	Benoît	S	16	Honoré	M	16	Régis
S	17	Roseline	M	17	Alexis	M	17	Patrick	V	17	Anicet	D	17	Pascal	M	17	Hervé
D	18	Prisca	M	18	Bernadette	M	18	Cyrille	S	18	Parfait	L	18	Eric	J	18	Léonce
L	19	Marius	J	19	Gabin	J	19	Joseph	D	19	Emma	M	19	Yves	V	19	Romuald
M	20	Sébastien	V	20	Aimée	V	20	Herbert	L	20	Odette	M	20	Bernadin	S	20	Silvère
M	21	Agnès	S	21	Damien	S	21	Clémence	M	21	Anselme	J	21	Constantin	D	21	Rodolphe / Jean
J	22	Vincent	D	22	Isabelle	D	22	Léa	M	22	Alexandre	V	22	Emile	L	22	Alban
V	23	Barnard	L	23	Lazare	L	23	Victorien	J	23	Georges	S	23	Didier	M	23	Audrey
S	24	François Sales	M	24	Modeste	M	24	Cath de Suède	V	24	Fidèle	D	24	Donatien	M	24	Jean-Baptiste
D	25	Paul	M	25	Roméo	M	25	Annonciation	S	25	Marcel	L	25	Sophie / Pentecôte	J	25	Prosper
L	26	Paule	J	26	Nestor	J	26	Larissa	D	26	Alida	M	26	Béranger	V	26	Anthelme
M	27	Angèle	V	27	Honorine	V	27	Habib	L	27	Zita	M	27	Augustin	S	27	Fernand
M	28	Thomas d'Aq.	S	28	Romain	S	28	Gontran	M	28	Valérie	J	28	Germain	D	28	Irénée
J	29	Gildas				D	29	Gwladys	M	29	Cath. De S.	V	29	Aymar	L	29	Pierre / Paul
V	30	Martine				L	30	Amédée	J	30	Robert	S	30	Ferdinand	M	30	Martial
S	31	Marcelle				M	31	Benjamin				D	31	Visitation			

Juillet			Août			Septembre			Octobre			Novembre			Décembre		
M	1	Thierry	S	1	Alphonse	M	1	Gilles	J	1	Thérèse	D	1	*Toussaint*	M	1	Florence
J	2	Martinien	D	2	Julien	M	2	Ingrid	V	2	Léger	L	2	Défunts	M	2	Viviane
V	3	Thomas	L	3	Lydie	J	3	Grégoire	S	3	Gérard	M	3	Hubert	J	3	François-Xavier
S	4	Florent	M	4	Jean-Marie	V	4	Rosalie	D	4	François d'Assise	M	4	Charles	V	4	Barbara
D	5	Antoine-Marie	M	5	Abel	S	5	Raissa	L	5	Fleur	J	5	Sylvie	S	5	Gérald
L	6	Marietta	J	6	transfiguration	D	6	Bertrand	M	6	Bruno	V	6	Léonard	D	6	Nicolas
M	7	Raoul	V	7	Gaétan	L	7	Reine	M	7	Serge	S	7	Carine	L	7	Ambroise
M	8	Thibaut	S	8	Dominique	M	8	Nativité	J	8	Pélagie	D	8	Geoffroy	M	8	Imm. Conception
J	9	Amandine	D	9	Amour	M	9	Alain	V	9	Denis	L	9	Théodore	M	9	Pierre Fourier
V	10	Ulrich	L	10	Laurent	J	10	Inès	S	10	Ghislain	M	10	Léonard	J	10	Romaric
S	11	Benoît	M	11	Claire	V	11	Adelphe	D	11	Firmin	M	11	*Armistice 1918*	V	11	Daniel
D	12	Olivier	M	12	Clarisse	S	12	Apollinaire	L	12	Wilfried	J	12	Christian	S	12	Chantal
L	13	Henri / Joël	J	13	Hippolyte	D	13	Aimé	M	13	Géraud	V	13	Brice	D	13	Lucie
M	14	*Fête Nationale*	V	14	Evrard	L	14	Croix Glorieuse	M	14	Juste	S	14	Sidoine	L	14	Odile
M	15	Donald	S	15	Marie	M	15	Roland	J	15	Thérèse d'Av.	D	15	Albert	M	15	Ninon
J	16	N.D.	D	16	Armel	M	16	Edith	V	16	Edwige	L	16	Marguerite	M	16	Alice
V	17	Charlotte / Caroline	L	17	Hyacinthe	J	17	Renaud	S	17	Baudoin	M	17	Elisabeth	J	17	Judicaël / Gaël
S	18	Frédéric	M	18	Hélène	V	18	Nadège	D	18	Luc	M	18	Aude	V	18	Gatien
D	19	Arsène	M	19	Jean-Eudes	S	19	Emilie	L	19	René	J	19	Tanguy	S	19	Urbain
L	20	Marina	J	20	Bernard	D	20	Davy	M	20	Adeline	V	20	Edmond	D	20	Théophile
M	21	Victor	V	21	Christophe	L	21	Matthieu	M	21	Céline	S	21	Présentation	L	21	Pierre Canisius
M	22	Marie-Madeleine	S	22	Fabrice	M	22	Maurice	J	22	Salomé	D	22	Cécile	M	22	Françoise
J	23	Brigitte	D	23	Rose	M	23	Constant	V	23	Jean de C.	L	23	Christ-Roi	M	23	Armand
V	24	Christine	L	24	Barthélemy	J	24	Thècle	S	24	Florentin	M	24	Flora	J	24	Adèle
S	25	Jacques	M	25	Louis	V	25	Hermann	D	25	Crépin	M	25	Catherine	V	25	*Noël*
D	26	Anne / Joachim	M	26	Natacha	S	26	Côme / Damien	L	26	Dimitri	J	26	Delphine	S	26	Etienne
L	27	Nathalie	J	27	Monique	D	27	Vincent de Paul	M	27	Emeline	V	27	Séverin	D	27	Jean l'Apôtre
M	28	Samson	V	28	Augustin	L	28	Venceslas	M	28	Simon / Jude	S	28	Jacques de la M.	L	28	Sainte famille
M	29	Marthe	S	29	Sabine	M	29	Michel / Gabriel	J	29	Narcisse	D	29	Saturnin	M	29	David
J	30	Juliette	D	30	Fiacre	M	30	Jérôme	V	30	Bienvenue	L	30	André	M	30	Roger
V	31	Ignace	L	31	Aristide				S	31	Quentin				J	31	Sylvestre

Calendrier 2016

Janvier			Février			Mars			Avril		
V	1	*Jour de l'an*	L	1	Ella	M	1	Aubin	V	1	Hugues
S	2	Basile	M	2	Présent.	M	2	Charles le bon	S	2	Sandrine
D	3	Geneviève	M	3	Blaise	J	3	Guénolé	D	3	Richard
L	4	Odilon	J	4	Véronique	V	4	Casimir	L	4	Isidore
M	5	Edouard	V	5	Agathe	S	5	Olive	M	5	Irène
M	6	Mélaine	S	6	Gaston	D	6	Colette	M	6	Marcellin
J	7	Raymond	D	7	Eugénie	L	7	Félicité	J	7	J.B. de la Salle
V	8	Lucien	L	8	Jacqueline	M	8	Jean de Dieu	V	8	Julie
S	9	Alix	M	9	Apolline	M	9	Françoise	S	9	Gautier
D	10	Guillaume	M	10	Arnaud	J	10	Vivien	D	10	Fulbert
L	11	Paulin	J	11	N.D.de L.	V	11	Rosine	L	11	Stanislas
M	12	Baptiste	V	12	Félix	S	12	Justine	M	12	Jules
M	13	Yvette	S	13	Béatrice	D	13	Rodrigue	M	13	Ida
J	14	Nina	D	14	Valentin	L	14	Mathilde	J	14	Maxime
V	15	Rémi	L	15	Claude	M	15	Louise	V	15	Paterne
S	16	Marcel	M	16	Julienne	M	16	Bénédicte	S	16	Benoit
D	17	Roseline	M	17	Alexis	J	17	Patrick	D	17	Anicet
L	18	Prisca	J	18	Bernadette	V	18	Cyrille	L	18	Parfait
M	19	Marius	V	19	Gabin	S	19	Joseph	M	19	Emma
M	20	Sébastien	S	20	Aimée	D	20	Herbert	M	20	Odette
J	21	Agnès	D	21	Damien	L	21	Clémence	J	21	Anselme
V	22	Vincent	L	22	Isabelle	M	22	Léa	V	22	Alexandre
S	23	Barnard	M	23	Lazare	M	23	Victorien	S	23	Georges
D	24	François Sales	M	24	Modeste	J	24	Cath de Suède	D	24	Fidèle
L	25	Paul	J	25	Roméo	V	25	Annonciation	L	25	Marcel
M	26	Paule	V	26	Nestor	S	26	Larissa	M	26	Alida
M	27	Angèle	S	27	Honorine	D	27	Habib	M	27	Zita
J	28	Thomas d'Aq.	D	28	Romain	L	28	Gontran/*Pâques*	J	28	Valérie
V	29	Gildas	L	29	Auguste	M	29	Gwladys	V	29	Cath. De S.
S	30	Martine				M	30	Amédée	S	30	Robert
D	31	Marcelle				J	31	Benjamin			

Mai			Juin			Juillet			Août		
D	1	*Fête du Travail*	M	1	Justin	V	1	Thierry	L	1	Alphonse
L	2	Boris	J	2	Blandine	S	2	Martinien	M	2	Julien
M	3	Jacques / Philippe	V	3	Kévin	D	3	Thomas	M	3	Lydie
M	4	Sylvain	S	4	Clothilde	L	4	Florent	J	4	Jean-Marie
J	5	Judith/*Ascension*	D	5	Igor	M	5	Antoine-Marie	V	5	Abel
V	6	Prudence	L	6	Norbert	M	6	Marietta	S	6	transfiguration
S	7	Gisèle	M	7	Gilbert	J	7	Raoul	D	7	Gaétan
D	8	*Victoire 1945*	M	8	Médard	V	8	Thibaut	L	8	Dominique
L	9	Pacôme	J	9	Diane	S	9	Amandine	M	9	Amour
M	10	Solange	V	10	Landry	D	10	Ulrich	M	10	Laurent
M	11	Jeanne d'Arc	S	11	Barnabé	L	11	Benoît	J	11	Claire
J	12	Achille	D	12	Guy	M	12	Olivier	V	12	Clarisse
V	13	Rolande	L	13	Antoine	M	13	Henri / Joël	S	13	Hippolyte
S	14	Matthias	M	14	Elisée	J	14	*Fête Nationale*	D	14	Evrard
D	15	Denise	M	15	Germaine	V	15	Donald	L	15	Marie/*Assomption*
L	16	Honoré/*Pentecôte*	J	16	Régis	S	16	N.D.	M	16	Armel
M	17	Pascal	V	17	Hervé	D	17	Charlotte / Caroline	M	17	Hyacinthe
M	18	Eric	S	18	Léonce	L	18	Frédéric	J	18	Hélène
J	19	Yves	D	19	Romuald	M	19	Arsène	V	19	Jean-Eudes
V	20	Bernadin	L	20	Silvère	M	20	Marina	S	20	Bernard
S	21	Constantin	M	21	Rodolphe / Jean	J	21	Victor	D	21	Christophe
D	22	Emile	M	22	Alban	V	22	Marie-Madeleine	L	22	Fabrice
L	23	Didier	J	23	Audrey	S	23	Brigitte	M	23	Rose
M	24	Donatien	V	24	Jean-Baptiste	D	24	Christine	M	24	Barthélemy
M	25	Sophie	S	25	Prosper	L	25	Jacques	J	25	Louis
J	26	Béranger	D	26	Anthelme	M	26	Anne / Joachim	V	26	Natacha
V	27	Augustin	L	27	Fernand	M	27	Nathalie	S	27	Monique
S	28	Germain	M	28	Irénée	J	28	Samson	D	28	Augustin
D	29	Aymar	M	29	Pierre / Paul	V	29	Marthe	L	29	Sabine
L	30	Ferdinand	J	30	Martial	S	30	Juliette	M	30	Fiacre
M	31	Visitation				D	31	Ignace	M	31	Aristide

Septembre			Octobre			Novembre			Décembre		
J	1	Gilles	S	1	Thérèse	M	1	*Toussaint*	J	1	Florence
V	2	Ingrid	D	2	Léger	M	2	Défunts	V	2	Viviane
S	3	Grégoire	L	3	Gérard	J	3	Hubert	S	3	François-Xavier
D	4	Rosalie	M	4	François d'Assise	V	4	Charles	D	4	Barbara
L	5	Raïssa	M	5	Fleur	S	5	Sylvie	L	5	Gérald
M	6	Bertrand	J	6	Bruno	D	6	Léonard	M	6	Nicolas
M	7	Reine	V	7	Serge	L	7	Carine	M	7	Ambroise
J	8	Nativité	S	8	Pélagie	M	8	Geoffroy	J	8	Imm. Conception
V	9	Alain	D	9	Denis	M	9	Théodore	V	9	Pierre Fourier
S	10	Inès	L	10	Ghislain	J	10	Léonard	S	10	Romaric
D	11	Adelphe	M	11	Firmin	V	11	*Armistice 1918*	D	11	Daniel
L	12	Apollinaire	M	12	Wilfried	S	12	Christian	L	12	Chantal
M	13	Aimé	J	13	Géraud	D	13	Brice	M	13	Lucie
M	14	Croix Glorieuse	V	14	Juste	L	14	Sidoine	M	14	Odile
J	15	Roland	S	15	Thérèse d'Av.	M	15	Albert	J	15	Ninon
V	16	Edith	D	16	Edwige	M	16	Marguerite	V	16	Alice
S	17	Renaud	L	17	Baudoin	J	17	Elisabeth	S	17	Judicaël / Gaël
D	18	Nadège	M	18	Luc	V	18	Aude	D	18	Gatien
L	19	Emilie	M	19	René	S	19	Tanguy	L	19	Urbain
M	20	Davy	J	20	Adeline	D	20	Edmond	M	20	Théophile
M	21	Matthieu	V	21	Céline	L	21	Présentation	M	21	Pierre Canisius
J	22	Maurice	S	22	Salomé	M	22	Cécile	J	22	Françoise
V	23	Constant	D	23	Jean de C.	M	23	Christ-Roi	V	23	Armand
S	24	Thècle	L	24	Florentin	J	24	Flora	S	24	Adèle
D	25	Hermann	M	25	Crépin	V	25	Catherine	D	25	*Noël*
L	26	Côme / Damien	M	26	Dimitri	S	26	Delphine	L	26	Etienne
M	27	Vincent de Paul	J	27	Emeline	D	27	Séverin	M	27	Jean l'Apôtre
M	28	Venceslas	V	28	Simon / Jude	L	28	Jacques de la M.	M	28	Sainte famille
J	29	Michel / Gabriel	S	29	Narcisse	M	29	Saturnin	J	29	David
V	30	Jérôme	D	30	Bienvenue	M	30	André	V	30	Roger
			L	31	Quentin				S	31	Sylvestre

REMERCIEMENTS

Ce livre ne serait pas ce qu'il est aujourd'hui sans la participation active de mes stagiaires (ENOES et CEGOS) et élèves de l'IUT. De nombreuses phrases, voire idées d'exercices, viennent de leurs suggestions. Qu'ils en soient ici remerciés en leur souhaitant le meilleur pour le futur :
ABDALLAH Zayed, AIT YALA Sarah, AKADI Laïla, ALBERT Édouard, ARNAUD Jean-Luc, ARNAUD Vanessa, ARNOULD Estelle, ASTEGIANO Laure, BALMY-MSILIE Agnielle, BARON Alizée, BARRERE Marie, BASSE Alice, BAUDELOT Marina, BAUDOUIN Georges, BAYLE Maxime, BAZOUD Vanessa, BEAL Chantal, BELHOUSSE Mehdi, BENANTAR Soraya, BERNABEU Claudine, BETTEFAL Elyes, BIELMANN Frédérique, BOMBA Nadège, BONHOMMO Jules, BONTEMPS-COSTA Pauline, BOUHLAL Taoues, BOUILLY Valérie, BOUR Gérard, BOURHY Constance, CHAKIR Assma, CHANH Nathalie, CHARRIER Aurore, CHAUMAT Ophélie, CHERUEL Christelle, CHIBOUT Sarah, CHINTA Yaswanthi, CIBERT Marion, COLLOT Amélie, CONSOLINO Céline, COUILLAUD Allison, DA SILVA Audrey, DA SILVA Léa, DACHRAOUI Khayam, DAGAULT Marie, DE ALMEIDA Marie, DE COL Cindy, DELAPORTE Cynthia, DELARCHE Leslie, DETRICHE Salomé, DJELLALIL Djamila, DOS SANTOS Linda, DROULAS Fabienne, DUMONCEAU Catherine, EL MEZROUI Farah, ERICHER Mélanie, FAIVRET Marie, FAURE Virginie, FAUVIN Jérémy, FIXY Anthony, FORET Vincent, GAUTIER Gaëlle, GOFFARD Myriam, GONZALEZ Mélanie, HAMMOUS Merieme, HEGOT Lucas, HENON Élodie, JACQUINOT Amandine, JALLET Sophie, JOSEPH Alexandra, JOURNE Lucile, JULIEN Véronique, AJIYAMA Etsuko, KLUDYS Wioleta, KOZLOFF Solène, KRIMOU Hafeda, KROUCHI Nasrine, LA ROCCA Pauline, LAFOSSE Aurélie, LAI Alexandra, LANDRODIE Élizabeth, LANGLOIS Monique, LAVENDER Kathleen, LE ROCH Cassandre, LECOULEUX Céleste, LEFICHAND Muriel, LOPES Axelle, LOPEZ Catherine, LOUIS WINSY Shanna, MALET Valérie, MARC Morgane, MARCHAND Angéline, MAROTTE Margaux, MATTIOCCO Noélie, MEBARKI MENADI Nora, MICHELIN Mélanie, MILLET Corto, MOLES Anaïs, MOM Oumou, MOREAU Marine, MORENO Florian, MOTTION Virginie, MUSQUIN Camille, MYSLIWIEC Aurélie, NACER CHERIF Myriam, NARCY Fanny, NGOMBE LOBE Nikita, NKUSU Danièle, PEPIN Cindy, PEREIRA Cindy, PEREZ Lou, PERRIN Patrice, PETIT Cloélia, POELMAN Sandra, POUTHIER Estelle, PRECIGOUT Camille, PUGLIESE Déborah, PULCINI Margot, PUTATTI Sandra, QUITTANCON Fanny, RANCINAN Lucile, RAVELOARISON Erica, REVEL Alexandra, REY Marie, REYMOND Claudine, RICHARD Mathilde, RICHARD Valérie, RODRIGUEZ Hajjar, ROLLAND Marion, ROUMEAU Jordan, SABRAMANIAM Annitah, SALVADOR Lucinda, SANCIBRAO MATEUS Angélica, SAPATEIRO Katia, SCHECK Odile, SERGERE Karine, SIKORA Angélique, SILVAIN Maimouna, SIMONNEY Laura, SOURDEAU Cindy, STEPHAN Aurore, STERPONE Caroline, TABONE Mathilde, TEJERA FERNANDEZ Hugo, TOGBE Laurent, TORREBLANCA Anthony, TOTARO Mélanie, TRAORE Caroline, TRINH Daniel, VAUGEOIS Mégane, VELON Christine, VENETITAY Mélanie, VERRAZ Mélanie, VEYRAT-DUREBEX Éliane, WYSOCKA Emilia, YVON Annelise.
J'espère n'avoir oublié personne. Si tel était le cas, ce serait purement involontaire.

Enfin, j'ai une pensée gorgée d'émotions pour Lamine TIGHILT (stagiaire de l'ENOES promotion 2015) qui a quitté ce monde beaucoup trop tôt ! Ce livre t'est dédié, l'ami !

© GROUPE STUDYRAMA

34/38, rue Camille-Pelletan - 92309 Levallois-Perret cedex
Imprimerie France-Quercy - 46090 Mercuès - N° 60493/
Imprimé en France - 2e trimestre 2016

Service éditorial : Marjorie Champetier, Nathanaël Deniau, Benjamin Dias Pereira,
Deborah Lopez, Élodie Sebbah
Conception graphique : Catherine Aubin

Dépôt légal à parution
ISBN 978-2-7590-3195-5